浙商政治心理研究

Zheshang Zhengzhi Xinli Yanjiu

姚丽霞 著

浙江工商大学出版社
ZHEJIANG GONGSHANG UNIVERSITY PRESS

图书在版编目(CIP)数据

浙商政治心理研究 / 姚丽霞著. —杭州：浙江工
商大学出版社，2014.12
ISBN 978-7-5178-0692-9

Ⅰ. ①浙… Ⅱ. ①姚… Ⅲ. ①商人－政治心理学－研
究－浙江省 Ⅳ. ①F729②D0

中国版本图书馆 CIP 数据核字(2014)第 249897 号

浙商政治心理研究

姚丽霞 著

责任编辑	谭娟娟　尤锡麟	
封面设计	包建辉	
责任印制	包建辉	
出版发行	浙江工商大学出版社	
	（杭州市教工路 198 号　邮政编码 310012）	
	（E-mail：zjgsupress@163.com）	
	（网址：http://www.zjgsupress.com）	
	电话：0571－88904980，88831806（传真）	
排　　版	杭州朝曦图文设计有限公司	
印　　刷	虎彩印艺股份有限公司	
开　　本	710mm×1000mm　1/16	
印　　张	13.25	
字　　数	204 千	
版印次	2014 年 12 月第 1 版　2014 年 12 月第 1 次印刷	
书　　号	ISBN 978-7-5178-0692-9	
定　　价	30.00 元	

资助出版：

浙江省哲学社会科学重点研究基地：浙江工商大学浙商研究中心

浙江省高校人文社会科学重点研究基地(浙江工商大学工商管理学科)

总　序

　　企业和家庭是构建这个社会最为重要的生产性组织,前者创造的是社会财富,后者则是人口的摇篮。围绕这2个特殊的组织,不同的人文和社科领域都派生出了大量的研究成果,都努力为解释客观现实及有效地预测未来服务,管理学也正是其中之一。

　　作为经历了中国经济飞速发展和历史变革特殊时期的管理学研究,最为显著的特征就是始终与变换的环境紧密联系。回顾过去30多年的历程,中国经历了以改革开放为基本表现形式的经济、社会重大转型,对于社会组织而言,这无疑是本质性的制度变革,从经济社会主体的构成到整个经济社会的制度环境,都发生了巨大的变迁;而国际环境也经历了全球经济高速发展到金融危机的大起大落,从各国政府、区域联盟到国际企业,都处于巨大的压力和变革之中,这无疑给管理学研究提供了异常丰富的素材,也为管理学研究平添了许多压力。从某种意义而言,"管理是由这个社会20%的人员所从事,但是却肩负着其余80%人员的福祉"。

　　作为承载管理学教学和科研任务的高校,如何在变革的时代有效地发挥自身的价值,以知识和人才为途径传递学者对时代呼唤的响应,就是一个非常值得思考的论题。这个论题有3个层次的问题:我们应该关注谁? 我们关注他们什么? 我们如何关注?

　　管理学研究的对象很广泛,涵盖了宏观、中观和微观的现实全景,由于现有的管理学研究更多地从属于工商管理专业,因此企业就成为关注的焦点。基于企业,我们确实可以打开一扇观察世界的窗口。以往的主流研究强调企业的股东属性,因此立足企业的所有者。我们分析和探讨了价值链各个环节及不同时期企业的生存和发展问题。在丰硕的研究成果中,我们逐渐认识到,企业问题的复杂性,使得我们必须从一个更为广泛的范畴去审视管理学本身,这个问题在公司治理研究中尤为明显。公司治理是管理学的经典研究领域之一,也是指导现实企业发展的有力工具。公司治理文献长期关注的是经理人与投资者之间的利益冲突,以及相应的治理结构和治理机制。基于代理成本问题的分析,Jensen 和 Meckling(1976)的开创性工作引发了对公司治理中管理层激励的规范性思考,而 Townsend(1979)则第一次尝试以最优契约的方式解决外部投资者与经理之间的利益冲突。这对于古典企业是非常有效的,但是现代企业基于企业规模和风险规避的需要对股权进行分散和交叉,股东由个体转变为一个群体,经典管理研究的诸多成果遭到质疑。

Shleifer 和 Vishny(1997)、Pagano 和 Roell(1998)等的研究结果发现,控制性投资者(例如,股份公司的大股东等)凭借其实际控制权,以合法或者法庭很难证实其非法的方式,谋取私人利益,使分散投资者(小股东)的利益受到损害,以致在这些公司中,基本的代理问题不是在经理人与投资者之间,而是在控制性投资者与其他分散投资者之间。Johnson、LaPort 等(2000)甚至将大股东利用金字塔式的股权结构,把低层企业的资金转移到高层企业,从而使小股东利益受到侵害的行为,称为隧道行为(Tunneling)。这些成果已经证实,尽管都是企业的所有者,但是不同股东之间还存在着复杂的协调关系,股东利益群体产生了分化。

与此同时,对于企业就是股东所有的争论也不断升级,特别是在我国社会主义市场经济体制下,如何理解公有制与市场经济之间的微观机理,就成了管理学理论研究的历史使命。尽管以布莱尔(Blair,1995,1996)为代表的学者主张将利益相关者纳入分析主体,认为这些利益相关者在企业中注入了一定专用性投资后,他们或许分担了一定的企业经营风险,所以应该分享公司的控制权。但是在一般经营情况下,企业的外部非决策类利益相关者如政府和债权人、消费者等是不需要参与企业经营的,一种"隐形"的委托—代理关系将企业的实际控制权授权给内部的股东和经理层。但是当企业处于特殊状态时,如创业期或濒临破产时,债权人或政府就要参与治理。在此基础上,在利益相关者思想的影响下,企业现有的所有权和经营权表现为货币资本、异质性人力资本和环境所有者在内的要素所有权,企业已经成为社会利益主体在微观层面博弈的平台,因此所有的利益相关者都不可避免地步入我们研究的视野,而管理学对于这些主体的共性归纳就是组织,也就是我们应该关注的主体。

将组织再次作为我们关注的核心主体,首先要思考的问题就是其存在的意义是什么。斯坦福大学的杰弗里·菲佛和杰勒尔德·R.萨兰基克教授在其所著的《组织的外部控制——对组织资源依赖的分析》一书中指出:"组织是充满巨大的力量和能量的社会工具,其存在的意义在于提供一个场所或框架,组织行为参与者用自身的诱使因素与组织的贡献相互交换的一个场所。"为了实现这个意义,组织的唯一目标就是生存。"为了生存,组织需要资源,为了获取资源,组织就必须与控制管理的组织相互交往,在这一意义上,组织就会依赖它们的环境。由于组织对它需要的资源没有控制力,资源需求就会成为问题并具有不确定性。组织为了获取资源而与其他组织进行交易,资源控制权使得其他组织具有对组织的控制权,组织的生存在一定程度上取决于组织对环境偶然性进行管理的能力。因此大多数组织活动的焦点在于通过交换协商来确保所需资源的供给。"

从上述分析中我们可以发现,生存是组织存在的唯一目标,而战略就成为实现该目标的有效途径。因此,战略就成为我们关注组织的重要特征。当前中国企业都力求通过制订和执行有效的战略决策来获取竞争优势,进而在复杂的市场环境中寻求生存和发展,因此对于战略管理理论的研究和应用也达到了一个前所未有的高度。战略管理分析强调企业与环境的互动,对于环境的普遍认识是将其划分为宏观环境、行业环境和企业内部环境。经典战略管理理论更侧重于行业环境分析指导下的企业定位研究和企业内部环境分析指导下的企业能力研究,相对弱化宏观环境对企业经营战略的影响。事实上,新时期的中国企业战略决策研究必须强调特殊历史环境下宏观环境对企业战略发展的影响,应该将宏观环境进行具体的分类,区分体现中国转型经济发展特色的情境因素和适应全球化新经济发展的时代特征,进而对企业战略分析提出全新的视角解析。

组织在变,环境在变,管理实践在变,管理学研究也同样需要变,这种变就是创新。创新不仅仅是一种内容的体现,更是我们的一种态度。管理学发展的方向就是利用创新的手段将管理理论与组织实践紧密结合的过程,就是利用创新的态度将管理学不断推向前沿的过程。

浙江工商大学工商管理学院院长、教授、博士生导师

郝云宏

2011 年 12 月

摘　要

政治心理是社会成员在政治社会化过程中对社会政治关系及由此而形成的政治行为、政治体系和政治现象等政治生活的各个方面的一种自发的心理反应，表现为人们对政治生活某一特定方面的认知、情感、态度、情绪、兴趣、愿望和信念等，构成了人们政治性格的基本特征。[①] 政治心理的研究从早期的关注谁是主体、客体，逐步发展到研究政治心理的具体组成，具体分为一般过程和心理行为规律；从关注政治心理的特点，到开始关注政治心理所导致的政治行为。[②] 政治心理与政治行为构成不可分割的系统，从心理学视角进行政治心理的研究正受到越来越多的关注。

浙江经济被公认为"草根经济"，但浙商与政治的关系却越来越密切，以往对于浙商背景下政治活动或政治心理的基本特征等问题还缺乏系统的理论和实证研究，对构成政治心理的关键要素等问题缺少细致的理论分析。

本书首先从商人与政治的关系角度，以晋商和徽商为例，运用案例研究和文献搜索的方法，将两者与政治的关系进行梳理，发现政治对于商人来说是一把双刃剑，官商结合可以为商人获得经济特权，但也会破坏市场规则，使商人失去独立性和竞争性而走向末路，从而对浙商从政提出借鉴。其次，以典型的两大浙商商帮为例，分析宁波商帮在明清时期与旧中国的政治联系与利弊，以及温州商帮与新中国的政治联系，提出政治对商人经商的重要性，以及探讨适宜的政府与商人的关系模式。再次，采用实

---

① 王浦劬：《政治学基础》，北京大学出版社 1995 年版，第 308—309 页。

② 万斌、章秀英：《社会地位、政治心理对公民政治参与的影响及其路径》，《社会科学战线》2010 年第 2 期，第 178—188 页。

证研究的方法对浙商的政治心理与政治行为进行问卷调查和统计研究，发现：①浙商的政治心理主流是积极、健康、向上的，其主要特征可总结为4点：较高的政治满意度和政治认知度；强烈而丰富的政治情感；复杂多变的政治信任；积极向上的政治态度。不过，他们的政治心理受行业、性别、学历、年龄等背景因素的影响较大。②浙商的政治参与行为较多，但政治参与意识却不强；浙商的政治功效感较高，但政治理解能力与政治任职能力不强。因此，需要政府和社会引导浙商树立正确的政治参与观，使其政治参与行为进入正式化和程序化的轨道。③政治满意度和政治信任感及政治情感对浙商的政治行为有显著影响。其中，政治满意度对浙商的政治参与行为有显著的回归关系，政治满意度和政治情感对政治功效感有显著回归关系。④通过神经网络影响因素模型的分析可知，政治态度、政治满意度、政治认知、政治信任感、政治情感和背景因素对政治参与行为和功效感的影响程度依次变高。最后，根据前面的研究结果，本文从社会、政府及浙商本身3个角度探讨浙商有效地参与政治的对策与建议。

前　言

　　从制度经济学的角度来理解,正如韦伯指出的,国家的重要特征在于,它是一个"作为垄断合法暴力和强制机构的统治团体",是合法的使用暴力的组织,是运用暴力"权力"的唯一源泉。[①] 一方面,政府依靠规模经济和垄断的力量,专门做民间做不了、做不成、做不好的事情。另一方面,政府也需要有稳定而增长的税收与充分的社会就业等来巩固政权。政府和商人的关系是一个矛盾的辩证关系,当商人对利益的追求符合政府的战略目标,其变成为实现政府战略目标的有力工具时,就能得到政府的支持,并在政府的有力推动下获得大发展的机遇。反之,当商人对利益的追求不符合政府的战略目标甚至阻碍政府战略目标实现时,商人对利益的追求往往会遭到政府的弹压。

　　中国古代十大商帮中,以晋商和徽商的规模最大,实力最为雄厚。传统上,晋商和徽商被称为"官商",而浙商被称为进步的"民本经济"。浙商一般靠白手起家,几乎没有任何背景,一步步在激烈的竞争中壮大。过去的浙商一直远离政治,政治立场稳健可靠,态度谨慎。但是近几年来,有越来越多的浙商开始参与政治。例如,在第十一届全国人大浙江代表团中,有 12 位民营企业代表,包括万向集团的鲁冠球、娃哈哈集团的宗庆后、雅戈尔集团的李如成等。[②] 此前,广厦集团的楼忠福、万事利集团的沈爱琴、星月集团的胡济荣、横店集团的徐文荣、苏泊尔集团的苏增福等,都当选过全国人大代表。浙商成为民营企业家中,当选

---

　　① 　马克斯·韦伯:《经济与社会》,商务印书馆 1997 年版,第 730 页。
　　② 　冯盈盈:《我当人大代表做什么?——访十一届全国人大代表中的浙商代表》,《浙商》2008 年第 5 期,第 41 页。

全国人大代表最多的群体。私营企业主们,尤其是其阶层中的代表性人物,通过政治参与,试图影响国家政治系统决策过程。私营企业主参与政治的最根本前提条件是繁荣的民营经济,而从心理学角度来看,决定政治参与行为的关键是政治心理。随着浙江经济的繁荣,浙商在社会的各个领域发挥越来越重要的作用,他们的政治心理和相应的政治参与行为受到越来越多学者的关注。

政治心理是社会成员在政治社会化过程中对社会政治关系及由此而形成的政治行为、政治体系和政治现象等政治生活的各个方面的一种自发的心理反应,表现为人们对政治生活某一特定方面的认知、情感、态度、情绪、兴趣、愿望和信念等,构成了人们政治性格的基本特征。[1] 政治心理并非是与生俱来的,而是个体在政治社会化过程中形成的,它由政治情感、政治认知、政治态度这3个相互作用又相互关联的成分组成。三者的形成时间有一个逻辑上的顺序:人们首先是产生了某种政治认知,接着在此基础上形成一定的政治情感,最后转化为特定的政治态度。虽然形成的顺序如此,但三者之间是相互影响的,如政治情感可能受到政治认知的影响;反过来,政治认知也可能影响政治情感,而政治态度在形成过程中反过来会影响政治认知和政治情感。政治心理的维度一般都分为政治认知、政治情感、行为倾向3个方面,主要包括政治知识、政治效能感与政治关心习惯3个方面。[2]

关于私营企业主的政治心理和政治行为的研究现在也越来越多。我国的学者对私营企业主的参与动因、现状、特点、模式,以及内部差异都做了详尽的分析,如刘春萍(2007)对私营企业主参与现状的分析,陈光金(2011)关于私营企业主的形成和政治参与特点的研究,胡绍元等(2011)探讨关于私营企业主的政治参与模式研究,黄洋(2011)探讨关于私营企业主内部参与差异的研究,康燕雪(2010)谈到私营企业主政治参与动因的分析。尽管政治心理对政治行为的重要性已被研究者广泛认同,但他

---

① 王浦劬:《政治学基础》,北京大学出版社1995年版,第308—309页。
② 万斌、章秀英:《社会地位、政治心理对公民政治参与的影响及其路径》,《社会科学战线》2010年第2期,第178—188页。

们对政治心理的形成和作用过程关注较少,对构成政治心理的关键要素有哪些等问题缺少细致的理论分析,只是零散地谈到政治态度、政治情感、政治认知与政治参与及政治效能感有一定的关系,而且研究者各自的观点也不一致,因而,需要进一步对影响浙商政治心理模型构建和形成过程的因素进行系统探讨。

当前,浙商的迅猛发展为深入研究政治心理理论和政治参与现象提供了很好的社会环境条件,因此,本书深入探讨浙商背景下政治心理对政治行为的影响及政治心理模型的动态影响因素等问题,具有重要的理论和实践意义。

本书的理论意义主要表现在:①本书考察了政治心理的多维度结构属性,回应了以往研究者提出的政治心理缺少统一的概念和界定的说法,对政治心理进行结构维度的理论界定,有助于拓展心理学理论在政治研究领域的应用。②本书深入考察了政治心理是否影响及如何影响政治行为的过程,因而从理论上解释了私营企业主扩大社会网络、增强政治资本对于商业经营的重要意义。③本书从多种视角关注了浙商的政治心理对政治行为的意义,不仅考察浙商的年龄、性别、学历等个体因素,以及地区、单位规模、单位性质、行业等组织因素对政治心理模型构建的影响效应,而且从商人与政治的关系的角度,将晋商和徽商与浙商进行比较研究,从中发现商人与政治的合适关系,丰富了政治心理研究的相关理论。④本书所有的被试取样均以浙商和浙江普通员工为样本,因而研究结论有助于更好地了解浙商背景下政治心理的活动规律,延展了以往关于政治心理的相关研究。

实践意义主要表现在:①通过揭示浙商政治心理的形成、演变过程及行为作用机制,可以为浙商开展政治活动提供指导,帮助浙商识别有效的社会网络活动,提升企业的业绩。②通过探讨浙商构建政治心理的过程,有助于培训浙商如何建立和维护他们的政治心理,并由此提升政治行为。③通过对政治心理及其如何影响政治行为的过程分析,有助于为政府等相关部门通过相关措施提供具体的指导建议,从而让浙商改进其政治参与行为。

本书综合性、跨学科地应用文献回顾、比较研究及问卷研究的方法,结合政治学及应用心理研究领域中的态度理论、情感理论及认知理论等新进理论成果,通过一系列的实证研究,探讨了浙商政治心理的构建模型、政治心理影响政治行为的过程机制,以及政治心理随个体特征和企业特征动态演变的过程,这不仅丰富了政治心理研究的理论内容,而且有助于指导实践者更好地开展政治活动,从而最终提升浙商的政治行为。

目　录

第一章　理论背景与以往研究回顾

关于政治心理的概念,国内专家和学者的观点比较一致,一般都采用王浦劬提出的定义,认为政治心理是指社会成员在政治社会化过程中对社会政治关系及由此而形成的政治行为的政治体系和政治现象等政治生活的各个方面的一种自发的心理反应,表现为人们对政治生活某一特定方面的认知、情感、态度、情绪、兴趣、愿望和信念等等。① 就其主体而言,政治心理的主体是"政治人"而不是"生物人";就其形成过程而言,政治心理是社会成员在政治社会化过程中对社会政治生活的心理投射;就其实质而言,政治心理作为一种精神生活过程,是对政治观的反映;就其反映形式而言,政治心理是一种直观的、自发的心理反应;就其具体内容而言,政治心理是对政治关系、政治行为和政治体系等政治现象的直观的和模糊的感应。②

政治心理是由社会环境这个客观因素与心理意识这个主观因素相互作用而产生的。政治心理形成的主观因素有 4 个结构:①政治主体的心理结构,主要包括认知、感觉、感情、情绪和意志等。②政治主体的生物特性结构,主要包括性别、年龄和气质等。③政治主体的社会经验结构,主要包括技能、知识、习惯和经历等。④政治主体的个性倾向结构,主要包括个体的意愿、欲望、兴趣、理想、爱好和信念等。

关于政治心理的具体要素组成,不同的学者有各自不同的观点。亨廷顿与乔明格斯认为,政治心理要素主要包括 3 个方面:第一,政治个性是政治现代化中关于政治信念方面的最重要标志,具体指的是个

---

① 王浦劬:《政治学基础》,北京大学出版社 1995 年版,第 308—309 页。
② 吴友发:《论社会转型时期我国公民的政治心理特征及其调适》,《孝感学院学报》2002 年第 1 期,第 73 页。

人认为自己属于某个民族成员的明确程度;第二,信任能力,指的是对自己的民族成员的信任及与他们相处的能力;第三,个人对政治和政府的影响的认知。[①]派伊认为对政治心理内容的具体概括是不易的,但他根据以往研究总结出四大相对要素:第一个要素是信任与不信任;第二个要素是等级差异与平等;第三个要素是自由与权威专制;第四个要素比较复杂,是关于忠诚度和承诺的程度,以及具体的政治文化是否强调排他主义。[②]国外学者对政治心理要素的概括主要包括政治信任感、政治认同感及民主的心理取向3个方面。而国内学者关于政治心理的构成的研究也很多。周述杰和肖旻提出政治心理包括政治认知、政治动机、政治情感及政治态度这4个方面,[③]而邢乐勤和杨逢银从私营企业主的政治认知、政治认同、参政欲望、参政动机、参政态度5个方面设计问卷,对私营企业主的政治心理进行调查。[④]综上所述,关于政治心理与行为可以从政治态度、政治认知、政治效能感及政治参与这些角度进行研究。

第一节 政治态度

态度是社会心理学领域的一个核心概念,指人们在自身道德观和价值观的基础上对事物的评价和行为倾向。20世纪30年代晚期,民意调查中广泛使用态度这个维度,因此态度的研究领域由社会心理学领域延伸到了政治心理学领域。政治态度是一种重要的政治心理现象,由社会政治环境与个人政治社会化过程交织作用而成,体现了人们看待和反映政治现象的方式。[⑤]随着心理学的研究方法渗透到政治学的研究领域,

---

① 亨廷顿、乔明格斯:《政治发展》,商务印书馆1998年版,第187—188页。

② LUCIAN W, SIDNEY V. *Political Cultureand Political Development*, Princeton: Princeton University Press, 1989, pp. 22—23.

③ 周述杰、肖旻:《和谐社会构建中的私营企业主政治参与分析》,《江苏省社会主义学院学报》2007年第6期,第59—60页。

④ 邢乐勤、杨逢银:《浙江省私营企业主政治参与的现状分析——以温州永嘉私营企业主的政治参与状况为个案》,《中国行政管理》2004年第11期,第35页。

⑤ BINGHAM G J, POWELL JR, RUSSELL J D, et al. *Comparative Politics: A Theoretical Framework*, New York: Harper Collins College Publishers, 1996, p. 46.

政治学家开始把政治态度作为解释政治行为的一种工具,他们通过访谈和问卷调查的方法来测量政治态度,从而预测其政治行为。至此,关于政治态度的研究在西方取得了较多的成果。

一、政治态度的概念与特征

政治态度的概念最早发源于社会心理学。社会心理学家认为态度只能通过相关的语言或行动来测量,属于建构性的概念结构。具体而言,态度是由认知、情感与行为倾向三者相互联系和相互作用而形成的。当态度中的认知因素与情感因素协调一致时,态度较为稳定,具体表现为对外界事物的认知(道德观和价值观等)、情感(即爱或恨、喜欢或厌恶等)及意向(计划、谋虑、企图等)这 3 个要素的协调一致性。如果三者不一致,态度就不稳定。不过态度的稳定性并不是永恒的,只是保证持续一段时间不变,最终也会随岁月的流逝和环境的更改而变化。态度是构成人格特征的重要方面,它深藏于心,但又时常表露于外,外界可以通过态度来理解个体的内心世界。

美国心理学家奥尔波特首先提出政治态度的概念,他认为:"政治态度是由政治认知、政治情感与政治行为倾向共同组成的一种心理或生理组织,用以引导或影响个人对有关政治目标、政治情境的反应。"[①]随后,其他学者也从不同角度对政治态度进行了各自界定。阿尔蒙德和维巴从政治态度的组成因素角度出发,将其视为"个人对政治系统、系统中各种角色、角色承担者、政治系统中的自我角色及政治系统中的输入与输出的认知、情感与行为倾向"[②]。斯通强调政治态度的特征与功能,将政治态度界定为"一个信念组织";"是一种持久的",而非"短暂的倾向";"尽管态度是能够改变的,但是还是反映了一个人的长期特性";"当态度产生后,它就会促使它的持有者按照某种方式对态度对象采取行动"。[③] 有的学者则是从政治态度的组成因素、特点与功效方面来界定,

---

① ALLPORT, GORDONW. *A Handbook of Social Psychology*, Worcester, Mass: Clark University Press, 1953, pp. 802—830.

② 加布里埃尔·A. 阿尔蒙德、西德尼·维巴:《公民文化——五国的政治态度和民主》,浙江人民出版社 2008 年版,第 262 页。

③ 威廉·F. 斯通:《政治心理学》,黑龙江人民出版社 1997 年版,第 85 页。

如雷诺兹将其规定为对政治人物、政治理想、政治目标的倾向,包括政治认知、政治情感与政治行为倾向 3 种要素。[①]

政治态度是一种重要的政治心理现象,具有以下几种特征[②]:①内隐性:政治态度主要是一个内在的心理过程,无法直接观察,只能通过个人外显政治行为或政治言语来测量,属于建构性的概念结构,代表着一种准备的倾向和阶段。政治态度可以由言语或是某个具体的行为作为其外在的表现,但有些政治态度没有这些政治行为作为其外在表现,因为政治行为有 2 个阶段,一个是内隐的准备阶段,另一个是外显的表达阶段,而前者一般是没有外在表现的。政治态度非常重要,它是决定政治行为的动力。②习得性:政治态度是个体通过后天学习而形成的,属于一种政治心理现象,它是政治社会化的结果。个体早期通过接受政治文化教育,学习政治知识和政治技能,从而内化形成个体的政治规范,最后形成和发展为特有的政治态度,这是一个政治社会化的过程。③整合性:政治态度是整体性心理活动,认知、情感和动机都是作为整体在政治态度这一心理过程中发生作用的,是对其他心理过程的整合,不再是某一种政治心理过程的表现,它是整个政治心理过程的具体体现。④持久性:政治态度一经形成,便具有稳定性,持续一段时间不再发生变化,是个性的组成部分之一。⑤中介性:政治态度是政治行为的前期阶段,对人的政治行为起着准备作用,是人的行为的动力因素。因此,政治态度是个体内部的政治心理与外部政治行为之间的中介变量,是它们之间的催化剂,是政治行为的动因所在。不过,政治态度并不完全对等于政治行为,中间受到很多复杂因素的影响。

综上所述,可以从以下 4 个方面来理解政治态度:

(1)政治态度的对象是政治现象。政治态度具有反应的倾向性,它作为一种心理反应倾向和特殊的心理过程,涉及的对象包括政治目标和政治情境这些政治现象。

(2)政治态度是政治认知、政治动机及政治情感等各种政治心理过程

---

① RENOLDS H T. *Politics*: *the Common Man*, Homewood, llinois: The Dorsey Press,1974, pp. 3—6.

② 王敏:《政治态度:涵义、成因与研究走向》,《云南行政学院学报》2001 年第 1 期,第 11 页。

相互影响、共同作用的结果,属于综合性的心理过程。因此,政治态度有各种不同的类型,如有以认知和动机为主的类型,也有情感为主的类型,它是以政治行为倾向的形式存在的。

(3)政治态度具有相对的稳定性。政治态度是一种较固定的心理反应倾向,具有一定的持续性。不过这种稳定性是相对的,因为政治态度具有习得性,是个体在后天环境中形成的,并非天生固有的,因此随着环境的改变,政治态度也会发生变化。

(4)政治态度是在政治经验的基础上,由态度主体与客体相互作用而形成的,是个体对政治现象的心理反应。

二、政治态度的形成与变化

探究政治态度是怎样形成和变化的,一直是政治心理学研究的重点之一,关于态度的形成和变化的理论,政治心理学家也是借鉴社会心理学的研究,提出自己的观点。

政治态度具有习得性,它不是先天的本能反应,而是政治社会化的结果,是个体通过后天政治学习而形成的。政治社会化是人生各阶段有关政治人格、政治态度的学习过程,又是团体、组织和政府传递其政治成员政治态度与政治行为的过程。[①] 从这个角度来看,个体从儿童时期开始综合他们的政治性经验与非政治性经验,从而形成独特的政治态度。

政治态度形成的方式大致有 4 种模式:①累积模式:认为政治态度是由片断的知识、信息与活动积累而成。②人际关系转移模式:认为儿童在获得政治性经验以前,就具有一些人际关系的经验,这些经验投射到日后与政治有关的活动上,会影响政治态度的形成。③认同模式:认为个体以早年模仿心目中重要人物的政治态度为自己的政治态度,且成长之后,幼年所认同的政治态度不易改变。④认知发展模式:认为政治态度随着认知结构的发展逐渐形成,对政治目标与政治情境不具备充分了解时,政治态度是不易固定形成的。[②] 以上 4 种看法各自有其独到之处,学界对其

---

① 王丽萍:《政治心理学中的态度研究》,《北京大学学报》(哲学社会科学版)2006年第 1 期,第 133 页。

② 王敏:《政治态度:涵义、成因与研究走向》,《云南行政学院学报》2001 年第 1 期,第 12 页。

中累积模式与认知发展模式 2 种观点比较推崇。

另外,有学者从政治态度的层次方面分析,政治态度的形成是由低级到高级、由浅入深、由外部到内部的过程,经历了服从、同化、内化 3 个阶段和层次:①服从是在外在环境影响下,政治个体表面上表现出态度与别人一致。这种服从是表面的,因而这种态度是外控的、暂时的、不持久的、不稳定的。②同化指政治成员自觉自愿接受他人的观点、态度,此时已较多地带有了情感成分。③内化指政治成员真正从内心深处相信并接受他人的观点,并把其纳入自己的价值体系和信念之中,使自己真正地、完全地与他人形成一致的态度。①

政治态度的变化有 2 种类型:①一致性改变,指政治成员对政治目标的方向没有变化,但是强度上发生了变化。②不一致性改变,指政治成员对政治目标的方向发生了变化,本质也发生了变化,用新的态度取代以前的态度。

政治态度领域研究的主要内容是对说服沟通的研究。因为在政治生活中,说服是政治的核心。例如,政治选举中某政治集团说服大众选举官员,政治家说服民众支持他的执政政策,等等,因此,关于说服的研究成果在西方非常丰富。有学者通过实验的方式,发现说服者(the persuader)、表达问题的方式(how to present the issue)、作为个体的听众(the audience as individuals)及群体的影响(the influence of groups)都是态度改变的可能影响因素。② 这 4 种因素对个体态度改变的具体影响体现在以下 4 点:①说服者。说服者的可信度及说服者所期望的态度改变程度对说服的效果有直接的影响。②表达问题的方式。说服的效果受到听者的态度的影响,如果听者在沟通前持有赞成或是中立的态度,那么说服者只需提出正面的材料即可。但是,如果听者在沟通前便持有对立的态度,那么就需要提出双方面的材料,而且最后提出的观点所产生的影响可能更大。③个体的听众。说服的有效性取决于听者的知识水平,说服者在沟通的过程中需要根据听众态度的改变随时调整说服技巧,这样才能达到最佳的说

① 王丽萍:《政治心理学中的态度研究》,《北京大学学报》(哲学社会科学版)2006年第 1 期,第 135 页。

② ZIMBARDO P,EBBESEN E B. *Influencing Attitude and Changing Behavior*,Mass:Addison-Wesley,1969,pp.20—23.

服效果。④群体。个体从属或希望从属的群体会影响个人的意见和态度的变化。一般而言,如果个人与群体的标准一致将会受到群体的奖励或是鼓励,但如果不一致,可能会受到惩罚甚至被群体排斥。另外,个体的态度如果被他人知晓,将更不容易改变等。

综上所述,政治态度是个体在后天学习过程中形成的,政治态度的改变包括 2 种类型——一致性的改变和不一致性的改变,其中改变的关键是说服。

第二节　政治认知

政治认知是指个体对于他们政治生活中各种人物、事件、活动及其运行规律等方面的认识、判断及评价。[①] 政治认知是一个动态的、不断深化的过程,人们在社会生活中通过学习、观察等多种途径获得政治认识和感性认识,并在此基础上产生对各种政治事务的喜、恶、恐惧、焦虑等情感反应,即政治态度。[②] 政治认知、政治态度、政治评价及政治价值四者之间存在着密切的逻辑关系:人们在一定的政治认知和政治态度的基础上对现实政治事务和政治现象产生的自主性判断,即政治评价。人们的这种政治评价最终形成了自己独特的价值判断标准,即政治价值。最后,政治价值又会影响人们最初的政治认知。这四者之间的循环和相互影响,构成了政治认知的不同水平和不同阶段。

一、政治认知的理论模型

20 世纪 70 年代后期,越来越多的研究政治心理的学者开始关注认知心理学的领域。认知科学认为,认知是一种信息加工过程,它刺激并作用于感觉器官,接着引起已知信息从学习者记忆中提取,最后是刺激和已知信息相互作用从而引起行为的改变。因此,认知系统的成分与结构产

---

① 王浦劬:《政治学基础》,北京大学出版社 1995 年版。
② 刘荣、马宝龙:《回汉农民的政治认知与政治参与研究——以宁夏华一村为例》,《西北第二民族学院学报》(哲学社会科学版)2007 年第 6 期,第 42 页。

生了人类的行为。

信息加工理论认为信息处理的各个阶段是一个系列加工的过程,即前一个阶段的输出成为后一个阶段的输入,各个阶段有序进行。该理论也适用于政治认知的研究,不过由于政治信息比较复杂,各个阶段的认知加工具有其独特性,主要有以下 3 个方面:

(一)编码与解释问题信息[①]

政治信息相对于人工智能来说比较复杂,从而导致个体往往在抽象的水平上理解。首先,个体往往是从最易接近的概念水平解释政治信息。例如,对于某人为政治任务而举行的群众集会,对这个人的评价可能有 2 种解释,可以认为他是一个种族主义者,也可以认为他是一个民族自由主义者。个体在解释的时候往往会倾向于采用他们所熟悉的方式。

其次,个体会对所接受的信息构造一个联系,可能是因果的,或是暂时的。例如,当某一个政治方案呈现在个体面前时,个体编码的方式会受到该政治方案是给予接受者个体还是他所认同的群体的影响:如果认为是给予接受者个体的,与个体利益有关结果的接近性的知觉可能会提高;如果认为是给予群体的,与群体利益有关结果的接近性的知觉可能会提高。以往的大量研究表明,个体大部分的时候采用的是与群体水平结果相关的编码方式。

最后,个体先前拥有的知识在编码和解释中起着重要的作用。例如,让被试者做一个关于解决监狱拥挤问题的决策,其中有 2 套解决方案:一套方案是政府建设和管理更多的监狱,但需要增加个人所得税;另一套方案是由私人公司自行建设和管理监狱。如果只提供被试者其中一种方案,个体就以当前的解释进行编码,不会受到先前的知识的影响;如果提供被试者 2 套方案,让他们做出决策,个体会受先前的知识的影响;从而根据更易接近民众的解释而进行编码。

(二)内部问题结构与表征

问题信息的结构有内部问题结构和共有问题结构 2 种类型。内部问

---

① 李继利:《政治心理学的认知观》,《四川教育学院学报》2004 年第 1 期,第 54 页。

题结构是指具体的、与某个政治事件或意见相联系的前提与结果的结构；共有问题结构是指各种问题和信仰相联系的总体的组织结构。

政治心理学家关注较多的是共有问题结构表征，即围绕着一个共有问题表征的等级模型，如关于政治信仰体系结构的研究。Judd 与 Kronsnick 提出一个政治记忆组织模型，该模型假定具体的问题是围绕着复杂的价值观而被组织的，拥有政治信仰体系的政治专家比新手更能保持问题与价值观的一致性。[①] 这个模型体现了抽象价值观或思想原则、具体政策、政治参照群体及个体的政治角色间的相互关系。[②] 根据该理论，这些政治客体被表征为节点的方式，如果它们同时被考虑，相互就产生了联系。

(三)回忆并整合信息

当个体在表达某政治立场时，贮存在记忆中的各种结果，包括自发产生的结果和与他人交流形成的结果，都有可能被提取。这些结果相互影响，最终形成政治立场。个体往往提取一些他们认为有代表性的信息作为评判的基础，而不是他们积累的全部知识，这样往往缺少联想的过程。个体可能使用启发法或者认知捷径来得出一个政治观点。个体对具体问题进行判断的时候会受到信息的影响，而信息被加工整理在长时记忆中贮存，成为以后个体评判的基础。以往研究也表明，个体对以前的政治立场能够回忆，信息对个体的评判会产生一定的影响。

政治心理学在个体的政治认知方面做了大量的研究，取得了丰富的成果。由于个体在做政策评判时受到其个体差异性和环境因素影响，评判结果可能各自不同，没有一个普遍的结论。今后政治心理学关于政治认知方面的探讨会随着认知心理学的发展更加深入。

---

① JUDD C M, KROSNICK J A. *The Structural Bases of Consistency Among Political Attitudes: the Effects of Political Espertise and Attitude Importance*, In A. R. Pratkanis, S. J. Breckler, & A. G. Greenwald (Eds.), *Attitude Structure and Function*. Hillsdale, NJ: *Erlbaum*, 1989.

② ANDERSON J R. *The Architecture of Cognition*, Cambridge: Harvard University press, 1983.

二、政治认知的渠道

政治认知的效果很大程度上受到其渠道的多寡与通畅程度的影响，因此，拓展和疏通政治信息渠道可以有效提高民众政治认知水平。以前人们的社会生活非常封闭，接触和认识政治事务的条件匮乏，对外界事务了解有限。而现在公众获得政治信息的渠道已经多样化了，主要有 3 种方式：①社区干部、村委会的文件传达。②电视、报纸、广播等大众传媒。③网络、大众闲聊等非正式传播渠道。现在，第二种和第三种方式在公众的政治认知方面起的作用越来越大。

三、政治信息的认知偏差分析

认知主体对特定认知对象的认识所产生的规律性误差被称为认知偏差，政治信息认知偏差是指个体在认知过程中产生的对客观事实歪曲的认识。[①] 由于政治信息是社会信息的一种，因此政治信息认知属于社会认知范畴。社会认知一般涉及社会信息的辨别、归类、采择、判断、推理等心理成分。[②] 如果认知主体在政治信息的辨别、选择、归类、推理、判断等心理过程中出现错误，就会导致政治信息认知偏差。事实认知和价值认知的方法，从认知方法的角度来说，并不完全相同：主体可以直接通过结构功能分析把握客体的本质，而客体属性一般源自其固有的结构功能，价值客体的具体价值属性和价值实现，依赖于特定系统及特定系统中的关系价值有无及大小，与其自身结构功能有关。同一价值客体由于对象和环境不同，其价值因人而变、随境而变的情况随处可见。[③] 由于价值认知受价值主体、价值客体、空间条件、时间条件、自然与社会环境及其他随机因素的影响，因此，事实认知和价值认知的发展相对政治信息而言，存在 3 种情况：一是事实认知落后于价值认知；二是价值认知落后于事实认知；三

---

① 陈相光、李辉：《政治信息认知偏差分析》，《河南师范大学学报》（哲学社会科学版）2011 年第 1 期，第 38 页。

② 王沛、林崇德：《社会认知的理论模型综述》，《心理科学》2002 年第 1 期，第 73—75 页。

③ 杨曾宪：《论与"科学事实"对举的"价值事实"及其认识路径》，《社会科学辑刊》2004 年第 3 期，第 11—16 页。

是事实认知和价值认知同步发展。在具体的政治信息认知过程中，由于认知主体受主体性因素、客体性因素、时间性因素、空间性因素、环境性因素和随机性因素等相互作用的影响，如果认知主体没有区分政治信息当中的事实和价值成分，可能引起价值认知偏差、事实认知偏差，以及综合认知偏差。

（一）价值认知偏差

价值认知具有主观性特点，它反映了客体对于主体的价值意义。价值认知一般是通过认识主体—认识客体—认识主体之间的否定之否定的过程而获得的。如果认识主体仅仅关注了政治信息的事实性，而忽略或是歪曲了它的价值性，就容易导致价值认知偏差。价值属于主客体之间的特定关系范畴，既不属于实体范畴，也不属于属性范畴。因此，价值既有主体需要，又有客体属性。马克思曾经指出："价值这个普遍的概念是从人们对待满足他们需要的外界物的关系中产生的。"[①]因此，价值内涵的界定必须以主体为尺度，但又必须考虑其客体的属性，即价值只能存在于主客体的相互关系——社会实践中。从该观点出发，所谓价值就是在人的实践和认识活动中建立起来的、以主体尺度为尺度的一种客观的主客体关系，是客体的存在、性质及运动是否与主体本性、目的和需要等相一致、相适合、相接近的关系。[②]作为认识和实践主体的人懂得按照任何一个种类的尺度来进行生产，并且懂得处处把内在的尺度运用于对象。[③]但是，价值与人的主观偏好、欲望、情感相联系，同时也与人的思想、观点、理论相联系，具有主观性特点。人在做价值判定和选择的时候，一方面依据个人的偏好、情感等感性经验的认识，另一方面根据已经建立起来的思想和理论的理性判断。因此，主体对政治信息的价值认知的基础是对自身的价值认知。只有在认识人的本质、了解人的地位和作用之后，才能将人和政治信息进行比较，最后确定政治信息是否符合人的需要及适合人的生存和发展，做出价值判

---

① 《马克思恩格斯全集》（第19卷），人民出版社1995年版，第406页。

② 孙伟平：《事实与价值：休谟问题及其解决尝试》，中国社会科学出版社2000年版，第99页。

③ 《马克思恩格斯选集》（第1卷），人民出版社1995年版，第97页。

断,并选择合适的政治信息。如果认知主体对自身的价值认知判断错误,而在认识政治信息时把错误的内在尺度运用于客体,就会导致价值认知偏差。除此之外,有时候,虽然自我价值认知是准确的,即认知主体能准确认知自己,但由于认知主体的政治价值观与政治信息所隐含的政治价值观发生冲突,认知主体从自身价值观角度出发而否定政治信息,从而导致价值认知偏差的出现。

(二) 事实认知偏差

事实认知指对客观世界内部联系的认识,即人们基于对客观必然性的认识,以事实为根据,从客观事物或现象的内在联系出发,对客观事物或现象进行的判断和推理。[①] 因此,事实认知的出发点是客观事物,具有客观性的特点,是主体在认识过程中对客体的本质、属性和规律的反映。事实认知回答政治信息是什么和为什么的问题,它的获得是通过认识客体—认识主体—认识客体的否定之否定的过程实现的。具体存在2个过程,第一是主体对自身进行批判和反思,第二是主体对客体进行否定和扬弃,这2个过程同时进行而且相互作用。如果认识主体忽略了信息的事实性,只关注它的价值性,就容易导致事实认知偏差。对事实认知的科学性和真理性,受到认识主体本身的条件影响。在政治信息的知觉过程中,认识主体由于受近因效应、首因效应、光环效应、投射效应和社会刻板印象等的影响,对事实性信息缺乏知觉,或是错误知觉,就容易产生事实认知偏差。

(三) 综合认知偏差

马克思在《〈政治经济学批判〉导言》中提出:人们在自己生活的社会生产中发生一定的、必然的、不以他们的意志为转移的关系,即同他们的物质生产力的一定发展阶段相适应的生产关系,不是人们的意识决定人们的存在,相反,是人们的社会存在决定人们的意识。[②] 对政治

---

① 陈勤舫:《论事实认识与价值认识的辩证关系》,《高等函授学报》(哲学社会科学版)2000年第1期,第21—25页。

② 《马克思恩格斯选集》(第2卷),人民出版社1995年版,第32页。

信息的属性、本质、规律的认识，以及对主、客体之间价值关系的认识，既要合目的性，又要合规律性。政治信息是历史的产物，具有历史性，包含事实与价值的信息，是政治上层建筑情况的反映。政治信息具有现实性和感性的双重特点，如果认知主体忽略它的感性方面，没有从主观方面去理解，只当作实践去理解，仅仅从客体的或者直观的形式去理解，结果很可能导致错误的价值认知或事实认知。政治实践是认知主体现实的、感性的活动，它包含对政治信息进行认知的思维实践。[①] 一方面是认知主体用自身的方式去不断地否定现存世界从而促使其向应然世界转化的活动，另一方面是社会的和历史的活动组成了人类社会发展的普遍基础和永恒动力。认知主体通过对认知对象施加自身的内在尺度，充分发挥其能动性。但是当认知主体对政治信息的事实成分缺乏科学和充分的判断时，他对信息的价值成分的判断也会缺乏合理性，因此产生综合认知偏差。

第三节 政治效能感

政治效能感（Political Efficacy）是指"个人认为其政治行为对整个政治过程具有影响力的一种感受"，是影响政治行为的一个重要变量。[②] 从20世纪50年代开始，越来越多的西方学者关注政治效能感的研究，"在美国的政治学界，政治效能感的研究仅次于政党认同而被关注"[③]。政治效能感已经成为当代民主理论的重要概念之一，它是预测公众政治参与模式的一个重要指标，也是民众评价政府及其执政能力的重要依据，对民众参与政治事务的意愿及政治运作的合法性产生极为重要的影响。

---

① 《马克思恩格斯选集》（第1卷），人民出版社1995年版，第16页。

② 孙龙：《当前城市中产阶层的政治态度——基于北京业主群体的调查与分析》，《江苏行政学院学报》2010年第6期，第94页。

③ PAUL R A. *Political Attitudes in America：Formation and Change*，W. H. Freeman and Company，1983，pp.135—183.

一、政治效能感的概念

政治效能感是个体对自己是否能影响政治活动的能力的信念或信心。① 关于政治效能感的界定主要从"感觉说""主观政治能力说"及"形成说"这 3 个方面进行。3 种观点从不同角度出发,互相补充,较为全面地解读了政治效能感的内涵。

"感觉说"是强调个体内在对政治影响力的感觉,它是较早的关于政治效能感概念的界定。最早提出政治效能感概念的是美国密歇根大学调查研究中心(SRC)的坎贝尔(Campbell)教授等。他们在 1954 年对影响美国民众选举行为的因素进行研究的时候发现有 4 个影响因素存在:除了大家所知的政党认同、问题取向和选民取向这 3 个因素之外,还存在另一个很重要的因素,他们把它命名为"政治效能感(sense of political efficacy)"。坎贝尔等认为"政治效能感是一种个人认为自己的政治行动对政治过程能够产生政治影响力的感觉,也是值得个人去实践其公民责任的感觉。是公民感受到政治与社会的改变是可能的,并且可以在这种改变中扮演一定的角色的感觉"②。坎贝尔在本界定中认为政治效能感的主体是公民,客体是政治。而且他强调政治效能感是对自身政治能力的一种自信程度的衡量,它是个体自身对政治的一种内在主观感受。

"主观政治能力说"是美国学者阿尔蒙德对公民的政治效能感的界定。1963 年,他研究 5 国(美国、英国、德国、意大利和墨西哥)公民政治能力的差异时发现,那些具有较强政治能力的民众更愿意跟踪政治、注意选举和讨论政治,即他们更喜欢参与政治活动。阿尔蒙德等认为"公民个人自认有这种能力的程度,具有重要意义。自认有能力参与政治系统的频率,可能被他们看做判断他们的国家民主程度的标志……在许多方面,信念在一个人的能力中,是关键性的政治态度。有自信的公民看来是民主的公民。他不仅认为自己能参与,还认为别人也必须参与。此外,他不

---

① 王敏:《政治态度:涵义、成因与研究走向》,《云南行政学院学报》2001 年第 1 期,第 10—14 页。

② ANGUS C, GERALD G, WARREN E M. *The Voter Decides*, Row & Peterson and Company, 1954, p. 187.

仅认为自己能参与政治,而且往往是比较积极的。也许最有意义的是,有自信的公民也是较满意的、较忠诚的公民"①。阿尔蒙德等认为政治效能感指的是公民自身政治能力的意涵,他提出政治效能感的重要性及可以用外在表现来衡量政治效能感。

"形成说"是由伊斯顿和丹尼斯提出的,他们强调个体在政治社会化过程中,个体政治效能感中的3个要素及它们之间的关系。伊斯顿认为"作为一个概念,政治效能感是以3个彼此独立但又紧密关联的要素表现出来,即作为规范的政治效能感、作为心理学倾向或者感觉的政治效能感和作为一种行为方式的政治效能感"②。伊斯顿认为政治效能感作为一种规范,指的是民主制度中的成员应该能够影响政府,相应的,政府也应该具有回应性的功效。这种在儿童三年级时就已习得的应然的规范成为个体政治效能感中基本的、持久的"态度结构"。③ 政治效能感作为一种感觉,指的是个体必须认为自己在政治自我认同上是有能力的,即自己能够影响政府,而政府也能够回应个体的感觉。个体必须感知他在政治上的个体同一性层面的能力来显示其效能。他必须在有关政治领域用一系列强势的力量构建一种心理的示意图。④ 作为一种行为,是在政治上的行为表现,也就是其在政治活动中形成的真正的影响。⑤ 从政治社会化角度出发,伊斯顿分析了政治效能感是3个要素,即"应然的规范""能然的感觉"和"实然的行为"之间各自独立又相互关联的综合形成。具体来说,三者之间存在如下的逻辑联系:应然的规范会形成能然的感觉,能然的感觉可能在必要的时候转化为实然的行动。

---

① 加布里埃尔·A. 阿尔蒙德、西德尼·维巴:《公民文化——五个国家的政治态度和民主制》,东方出版社 2008 年版,第 232 页。

② DAVID E, JACK D. *The Child's Acquisition of Regine Norm's Political Efficacy*, *The American Political Science Review*, Vol. 61, 1967, pp. 25—26.

③ 郭秋永:《抽象概念的分析与测量:"政治效能感"的解释》,方万全、李育成:《第二届美国文学与思想研讨会论文集》,中央研究院美国文化研究所 1991 年版,第 320—322 页。

④ DAVID E, JACK D. *The Child's Acquisition of Regine Norm's Political Efficacy*, *The American Political Science Review*, Vol. 61(1), 1967, pp. 25—26.

⑤ DAVID E, JACK D. *The Child's Acquisition of Regine Norm's Political Efficacy*, *The American Political Science Review*, Vol. 61(1), 1967, pp. 25—26.

综上所述,政治效能感可以从以下 4 个层次进行理解:①政治效能感是个体内心对于自我政治能力的主观感知,主要是指对主体自身是否有政治能力和影响能力的基本判断,它属于内隐的心理活动。该层面强调政治效能感的性质及其内在指向。②政治效能感包括个体内在和外在这 2 种心理期待,对自身政治影响力的期待属于内在的政治效能感,而对政治系统回应的期待属于外在的政治效能感。对相应对象的感知、判断构成这些心理期待的基础,它是众多心理要素的综合体现,因此比较复杂。③政治效能感包括个体在儿童时期形成的规范因素及在此基础上形成的情感能力要素,是一个复杂的综合体。个体的政治效能感与其政治行为有一定的对应关系但不是必然关系。在合适的情况下,政治效能感可以指导个体的政治行为,但在某些情况下,它只是一种内在的感受,并不一定完全对应。我国台湾学者郭秋永先生认为,英美政治系统中具有政治效能感的公民中,只有部分公民诉诸实际的参与行为,而较多的具有政治效能感的公民并没有将其转化为参与行为。[①] ④政治效能感是一种自我感知要素,隐含着公民应该能够影响政府,而政府也应该具有相当的回应力,它在一定程度上反映政府的合法性程度,本质是建立在公民与政治体系之间某种关系的心理指标。

二、政治效能感的结构与测量

政治效能感的实用性很强,越来越多的学者关注政治效能感的结构和其测量方法,研究内容非常丰富,已经成为一个热点领域。

(一)政治效能感的结构

很多学者认为政治效能感具有 2 个或者多个结构向度,而不仅仅是单一维度。例如,莱恩(Lane)认为,所谓的政治效能感具有隐性的意义,应包含 2 种不同的成分:其一,与他人相比,个人自认为对政府具有影响力;其二,对政治体系而言,个人自认为政府会对其要求有所回应。[②] 随

---

① 郭秋永:《抽象概念的分析与测量:"政治效能"的解释》,方万全、李育成:《第二届美国文学与思想研讨会论文集》,中央研究院美国文化研究所 1991 年版,第 320—322 页。

② PAULR A. *Political Attitudes in America：Formation and Change*,W. H. Freeman and Company,1983,pp.141—143.

后,布莱克(Balch)也用实验验证了这一观点。他抽取 1 000 名大学生进行测量,发现"内在政治效能感是个人相信自己可以影响政府的感觉,而外在政治效能感则是个体相信当权者或者政府应该回应民众的感觉"[1]。我国台湾学者吴重礼等认为内在政治效能感是指个人相信自己有能力影响政府或政治精英的感觉,包括政治事务的可变感、政治过程的可理解性及影响手段的可取得性,即个体自认为自己具备影响政治的能力,是面向自我的政治能力感觉;外在政治效能感则是指个人相信政府官员或者制度或者政治精英对于民众有所反应并予以重视的程度,也就是说,外在政治效能感是个体对外在政治体系回应度的感觉,包括政体制度的外在政治效能感和政治领导人的外在效能感,他们用研究证实了这 2 个维度的存在。有研究者将内在政治效能感和外在政治效能感分别称作"投入(input)功效"和"产出(output)功效"。[2]

研究者们确定了政治效能感的 2 个维度后,开始关注它们之间的关系。布莱克的研究表明,公民的内在政治效能感与外在政治效能感之间的关联性较弱,而这一观点得到了我国台湾学者吴重礼等的研究的验证。[3]他们通过测量我国台湾嘉义县民众的政治效能感发现,政治效能感可以区分为内在政治效能感和外在政治效能感这 2 个彼此独立的结构要素,不过这 2 个要素之间的关联性较低。

(二)政治效能感的测量

对政治效能感的测量手段和方法的探寻是学者们研究的热点。这些研究集中于 2 个方面:①寻求合适的政治效能感的测量指标;②与此指标相对应的合适的统计方法。

美国密歇根大学调查研究中心(SRC)于 1952 年最早提出关于政治效能感的测试量表,主要包括 4 个题目:①有时政治和政府看起来很复杂,不是像我一样的人可以了解的(政治太复杂)。②投票是对于像我这样的人能够对政府运作发表看法的唯一方式(投票是唯一方式)。③我认

---

①　PAULR A. *Political Attitudes in America*: *Formation and Change*, W. H. Freeman and Company, 1983, pp. 141—143.

②③　吴重礼、汤京平、黄纪:《"政治功效意识"测量之初探》,《选举研究》1987 年第 2 期,第 23—44 页。

为政府根本不会顾及像我这样的人的想法(官员不关心)。④像我一样的人根本不会影响政府的做法(无法评判)。该量表的答案选项只有"同意"与"不同意",如果被调查者回答"不同意",则认为他具有政治效能感。③随后许多研究验证了该量表的可靠性,这套测试题目成为学者测量政治效能感的模板,其后开发的关于政治效能感的量表大都源于此量表,是其修订版和扩充版。我国台湾学者黄慕也等④将这套问卷修订后运用于本土民众的测试,修订后包括3个子题目:①像我这样的人对政府作为没有任何的影响力。②我认为政府官员不会在意像我一样的人的想法。③有时,政治太复杂,不是像我一样的人能够明白的。题目①和②是测量外在政治效能感的,而题目③是测量内在政治效能感的。答案选项也是同意与不同意。测试取得比较好的效果。

关于量表的统计,目前较多采用路径分析、多元项目分析及协方差结构方程等比较先进的统计方法。研究者用这些先进的统计方法对政治效能感量表进行分析,进一步验证了量表的准确性。例如,1974年,布莱克运用多元项目分析法对坎贝尔等人所设计的政治效能感问卷进行统计分析,结果表明政治效能感确实具有内在政治效能感与外在政治效能感2个维度,莱恩的观点进一步得到了论证。

1977年,米勒(Miller)等人就SRC量表运用路径分析法对其信度和效度进行了分析,验证了内部政治效能感和外部政治效能感存在显著区别。其中,"像我一样的人根本不会影响政府的做法(无法评判)"和"我认为政府根本不会顾及像我这样的人的想法(官员不关心)"这2题对于政治效能感的结构具有较高的稳定性,效度较高,但其他的2题"投票是对于像我这样的人能够对政府运作发表看法的唯一方式(投票是唯一的方式)"和"有时政治和政府看起来很复杂,不是像我一样的人可以了解的(政治太复杂)"则效度相对不够。1985年,研究者运用协方差结构分析方法进一步地肯定了政治效能感的结构因子——内在政治效能感与外在政治效能感的存在,而且这两者之间有一定的

---

③　李蓉蓉:《海外政治效能感研究述评》,《国外理论动态》2010年第9期,第48页。

④　黄慕也、张世贤:《政治媒介藉由政治效能、政治信任对投票行为影响分析——以2005年选举为例》,《台湾民主季刊》2008年第5卷第1期,第48页。

相关性。

综上所述,政治效能感是公民对自身在政治生活中影响力的心理感知,它是公民参与政治生活的重要心理动力。政治效能感包括 2 个维度——内在政治效能感和外在政治效能感。对政治效能感的测量主要是测量这 2 个维度,学者普遍认可 SRC 提出的测量量表。

三、媒体接触与政治效能之间的关系

政治参与行为与媒体对政治议题的报道两者之间存在着密切的关系:新闻媒体的接触对政治参与具有显著的正向影响,是鼓励和促进公众政治参与的重要因素。[①] 与媒体接触会提升公众的政治认知,主要包括政治目标、政治知识及参与机会等方面,而且会提高他们的参与能力,如政治参与和社会资本的技能,以及政治讨论及政治协商的能力,从而增加他们的政治参与行为。Chan 和 Zhou 在中国的实证研究也显示,公众传统媒体的新闻接触对私下场合的政治讨论及网络空间的意见表达均具有显著的正向影响。[②] 不过与西方研究的结果不同,公众对这些传统媒体新闻接触的多寡并没有影响公共空间的参与行为,即向政府机构和新闻媒体表达意见方向并没有区分。从该研究出发,在中国的背景下,公众的新闻接触与其政治参与行为并不是简单的因果关系,主要取决于政治参与行为的复杂程度,即受需要动员资源的多少的影响:媒体接触对简单的政治参与行为,如日常讨论和网上参与有正向影响,但对复杂的政治参与行为,如向政府机构和新闻媒体提出意见并没有显著影响。公众与新闻媒体的接触,加深了对某一事件的了解,为以后的参与提供了信息资源。另外,因为关注相关新闻使公众的心理投入感大大增加,所以其政治参与行为可能也会增加。不过政治参与也受到新闻接触的内容和类型的影响:①新闻接触分为日常新闻接触和特定事件新闻接触,它们都对事件参

① MCLEOD J, et al. *The Expanding Boundaries of Political Communication Effects*, Hong Kong: forthwrning, pp. 123—162.

② CHAN J, ZHOU B·H. *Expressive Behaviors Across Discursive Spaces and Issue Types in Shanghai*, Asian Journal of Communication, Vol. 21(2), 2011, pp. 150—166.

与产生影响,但特定事件新闻的影响更大。②新闻接触的不同类型对参与行为的不同类型影响也存在差异。

公众的政治认知很大程度上是通过媒体接触获得的,但是关于媒体接触与政治参与及政治效能的关系,研究者持有不同的观点。大部分研究者认为政治效能是个体早期社会化的产物①,按照班杜拉的"信念—行为"(belief-behavior)模式②,媒体接触会影响政治效能,而政治效能又会影响政治参与,即媒体接触—政治效能—政治参与。一些研究也发现,媒体接触与内部政治效能之间存在正向关系,因为报纸或电视新闻(特别是正式新闻)使受众了解更多的时事与知识,加深他们对政治过程的理解;但它与外部政治效能之间关系的研究结果迥异,例如,纽哈根(Newhagen)的研究发现两者之间是负相关,因为媒体对政府进行了较多的负面报道,而平克勒敦(Pinkleton)等研究发现它们是正相关。与此同时,另一些学者认为,媒体接触、政治效能与政治参与三者之间的因果关系非常复杂,政治效能也可能受到政治参与的影响,这一点也获得班杜拉的理论的支持。③根据班杜拉的理论,个体的直接经验对其自我效能的影响最大,其中成功的经历会提高其对自身效能的评价,而多次失败则会降低自我效能。因此,政治参与及其带来的结果反过来会影响个体的政治效能。这一点尤其适用于转型社会,因为在转型社会中大量出现的政治与社会变革作为正面的经验性示范,将极大地促成个体政治效能的变化。赛莫特克(Semetko)和沃根伯格(Valkenburg)认为内部效能会发生

---

① PAULR A. *Political Attitudes in America: Formation and Change*, San Francisco. CA: Freeman, 1983.

② BANDURA A. *Self-efficacy: Toward A Unifying Theory of Behavioral Change*, *Psychological Review*, Vol. 84(2), 1977, pp. 191—215.

③ ABRAMSON P R. *Political Attitudes in America: Formation and Change*, Finkel SE: *Reciprocal Effects of Participation on Political Efficacy: A Panel Analysis*. *American Journal of Political Science*, Vol. 29(4), 1985, pp. 891—913. Finkel SE. *The Effects of Participation on Political Efficacy and Political Support: Evidence from a West German Panel*. Journal of Politics, Vol. 49(2), 1987, pp. 441—464. M Mendelsohn F Cutler: *The Effect of Referendums on Democratic Citizens: Information, Politicization, Efficacy and Tolerance*. British Journal of Political Science, Vol. (30), 2000. pp. 685—698.

改变,他们对东西德统一后的社会情境进行实证调查发现,政治参与行为正面影响内部效能。[1] 而我国学者李连江通过实证调查也发现,在我国社会转型的场景下,农民参加村民委员会选举的实践会提高自己的外部政治效能。[2]

过去媒体接触对政治效能感的影响仅仅只考虑报纸、电视等传统媒体,但随着网络的普及,研究者越来越多地考虑互联网这个新兴的媒体。与传统媒体相比,互联网不仅具有信息传播功能,而且为公众提供了参与行动的平台。公众在"使用"网络的同时,往往也有相应的政治参与行为,网络在某种程度上打破了原有的"媒介使用"(media use)和"政治参与"(political participation)的区分。在我国公民的政治、经济和社会生活中,网络扮演着越来越重要的角色,成为他们行使知情权、参与权、表达权和监督权的重要渠道。

当今,我国商人的政治渠道和普通民众差不多,一般主要通过电视、报纸、广播等大众传媒和网络、大众闲聊等非正式传播渠道获得信息。

四、政治效能感的作用机制

政治效能感是引发和决定政治参与的重要原因,它是对个体自身政治行为最有力的主宰。政治参与在民主政治中具有非常重要的地位,而政治效能感则是人们做出政治选择的关键因素,因此大量的学者研究政治效能感运作机理,得到许多有价值的成果。

(一)政治效能感影响个体的政治选择和政治参与

政治效能感影响个体的政治选择,心理学理论认为"人一方面是环境的产物,另一方面又是环境的营造者"[3]。政治个体的政治效能感决定了他在面临不同政治环境条件时所做出的选择。一般而言,个体有趋利避

---

① SEMETKO H A, VALKENBURG P M. *The Impact of Attentivenesson Political Efficacy: Evidence from A Three-year German Panel Study*, International Journal of Public Opinion Research, Vol. 10(3), 1998, pp. 195—210.

② LI L J. *The Empowering Effect of Village Elections in China*, Asian Survey, Vol. 43(3), 2003, pp. 648—662.

③ 吴增强:《自我效能:一种积极的自我信念》,《心理科学》2001年第4期,第49页。

害的本能,对于政治环境的选择,他们往往会选择自己认为能够应付的,而避免那些无法控制的。而个体选定了某种政治环境后,这些环境反过来会影响其政治行为和政治人格的发展。政治效能感的作用机制可以用态度与行为之间关系的理论来解释,当个体可以选择不同的政治活动方式来解决某政治任务时,因为不同的政治活动对个体的技能和知识要求不同,所以个体对可供选择的各种政治活动的效能感决定了选择哪种政治活动。

政治效能感也是预测民众政治参与的重要指标之一。20世纪50年代,密西根大学学者坎贝尔等人研究发现,政治效能感是选民参与选举与否的重要影响因素之一,在后期的研究中也发现政治效能感与政治参与水平正相关。[1] 阿尔蒙德等对美国、墨西哥等5国进行的调查发现,主观政治能力与实际的政治参与呈正相关。社会心理学研究表明,态度构成要素中具有行为意向的成分,而决定行为意向的主要因素就是长期形成的个体行为准则和信念,因此态度与行为之间具有密切的关联性。[2] 政治效能感就扮演着态度的角色。在政治社会化过程中,个体在儿童时期所形成的政治效能感的"应然的规范",即公民"应该影响政府"及"政府应该回应"的价值观在实际的政治生活中渐渐转化为"能然的感觉",即公民"能够影响政府的决策",以及"政府能够回应公民的现实自我评价",最终在必要的时候转化为现实政治生活中"实然的政治参与行为"。[3] 因此,政治效能感作为"高度概化的一种政治态度",对于政治参与水平具有相当的预测能力。[4]

反过来,政治参与同样对政治效能感有很大的影响。阿尔蒙德和维巴在经典著作《公民文化——五个国家的政治态度和民主制》中指出:"政治效能感很大程度上反映的是个人可以对政治精英和政治决策有某种影响力的信念,而这种信念的建立很大程度上反映了个体与政府机构的直

---

[1] 李蓉蓉:《海外政治效能感研究述评》,《国外理论动态》2010年第9期,第46—52页。

[2] 加布里埃尔·A. 阿尔蒙德、西德尼·维巴:《公民文化——五个国家的政治态度和民主制》,东方出版社2008年版,第218页。

[3] 加布里埃尔·A. 阿尔蒙德、西德尼·维巴:《公民文化——五个国家的政治态度和民主制》,东方出版社2008年版,第321页。

[4] 加布里埃尔·A. 阿尔蒙德、西德尼·维巴:《公民文化——五个国家的政治态度和民主制》,东方出版社2008年版,第324页。

接接触体验,例如个人多大程度上可以参与政治决策过程,可以影响政策实施。"①一般而言,如果民众参政议政渠道畅通,那么他们的政治效能感就比较强,对自身有政治影响力的信念也越强;反之,如果参与渠道很少,经常在政治上被排斥,参政议政受到阻碍,便可能引致较低的政治效能感,也就是认为自身的政治影响力是很弱的。② 政治效能感会受到直接的政治参与的影响,也会受到与各种权力打交道的经历的影响。政治态度的"非政治性来源",即个体在政治领域之外的权威架构内的位置也会影响政治效能感。研究发现,那些在学校、工作单位、所在社区等传统政治领域之外的地点中居于管理决策位置的群体,或是有更多机会参与管理决策的人群,会有更强的政治效能感。③

(二)政治效能感影响个体对政治活动的动机和思维过程

政治效能感能够影响个体的思维过程,而这些思维过程会促进或阻碍个体政治活动的结果。第一,人类行为自我调节的主要机制之一是目标设定,而个体的政治目标与其政治效能感有密切的关系:个体的政治效能感越强,他们设定的政治目标就越具有挑战性,因此将会投入更多精力参与政治活动,从而实际成就可能更高。第二,政治效能感决定了个体对即将执行的政治活动场面、内容及性质的想象。④ 从心理学的角度来说,当个体对自己的政治活动效能有强烈信心的时候,就容易想象成功的情景,从而带来积极的心理暗示,促进政治活动的进行;相反,如果个体对自己的政治活动效能产生怀疑,则容易想象失败的场面而带来负面的心理暗示。根据韦伯的归因理论,人们容易把成功归于自己的能力和努力,而把失败归于技能不足和努力不够,因此,成功的政治活动将会极大地激励他今后的政治活动动机。综上所述,政治效能感强的个体的政治活动动

---

① 加布里埃尔·A. 阿尔蒙德、西德尼·维巴:《公民文化——五个国家的政治态度和民主制》,东方出版社 2008 年版,第 328 页。

② RODGERS H J. *Toward Explanation of the Political Efficacy and Political Cynicism of Black Adolescents：An Exploratory Study*, American Journal of Political Science, Vol. 18(2), 1974, pp.257—282.

③ 加布里埃尔·A. 阿尔蒙德、西德尼·维巴:《公民文化——五个国家的政治态度和民主制》,东方出版社 2008 年版,第 340 页。

④ 高申春:《自我效能理论评述》,《心理发展与教育》2000 年第 1 期,第 60—64 页。

机也较高,进而引起较高的政治行为技能,最后有助于他们政治活动的成功,这是一个良性循环。

除此之外,政治效能感与个体在政治活动中的努力程度密切相关。政治效能感较高的个体,当其政治活动遇到困难时会付出努力并坚持,直至达成目标;而政治效能感较低的个体便容易产生怀疑从而退缩,甚至放弃目标。对于政治活动而言,大部分是具有挑战性的,有些甚至需要创新性,坚持是成功非常关键的因素,因此政治效能高的个体才能获得成功。

(三)政治效能感影响个体对政治环境的情绪唤醒过程

在面临负面政治环境,如危险、不幸、灾难等时,个体的应激状态和情绪反应水平取决于政治效能感的高低。高政治效能感的个体的焦虑和恐惧水平比较低,因为他们相信自己能够有效控制政治环境中的潜在威胁。而低政治效能感的个体则会怀疑自己控制和处理风险的能力,因此产生强烈的应激反应和焦虑甚至恐惧的情绪,从而导致消极的退缩或保护性行为。这种退缩或保护性行为会极大地限制个体主动性的发挥,也会对个体政治人格的发展产生很大的阻碍。从心理学角度来看,政治环境的危险性并不是政治环境所固有的,而是个体应对政治效能感与政治环境的潜在危险之间的一种关系属性程度,不仅与政治环境自身的性质有关,也与个体的政治效能感及应对过程的性质有关。

提高个体的政治效能感是建设民主社会的有效措施,政治效能感高的个体往往会出现积极的政治行为,而政治效能感低的个体的政治行为则相对很少。

五、政治效能感的价值

政治参与在建设民主社会中具有非常重要的位置,一方面政治效能感是引发政治参与的重要因素;另一方面,政治效能感是构成公民民主性格的重要组成成分之一,它可以用来衡量民主政治的程度。

(一)政治效能感是衡量民主政治的重要指标

政治效能感可以用来测度民主制度的程度,它是指在民主制度下公民是否具备相应的心理取向。在民主社会里,民众自认为他们与政府关系密切,并且能影响甚至控制政府的事务。这种公民对政府"亲密"的感觉反映了民众与政府的平衡关系,它构成了国家政治合法性的基础。低民众政治效能感的政府意味着与民众是疏离和低信任的关系,因此很难让民众认可其合法性。所以,我国台湾学者黄兴豪指出:"政治效能感之所以重要,是因为其是民众评价政府与个人本身政治能力的重要依据。"[①]

政治效能感是民主制度运作中的必要组成因素之一,参与民主理论的代表人物佩特曼认为:"直接参与之所以成为可能,是因为在参与中能培养出公民较强的政治效能感,使其具备公民社会中应具有的能力和素养,因此参与就具有了教育的功能。"[②]英、美民主制在政治制度设计上和公民政治社会化过程中都考虑到政治效能感的"平衡作用",因此比较稳定。这种平衡的作用体现在以下两个方面:第一,在政治效能感内部要素之间创立平衡的关系。政治效能感包括"规范""感觉"及"行为"三大要素,是一个综合的系统。其中,规范是个体认为自己应该做什么,而感觉是个体认为自己能够做什么,在政治系统需要的时候这2个要素就会转化为行为。[③] 当具有了应该和能够影响政府的规范与感觉的公民,发现政府决策有损于自己利益的时候,这种规范和感觉就可能转化为影响和控制政府的行为,政府因此产生相应的考虑和回应;但是,如果政府决策与己无关,政治效能感一般不会转化为行为,而仅存在于公民的感知层面。[④]以上便是政府与公民之间的平衡关系。第二,民主政治的具体运作也是平衡关系。在一个政治体系中,民众的政治效能感高低的分布是一个"U"型曲线,大部分人的政治效能感处于中等水平,具有较高政治效能感和较低政治效能感的民众分布在两头,只占少数。因此,政治系统运行设计中需要考虑这三者之间的关系,使三者相互独立、相互制约。

(二)政治效能感是公民民主性格的重要组成成分之一

亚里士多德明确提出:"即使是完善的法制,而且为全体公民所赞同,

---

① 黄兴豪:《台湾民众政治功效意识的持续与变迁》,《台湾民主季刊》2006年第2期,第120页。

② 卡罗尔·佩特曼:《参与和民主理论》,上海人民出版社2006年版。

③④ 李蓉蓉:《海外政治效能感研究述评》,《国外理论动态》2010年第9期,第46—52页。

要是公民们的情操尚未经习俗与教化的陶冶而符合于政体的基本精神……这终究是不行的。"①因此,政治制度的正常运作不仅需要适合的体制,也需要催生和维持国家民主体制相对应的公民民主性格。

公民民主性格指公民具有一定的参与政治生活的基本素质和能力,它不仅指公民对基本公共生活的认知能力与宽容和妥协精神,也指具体的协商和批判的能力,以便能应付具体的政治生活。② 阿尔蒙德等认为,民主制下公民所具有的民主性格应该包括积极的政治认知、对本国政治系统的自豪感及较强的政治效能感和参与意识,其中政治效能感由于其稳定性和持久性的特点,成为公民民主性格的重要因素。③ 约翰·斯图亚特·密尔也认为,代议制之所以成就一个好的政府,是因为它激发了社会中最有智慧的成员的个人才智和美德,使其可以直接地对政府施加影响。④ 其中,"参与过程中逐渐积累起来的心理益处"指的是政治效能感,它是"公民具有的才智和美德"之一。科恩在论及民主的条件时提出,民主的心理条件是指社会成员实行民主时必须具有的性格特点和思想习惯,这些性格特点和思想习惯主要包括相信错误难免、持批判态度、愿意妥协、要有信心等要素。⑤ 公民认为自己具有参与政治生活和把握政治生活的能力是这些要素成立的基础。

第四节 私营企业主的政治参与

政治参与是公民通过各种合法方式参与国家的政治生活,并影响政治体系的构成及运行方式、运行规则和政策决策过程的一种自主行为。⑥ 政治参与有直接方式和间接方式两种,前者是通过游行、示威或是写信给

---

① 亚里士多德:《政治学》,商务印书馆 1965 年版,第 281 页。

② 李蓉蓉:《海外政治效能感研究述评》,《国外理论动态》2010 年第 9 期,第 46—52 页。

③ 加布里埃尔·A. 阿尔蒙德、西德尼·维巴:《公民文化——五个国家的政治态度和民主制》,东方出版社 2008 年版,第 232 页。

④ 约翰·斯图亚特·密尔:《代议制政府》,商务印书馆 1982 年版,第 28 页。

⑤ 科恩:《论民主》,商务印书馆 1988 年版,第 172 页。

⑥ 樊秋莹:《论我国私营企业主的政治参与》,《福建论坛》(人文社会科学版)2011 年第 3 期,第 139 页。

政府官员,后者是通过参加投票选举代表自己利益的政策制定者。无论民众采取哪种方式,都代表着他们希望政府和官员能知晓自己的诉求,因此能对政策产生一定影响。

随着我国大力发展社会主义民主政治建设,民众政治参与的外部环境便得到逐步改善。由于私营企业主内在素质的不断提高,他们政治参与的层次、范围、结果及功效方面都与过去有了很大的差异。私营企业主参与政治是一个值得关注的现象,研究他们参政的原因和特征,可以对私营企业主阶层的政治参与加以有效的引导,从而完善社会主义民主政治建设。

学界对私营企业主政治参与的定义主要有以下几种说法。吕倩将私营企业主的政治参与定义为:私营企业主通过各种途径和方式影响或试图影响政府人事构成、政策制定和公益分配的行为。[①] 周述杰和肖旻则认为,私营企业主政治参与是指私营企业主作为政治生活的主体,为实现一定的利益与要求,运用自己的政治权利和资格,通过特定的方式和途径来影响政治过程的行为。[②] 温淑春指出,我国私营企业主的参政议政应该是公民政治参与的一个子概念,泛指私营企业主作为政治生活的主体,为实现一定的利益与要求,运用自己的政治权利和资格,通过特定的方式和途径来影响政治过程的行为。[③] 总而言之,私营企业主参政是他们实现其政治权利的重要方式,是他们在社会政治关系中的地位和作用的反映。

一、私营企业主的现状和来源

学者普遍认为,相对独立的私营企业主阶层及其阶层意识已经逐渐形成,私营企业主阶层是改革开放的产物,是在社会主义市场经济发育和发展过程中产生和成长起来的。[④]

---

① 吕倩:《当前我国私营企业主政治参与分析》,《重庆社会主义学院学报》2008 年第 2 期,第 55—57 页。

② 周述杰、肖旻:《和谐社会构建中的私营企业主政治参与分析》,《江苏省社会主义学院学报》2007 年第 6 期,第 59 页。

③ 温淑春:《刍议和谐社会视野下私营企业主的政治参与》,《理论界》2008 年第 6 期,第 29—30 页。

④ 俞礼祥:《从一座城市看中国社会阶层结构的变迁》,湖北人民出版社 2004 年版,第 170 页。

(一) 私营企业主阶层的确定

我国很多学者都在其论著中明确地提出,我国存在私营企业主阶层。例如,陆学艺在其主编的《当代中国社会阶层研究报告》中,把我国社会结构分为十大阶层,其中私营企业主阶层位居第三,他认为,现阶段我国私营企业主已成为一个相对独立的社会阶层,具有了自己相对独立的社会经济地位和政治要求,是我国社会阶层结构的重要组成部分。[①] 郑杭生和李路路在其《当代中国城市社会结构现状与趋势》一书中指出:"我们可以将我国城市社会划分为七个界限相对清晰的职业阶层,他们分别是:……私营企业主阶层。"[②] 朱光磊在《当代中国社会阶层分析》中认为"私营企业主阶层已于 80 年代中期的中国特殊社会结构和政治经济政策条件下发展形成了一个社会阶层"[③]。王开玉在其主编的《中国中部省会城市社会结构变迁——合肥市社会阶层分析》中,以区域个案研究的形式,考察了改革开放以来合肥市社会阶层变动的情况。[④] 王开玉将合肥市的社会体系划分出了四大群体、九大社会阶层,认为私营企业主阶层属第二群体第四个阶层,并认为"这个阶层直接或间接拥有中等以上规模的经济资源"。由于一般所说的私营企业主是这个社会阶层的主要成员,因而把这个社会阶层称为私营企业主阶层。而学者陈尚志认为,他们既不是新生的资产阶级,也不是资产阶级内部的一个阶层,而是既有剥削的一面又有劳动者属性一面的一个有中国特色的独立的阶层,是具有双重属性的一个阶层,应该明确地叫作私有企业主阶层。[⑤]

国外学者也对中国的私营企业主阶层的界定做了一些调查和研究,如德国政治学家托马斯·海贝勒于 1996—1997 年对我国私营企业主阶层进行了调查研究,他把我国的私营企业家定位为"作为战略群体

---

① 陆学艺:《当代中国社会阶层研究报告》,社会科学文献出版社 2002 年版。

② 郑杭生、李路路:《当代中国城市社会结构现状与趋势》,中国人民大学出版社 2004 年版。

③ 朱光磊:《当代中国社会阶层分析》,天津人民出版社 1998 年版。

④ 王开玉:《中国中部省会城市社会结构变迁——合肥市社会阶层分析》,社会科学文献出版社 2004 年版,第 73 页。

⑤ 陈志尚:《对私营企业主阶层的几点认识》,《北京大学学报》(哲学社会科学版) 2002 年第 1 期,第 39 页。

的企业家",认为"此类群体的成员共同拥有一个共同的、长期的行动计划和一个相应的行为战略及成为有影响的社会行为体这一不言而喻的目标"①。

综上所述,众多专家学者公认私营企业主阶层已经成为我国社会结构中一个相对独立的阶层。

(二)关于私营企业主阶层的来源、构成和特征

我国许多学者从对私营企业主的来源和构成角度进行了多方面的分析和研究。杨建平和黄勇指出,我国的私营企业主阶层主要由三部分人构成:一是原社会体制下的社会边缘人,通过自我积累资金,逐步扩大生产规模,成为创立了私营企业的法人;二是国有企业在拍卖、租赁过程中转变为私有企业,原来的企业经理人员转变为私营企业老板;三是原国家机关、企事业单位干部、专业技术人员及"下海"创办公司的人员。② 郑杭生和李路路的研究认为私营企业主阶层的来源主要有以下几类:专业技术人员、城镇国有集体单位干部、农村干部、非国有单位中的管理人员、普通职工、个体户、专业户、手艺人等。③ 马春波认为,从总体上看,私营企业主也是社会主义劳动者,只不过劳动的形式从操作性的劳动转变为管理性的劳动,从简单的劳动转变为科技性的劳动,他们中的大部分是通过正当、合法的手段,积累财富创办企业的。④ 林炎志则认为,私营企业主已经成为新生的资产阶级,他们与新中国成立初期的老资产阶级存在本质上的不同点。党和政府在改革开放过程中应允许甚至鼓励私营企业主的发展。⑤

---

① 托马斯·海贝勒:《作为战略群体的企业家——中国私营企业家阶层的社会功能研究》,中央编译出版社 2003 年版,第 66 页。

② 杨建平、黄勇:《私营企业主阶层政治参与研究综述》,《贵州社会主义学院学报》2006 年第 3 期,第 19 页。

③ 郑杭生、李路路:《当代中国城市社会结构现状与趋势》,中国人民大学出版社 2004 年版,第 142 页。

④ 马春波:《"符合党员条件的私营企业主也可以入党"辨析》,《探索》2002 年第 2 期,第 29—30 页。

⑤ 林炎志:《共产党如何领导新生资产阶级和资本主义成分》,《党政干部文摘》2001 年第 6 期,第 23—24 页。

另外,有学者研究私营企业主构成时,发现随着改革开放的深入,农民在私营企业主中构成的比例大量减少,而干部、管理人员和个体户等比例增加。

关于私营企业主阶层的特征,陆学艺认为:①企业生产资料属于企业主私人所有,企业主对生产资料享有占有权、使用权、收益权和处置权,并且受到国家法律的保护。②在私营企业内部,通过劳动力的买卖间接实现劳动力与生产资料的结合。③企业的所有权、经营权和管理权基本集中在主要投资人手中。④私营企业纯利润的来源和归属不完全一致。⑤尚未产生统一的、自觉的政治要求。⑥私营企业主阶层的阶层意识在逐渐产生。[①]

有学者则进一步指出私营企业主阶层有以下 4 个发展趋势:①私营企业主的学历在提高。②目前进入私营企业主阶层的知识水平、技能水平和管理能力的门槛越来越高。③干部占私营企业主之前从事职业的比例越来越多。④目前进入私营企业主阶层的经济资本门槛越来越高。

(三)关于私营企业主阶层的社会属性

学者们普遍对私营企业主阶层持肯定态度,认为他们也是中国特色社会主义事业的建设者,为国家的发展做出积极的贡献。例如,张厚义和明立志认为"私营企业主阶层企业资产私人所有,是以雇佣劳动为基础、经营管理为职业,在工人、农民两大基本阶级之外,处于中间状态、过渡阶段的社会集团"[②]。这个中间状态和过渡阶段决定了私营企业主具有资产私有者和劳动者的双重属性。杜奋根教授认为"私营企业主的社会属性不是新生的资产阶级而是中国特色社会主义事业的建设者;私营企业主的经济收入不是不劳而获的不义之财,而是劳动收入和资本所有权收入的统一"[③]。中央统战部研究室刘自成在《科学认识私营企业主的社会

---

① 陆学艺:《当代中国社会流动》,社会科学文献出版社 2004 年版。

② 张厚义、明立志:《中国私营企业发展报告(1978—1998)》,社会科学文献出版社 1999 年版。

③ 杜奋根:《如何看待中国的私营企业主》,《湖北经济学院学报》2006 年第 2 期,第 31—33 页。

属性》一文中明确指出："从私营企业主的来源和构成情况看,私营企业主虽然掌握一定的生产资料,但他们既不是我国社会主义改造前的民族资本家,也不是资本主义社会的资本家;既不是我国原工商业者的自然延续,更不是西方敌对势力和平演变的结果。"①综上所述,我国绝大多数私营企业主群体是工人、农民、知识分子在社会主义市场经济发展过程中分化的产物。

私营企业主属性的界定也可以从党和政府的有关文献中找到。例如,中共十五大报告及九届人大三次会议通过的宪法修正案,对私营经济地位的提法从"私营经济是社会主义公有制经济的补充"改变为"私营经济是社会主义市场经济的重要组成部分"。2001 年,江泽民同志在庆祝中国共产党成立 80 周年大会的讲话中提出"私营企业主等新的社会阶层是有中国特色社会主义事业的建设者"的重要论断。2002 年,中共十六大将私营企业主阶层定位为"中国特色社会主义事业的建设者"。从上面的这些界定可知,党和政府对私营企业主阶层是持肯定态度的,认为他们通过诚实劳动和合法经营,为国家增加了税收,为社会提供了更多的就业机会,为社会主义建设做出了贡献。

二、私营企业主政治参与的原因和心理

私营企业主对促进我国国民经济的发展和社会主义现代化建设起着积极的作用,关于他们政治参与的原因,我国学界存在着不同的认识,主要有以下 3 个方面:

(一) 政策和法律提供了私营企业主政治参与的环境

我国目前的政治环境有利于私营企业主的政治参与,如宪法为私营企业主政治参与提供了最基本的法律依据。私营企业主作为中华人民共和国的公民,有权依法享有宪法和法律规定的各项政治权利,包括参政权。② 而"三个代表"也谈到"私营经济是一种先进的生产力",国家

---

① 刘自成:《科学认识私营企业主的社会属性》,http://www. xm93. xm. f. jcn/wyjc/kxrssyq. htm。

② 成伟:《关于私营企业主政治参与的理性思考》,《探索》2002 年第 6 期,第 60—62 页。

作为先进生产力的代表,当然要鼓励、支持及引导它的发展,也就必然要支持私营企业主参与政治。[①] 另外,"三个代表"也指出"私营企业主属于新时期人民群众的范畴",国家要代表最广大人民群众的根本利益,当然也包括私营企业主的根本利益,包括其政治参与权利。因此,从国家的法律和主导思想中,都可以找到私营企业主政治参与的理论依据。

(二)经济利益说

正如马克思和恩格斯所说,"人们为之所奋斗的一切,都同他们的利益有关"[②]。利益属于人类的高级需要,是对相关的社会内容和特性的需要,也是大多数私营企业主政治参与的主要动因。利益的实现需要经过一定的社会活动来达到,即它的实现途径具有社会性。"如果存在着相同的利益,并有着相似的经历,个人也可能产生超出面对面的有限区域的想法……结成利益共同体。"私营企业主阶层作为一种利益共同体,其政治参与的动机和目的是争取权利以满足利益诉求,为商业寻求政治的"保护伞",其途径是将其关心的问题提升为一种政治要求。例如,私营企业主要求政府制定并完善相关法律法规来保障其地位,特别是要求明确归属和保护私营企业产权,使他们能够安心经营。而分散的私营企业主群体则希望引入一种中介的组织或机制与政府建立联系:一方面,这有助于私营企业主表达比较集中的和迫切的问题;另一方面,通过这一组织或机制,政府也可及时了解他们的需求,从而在制定和执行公共政策时给予考虑。例如,温州有许多由私营企业主自发和自愿组建的商会和行业协会,它们代表企业与党和政府保持联系,很大程度上保护了私营企业主的合法权益。

(三)满足需要说

与马斯洛的需求层次理论类似,私营企业主政治参与也具有五大层

---

① 周师:《论我国私营企业主政治参与的理论根据、意义与限度》,《沙洋师范高等专科学校学报》2005 年第 5 期,第 64—66 页。

② 马克思、恩格斯:《马克思、恩格斯全集》第 1 卷,人民出版社 1995 年版,第 82 页。

次的需要①,这些需要从低到高依次是:发展经济、壮大实力的参政要求;保障权利、维护安全的参政要求;靠近组织、回归社会的参政要求;提高地位、获得尊重的参政要求;成就事业、实现自我的参政要求。私营企业主通过不同程度和类型的政治参与,满足以上的需要。

经济基础决定政治地位,随着私营企业主经济地位的提升和经济实力的增强,他们在政治上也开始有所诉求。另外,参政需要一定的文化素质,私营企业主文化素质的提高,也保障了他们的参政能力。

私营企业主参政的重要动机是提升社会地位,获得社会认可和尊重。这一点在一些经济实力雄厚的私营企业主中体现更明显。有一份针对私营企业主参政愿望的调查表明,私营企业主中有担任人大代表和政协委员想法的人数比例,资产在1 000万元以上的比资产在100万元以下的高出十几个百分点。

研究者把我国私营企业主的政治参与行为和心态分为以下4种类型:①自治开放型(积极进取型)。这类私营企业主拥有各级人大代表或政协委员的身份,或是民主党派成员,他们对现存政治制度表示认同。他们把政治参与看作一种责任,主动参政议政,和政府及社会保持联系,并试图用自己的观念影响政治过程,喜欢参加社会各类公益事业活动,其政治心态积极向上。②稳妥型或功利型。这类私营企业主希望通过自身的政治参与使政府关注他们的利益和要求,他们政治参与的内容集中于解决企业的经济问题,比较务实,力求政治上的稳妥。他们适当做些奉献社会的公益事业,为自己争取较好的发展环境。③无奈自慰型。这类私营企业主有一定的经济实力,特别热衷于政治参与,甚至有官场情结,希望通过参与而获得权力,反哺企业。但现实中给予他们的政治参与渠道相对狭窄,使其政治参与实现的可能性很小,他们不得不压抑欲望,自我解嘲,自我慰藉。④退缩规避型。此类私营企业主在政治上保持低调态势,把介入政治和介入程度定位在作为一个公民基本发展和政治权利的层面上,政治参与无明显意愿和行动。②

---

① 华正学:《需要层次理论视域下的私营企业主政治参与》,《河北省社会主义学院学报》2004年第4期,第35—39页。

② 董明:《政治格局中的私营企业主阶层》,中国经济出版社2002年版,第284、290页。

　　我国私营企业主因为个性、经济实力及社会来源的差异，政治参与的心态存在很大的不同。我国私营企业主的政治参与态度主要是以功利型政治参与态度为主，但出现了越来越多的自治开放型政治参与。例如，在2003年召开的全国政协十届一次会议上，私营企业主委员尹明善提出关于"加快解决就业问题和关注弱势群体"的提案，徐冠巨提出关于"切实提高对三农问题的认识，加快建立农业支持保护体系，促进农村经济发展"的提案。从以上2位委员的提案可以看出，私营企业主政治参与不再是仅仅关注本阶层的利益，而是从社会责任感和历史使命感出发，考虑到当代中国亟待解决的社会问题，从而促进中国社会全局发展。

　　从总体上看，各个学者从不同的角度分析了私营企业主政治参与的心理。尽管看法各异，但是这些成果为系统研究私营企业主政治参与奠定了一定的理论基础。

三、私营企业主政治参与的意义

　　私营企业主是立足于自身经营事业的社会群体，他们需要安定的社会环境和连续稳定的政策。而党和政府的总方针也是促进经济发展，保持社会稳定。双方有共同的利益，也就有了共同合作的基础。党的十六大报告明确指出："不能简单地把有没有财产、有多少财产当作判断人们政治上先进和落后的标准，而主要应该看他们的思想政治状况和现实表现，看他们的财产是怎么得来的以及对财产怎么支配和使用，看他们以自己的劳动对中国特色社会主义事业所做的贡献。"从现实情况看，我国私营经济将会长期存在和发展，私营企业主等新社会阶层都是中国特色社会主义事业的建设者，对于私营企业主的政治参与态度与行为的正确态度和做法是因势利导，加强对他们的教育和引导，及时将他们纳入现有政治体系之中，促使他们的政治参与有序化。

　　公民政治参与是实现其政治权利的重要途径，它对政治、经济及社会发展均有重要的影响。私营企业主政治参与作为公民政治参与的一部分，意义非常重大。关于私营企业主政治参与有何意义的问题，学者从不同的角度思考，得出了各自不同的认识。

　　管煜武和孙发锋从"发展社会主义经济"的角度进行研究，认为私营经济的发展为私营企业主政治参与奠定了基础，同时，私营企业主的政治参与,必将促进私营经济的发展和社会主义经济的发展。① 私营企业主政治参与得到社会认可后,将进一步弱化私营企业主积累财富的后顾之忧,充分调动其发财致富的积极性,并可以逐步消除社会习惯势力对私营企业主的种种偏见,为其健康发展创造良好的社会舆论环境和政策环境,这些对私营经济的发展乃至社会主义经济的发展都极为有利。

释清仁从"促进社会主义民主政治发展"的角度进行研究,认为私营企业主阶层的存在和发展对我国社会民主建设有着重要的贡献,私营企业主这一新阶层的出现,增大了社会生活的"弹性"空间,单位的功能也相对趋于弱化。② 具体而言,首先,私营企业主阶层的政治参与扩大了自觉行使民主权利的人数,有利于社会主义措施的实施;其次,私营企业主在参与政治的过程中锻炼了自身的政治能力,在一定程度上提高了社会主义民主主体的民主素质;最后,私营企业主在参与政治时充当了政治体制监督者的角色,这有利于社会主义民主的制度化、程序化。

董明从"壮大我国社会中间阶层"的角度进行分析,认为私营企业主阶层的崛起和壮大对于促进我国社会中间阶层的成长起到了直接的推动作用。③ 私营企业主的出现,促进了我国社会阶层的垂直流动和中间阶层的崛起,而且打破了我国原先计划体制的封闭和凝固性。

有学者从私营企业主参政的结果来看,认为私营企业主是积极的和有益的,表现在:①政治参与纳入现有政治体系之中,进入有序状态。②会产生某种对社会的归属感和责任感。③有利于反映私营企业主群体的意见和要求。④政治影响有限。④ 也有学者认为随着社会的发展,私营企业主参政是必然的,因为:①私营企业主的整体素质已经大大提高,追求共同利益的倾向显性化,并可能成为一支影响中国政治格局的重要力量。②随着私营经济在国民经济中的重要性的提高,私营企业主将成

①　管煜武、孙发锋:《今日中国私营企业主政治参与的特征及其作用》,《兰州学刊》2004 年第 1 期,第 33—34 页。

②　释清仁:《私营企业主政治参与的扩大及意义》,《理论导刊》2002 年第 5 期,第47—49 页。

③　董明:《私营企业主阶层政治参与状况评析》,《中共天津市委党校学报》2003 年第 1 期,第 49—51 页。

④　姜南扬:《私营企业主政治参与的过程、特点与效应》,《中国党政干部论坛》2005年第 4 期,第 31—33 页。

为政府改革和职能转变的重要推动力量之一。③私营企业主政治参与的扩大，在总体上有利于国家的民主和法制化进程，有利于巩固和扩大党的群众基础。①

综上所述，学者们对私营企业主的参政都持有肯定的态度，他们认为，私营企业主的政治参与是非常有意义的，因为：①私营企业主阶层是我国的一个重要组成部分，他们的政治参与是其权利，而且可以促进社会主义民主政治的发展。②鼓励私营企业主参政有助于社会主义经济的发展。③有助于国家的民主和法制化进程，有利于巩固和扩大党的群众基础。

四、私营企业主政治参与的特点

我国学者从不同的角度对私营企业主政治参与的特点进行过阐述，得出许多有启发的见解。

有学者认为我国私营企业主政治参与有四大特点：①政治参与的目的主要是维护自身的利益，尤其是经济利益，参政层次相对较低。②政治参与主要是合法性参与，偶尔存在非法参与。③政治参与的强度较低，对政治系统没有很大的影响。④政治参与缺乏组织，以单打独斗为主，处于散乱的状态。有学者提出，在政治参与中，经济利益驱动因素占主导地位，政治参与的意识和能力相对较高，是我国私营企业主政治参与的特点。② 另外，也有学者认为，我国私营企业主政治参与行为自身存在明显的内在制约因素，主要有以下三大特点：①功利性政治参与心态。我国第七次私营企业抽样调查显示，"私营企业主的政治态度表现出鲜明的利益特征，把私营企业办好是私营企业主最为关注的事"③。私营企业主过分追求自身利益，自然会削弱其对政治社会事务的关注，参政目的只盯眼前利益，公益参与意识必然会淡漠，对自身所承载的政治职责的认识就会缺

---

① 朱光磊、杨立武：《中国私营企业主政治参与的形式、意义和限度》，《南开学报》（哲学社会科学版）2004 年第 5 期，第 91—97 页。

② 成伟：《关于私营企业主政治参与的理性思考》，《探索》2002 年第 6 期，第 60—62 页。

③ 中华全国工商业联合会：《中国私营企业大型调查：1993—2006》，中华工商联合出版社 2007 年版，第 240 页。

乏,从而制约了私营企业主政治参与的深度和效能,使该阶层在我国民主政治发展过程中难以发挥出积极的参政议政作用。②较低的参与能力。参政主体的文化水平、政治素养、参政技能是决定参与有效性的内在条件。近些年来,虽然我国私营企业主阶层整体的素质在不断提升,但总的来看,呈现出"两极分化"状况,除少数私营企业主具有较高的文化程度和较强的政治参与意识外,多数人素质不高,难以发挥其应有的政治参与作用。③政治责任感的缺乏。目前,我国私营企业主政治参与的热情虽然很高,但其中不少人仅仅把当选人大代表和成为政协委员当成政治荣誉,难以拿出有价值的议案和提案。①

有学者对私营企业主政治参与行为做了细化分析,认为私营企业主阶层内部政治参与也存在着层次上的差异,主要是因为他们在价值观、文化程度、原有职业等方面不同,可将其分为 3 个层次②:第一层次是对政治关心。这是最初级的层次,多数私营企业主处于这个阶段,只是关心与其经营相关的政策,希望有个稳定的经营环境,而无暇顾及具体的政治参与活动。第二层次是提出政治要求。有小部分具有一定文化素质和政治素养的私营企业主处于这个层次,他们将关注的问题提升为政治要求,并寻找渠道向有关部门反映。第三层次是参与政治。极少的私营企业主处于这个层次。私营企业主直接的政治参与,主要有 2 种方式:一是安排性参与。主要指有关党政部门和组织推荐一些私营企业主进入人大、政协或工商联等组织中任职,参加相关的政治社会活动。二是非安排性参与。主要指一些私营企业主自办刊物和报纸,或是自行参与地方领导职位选举等。安排性参与在私营企业主中是主力军,也受到他们的极大欢迎。

私营企业主政治参与的内容和层次随着社会发展也在不断变化。有学者从发展的角度认为,我国私营企业主政治参与与以前相比有了很大进步,具有 4 个特点:①参政视角从关注个体自身利益转变为注重全局整体利益。②参与层次从经济参与提升到政治参与。③越来越多的中间阶层的私营企业主参与政治。以前是规模较大和规模较小的私营企业主富

① 康燕雪:《私营企业主政治参与有效性的制约因素分析》,《中共山西省委党校学报》2010 年第 5 期,第 97 页。

② 姜南扬:《私营企业主政治参与的过程、特点与效应》,《中国党政干部论坛》2005 年第 4 期,第 31—33 页。

有政治热情,现在越来越多的中间规模的私营企业主也逐渐有了参政愿望。④从感性自在到理性自为的变化。私营企业主早期的参政行为比较感性,怀着感激的心理来参与政治,而现在他们的参政行为更加理性和成熟,参政效能感也在增强。① 也有学者认为,中国私营企业主政治参与的特点有如下 4 个方面:①私营企业主政治参与是制度性参与,总体上是在现有的政治框架内进行的。②私营企业主政治参与以党的政治安排途径为主,但正在走向主动的政治参与。③私营企业主政治参与的组织化程度在逐步提高,共同的利益倾向越来越明显。④私营企业主的代表人物已经关注私营企业发展以外的重大社会问题,如他们有的提出了加快解决就业问题和关注弱势群体及关注三农问题等议案或提案。②

综上所述,我国私营企业主的政治参与和西方国家相比,虽然参与能力和参与层次都比较低,参与心态比较功利,但正在走向进步,也更加主动,而且从注重自身利益转向整体利益,开始关注社会问题,其参与行为的组织化程度也在提高。

五、私营企业主政治参与的途径

私营企业主政治参与的途径越来越多,目前学者基本上是从制度性政治参与和非制度性政治参与 2 个方面分析其政治参与路径。

(一)制度性政治参与

制度性政治参与是指在国家政治格局下,按依法规定的政治渠道进行的政治参与活动。私营企业主往往直接或间接参与政治,从而获取一定的政治安排。③董明将当前的制度性政治参与途径归纳为 5 种:①加入中共组织。②参加民主党派。③对基层政治的积极介入。④参与或建立各种社团组织,维护其利益,扩大其影响。⑤通过被评为劳动模范等方

---

① 华正学:《当前我国私营企业主政治参与的模式、特点及其绩效分析》,《广州社会主义学院学报》2005 年第 2 期,第 47—50 页。

② 朱光磊、杨立武:《中国私营企业主政治参与的形式、意义和限度》,《南开学报》(哲学社会科学版)2004 年第 5 期,第 91—97 页。

③ 杨建平:《关于私营企业主阶层非制度性政治参与的分析与思考》,《贵州社会主义学院学报》2008 年第 3 期,第 34—37 页。

式进行政治参与。① 也有学者为私营企业主政治参与的形式做了更详细的解释，认为也具有 5 种：①传统的政治参与方式。如进入人大、政协，或者在工商联、青年联合会等组织中任职。②政党参与。以入党或加入民主党派的方式参与。③选举参与。以个人的名义或在集团的支持下参加选举，如果选举胜利就可获得相应的政治职务。④舆论参与。以举办座谈会和论坛，或是自办报纸和刊物的方式参与。⑤集团参与。通过商会和行业协会等方式参与。②

魏银霞和杜小峥认为制度性政治参与途径有：①推选自己在政治上的代言人。②通过担任人大代表或政协委员参与政治。③通过加入工商联或民建等组织实现政治参与。④通过参加民间组织（亦称中介组织）参与政治。⑤通过大众传媒参与政治。⑥通过报纸、刊物、广播、电视等媒体宣传自己，扩大自己和企业的影响实现政治参与。⑦通过支持公益事业，通过选举担任社区领导人及加入中国共产党等方式来实现政治参与。③ 还有学者认为，私营企业主政治参与还有通过组建组织的方式，主要有以下 2 种：①组建民间协会和其他社团组织，如私营企业家协会等。②在企业里建立基层党组织。

制度性政治参与受到浙江私营企业主的极大欢迎，很多企业家都纷纷进入人大、政协等各种组织。以温州为例，2000 年，温州的各项数据表明，温州市以上人大代表中有 130 人是私营企业主，其中 1 名全国人大代表，10 名省人大代表；而政协委员中的私营企业主也占有很大份额，1 名全国政协委员，7 名省政协委员，73 名市以上政协委员。正泰集团股份有限公司董事长南存辉是第九届、十届全国人大代表，他是温州私营企业主参政的典范。温州市工商联也为私营企业主参政提供了很好的途径，专门成立了参政议政委员会，研究部署如何帮助工商联参政议政，取得了较好的效果。例如，从 2003 年至今，温州市工商联系统共提交 1 648 件发

①　董明：《论当前我国私营企业主阶层政治参与》，《中共宁波市委党校学报》2005年第 1 期，第 16—22 页。

②　毛明斌：《略论私营企业主阶层的政治参与方式及其特点》，《兰州学刊》2004 年第 5 期，第 33—34 页。

③　魏银霞、杜小峥：《论现阶段我国私营企业主的政治参与》，《理论界》2006 年第 4期，第 47—48 页。

言、提案等，其中 116 件属于重点或优秀大会发言、提案等。

私营企业主的制度性政治参与的方式大幅度提高了他们对政府和相关部门的满意度，让他们对非公经济的发展前景更有信心。

(二)非制度性政治参与

所谓非制度性政治参与，是指私营企业主阶层通过体制外或非制度化的程序进行政治参与的行为。[①] 正如亨廷顿所说，"任何一种给定政体的稳定都依赖于政治参与程度和政治制度化程度之间的相互关系"，"政治稳定依赖制度化和参与之间的比率"。[②] 非制度性政治参与是指由于制度内难以满足多元主体的各种利益诉求，而以各种违规、非常态形式来表达合理利益诉求，以影响政府决策的制定与实施及资源分配的政治活动与行为，是突破现存制度规范的行为，也是在社会正常参与渠道之外发生的活动。私营企业主非制度性政治参与的原因主要有 4 种：利益诱导是动因和基础；政治体制改革滞后是体制原因；制度性政治参与渠道不通畅是现实原因；制度缺陷是根本原因。[③] 私营企业主的非制度政治参与方式分为 2 种：一种是比较正面的，通过组织机构表达政治诉求；另外一种是比较负面的，通过各种"关系式"利益联结非法性的政治参与而为自己获得不正当利益。

通过组织机构表达政治诉求是一种制度外的政治参与，如通过各种商会组织来进行政治参与。温州民间商会的政治参与在这方面做得非常突出，经常向人大、政协和政府提出有关行业发展方面的建议，并且参与制订有关行业的发展规划，从而对政府决策产生一定的影响。近年来，涉及地方经济发展的重大决策都有民间商会和行业协会的身影，温州市委、市政府领导与温州的商会和行业协会的代表共同商讨，听取商会和行业协会代表的建议。作为行业代表，温州民间商会表达了行业和私营企业

---

① 王永香、李景平：《国家与社会关系视角下的私营企业主政治参与研究》，《理论观察》2011 年第 4 期，第 33 页。

② 亨廷顿：《变化社会中的政治秩序》，生活·读书·新知三联书店 1989 年版，第3—14 页。

③ 李广福：《私营企业主政治参与的研究综述》，《中外企业家》2011 年第 11 期，第179 页。

主阶层的利益诉求,达到了参政议政的目的。

另外一种非制度性参与的方式就是非正常和非法的,主要有:通过贿赂选民当选为人大代表;通过贿赂一些人大代表成为国家公务人员;通过拉拢、收买当地一些主要政府官员,以官商结合的形式,使地方政权为我所用,用金钱支配权力;通过传播小道消息或政治笑话以表达某种政治情绪。[①] 还有学者认为,一些私营企业主利用自己的经济等资源唆使、威胁或使用暴力,甚至支持一些非法的政治活动,也是非制度参与的形式。例如,"关系"学中,为获得个别"关系"人的利益而突破公共规则的限制,如私营企业主通过同学、亲戚、朋友等各种渠道谋求与政府官员的接触,建立良好私人"关系",为自己的经营牟取更多的利益。

一些私营企业主找部分官员为"靠山",而这些官员则利用他们牟取私利,极大地影响了程序正义和社会公正,也对党和政府及私营企业主阶层在人们心目中的社会形象造成了很坏的影响。因此,必须严格对待这些阻碍民主政治发展的现象并加以阻止。

第五节　文献小结及问题的提出

一、以往研究的主要结论

通过以上的文献回顾可以发现,以往对商人与政治的关系,政治心理模型的内容、作用机制、影响机制,政治效能感的内容和原理,私营企业主政治参与的原因和方式及渠道都进行了较多的研究,取得了显著的研究进展,本书对此简单概括为:

(1)关于政治心理的概念,国内专家和学者的观点比较一致,一般都采用王浦劬提出的定义,认为政治心理是指社会成员在政治社会化过程中对社会政治关系及由此而形成的政治行为的政治体系和政治现象等政治生活的各个方面的一种自发的心理反应,表现为人们对政治生活某一

---

① 周述杰、肖旻:《和谐社会构建中的私营企业主政治参与分析》,《江苏省社会主义学院学报》2007 年第 6 期,第 61 页。

特定方面的认知、情感、态度、情绪、兴趣、愿望和信念等等。① 政治心理并非是与生俱来的,而是个体在政治社会化过程中形成的,它主要由 3 个相连的部分组成:政治认知、政治情感、政治态度。政治心理②的研究从早期的关注谁是主体、客体,逐步发展到研究政治心理的具体组成成分的一般过程和行为规律;从关注政治心理的特点,到开始关注政治心理所导致的政治行为。政治心理与政治行为相互联系、相互作用,从心理学视角探究政治心理的构成和原理,成为现在的热点。

(2)关于政治心理构成要素的研究文献较为分散,如阿尔蒙德和维巴将政治态度视为"个人对政治系统、系统中各种角色、角色承担者、政治系统中的自我角色以及政治系统中的输入与输出的认知、情感与行为倾向"③。政治认知,是指政治主体的一种认识、判断和评价的心理过程,目标是政治生活中各种人物、事件、活动及其规律。

(3)政治心理是影响政治行为的重要因素之一,但该领域的研究文献较为分散,如陈光金在其研究中谈到私营企业主的地位认同与政治参与的关系,认为较好的地位认同有助于其政治参与;④康燕雪在其研究中认为,私营企业主的参与心态与政治参与能力会影响其参与效果;⑤孙龙在其研究中也谈到政治态度和政治行为的关系;⑥而万斌和章秀英则分析了影响公民政治参与的个人背景因素及政治心理与政治参与之间的关系。⑦但目前的这些研究过于庞杂,缺乏系统的、有针对性的研究。根据以往的研究可知,政治心理会影响政治行为,但具体针对如何影响及制约

---

① 王浦劬:《政治学基础》,北京大学出版社 1995 年版,第 308—309 页。

② 万斌、章秀英:《社会地位、政治心理对公民政治参与的影响及其路径》,《社会科学战线》2010 年第 2 期,第 178—188 页。

③ 加布里埃尔·A. 阿尔蒙德、西德尼·维巴:《公民文化——五国的政治态度和民主》,浙江人民出版社 1989 年版,第 14—34、262 页。

④ 陈光金:《中国私营企业主的形成机制、地位认同和政治参与》,《黑龙江社会科学》2011 年第 1 期,第 63 页。

⑤ 康燕雪:《私营企业主政治参与有效性的制约因素分析》,《中共山西省委党校学报》2010 年第 5 期,第 96 页。

⑥ 孙龙:《当前城市中产阶层的政治态度——基于北京业主群体的调查与分析》,《江苏行政学院学报》2010 年第 6 期,第 97 页。

⑦ 万斌、章秀英:《社会地位、政治心理对公民政治参与的影响及其路径》,《社会科学战线》2010 年第 2 期,第 178—188 页。

因素缺乏系统的研究。

（4）关于私营企业主和浙商的政治心理和政治行为的研究也越来越多。我国的学者对私营企业主的参与动因、现状、特点、模式，以及内部差异都做了详尽的分析，如陈光金关于私营企业主的形成和政治参与特点的研究[①]，刘春萍对私营企业主参与现状的分析[②]，黄洋关于私营企业主内部参与差异的研究[③]，胡绍元和钟纯真关于私营企业主的政治参与模式的研究[④]，康燕雪对私营企业主政治参与动因的分析[⑤]。

（5）关于政治效能感的概念和测量，学者有一致的认识，是公民对自身在政治生活中影响力的心理感知，它包括内在政治效能感和外在政治效能感 2 个维度，是公民参与政治生活的重要心理动力。对政治效能感的测量主要围绕这 2 个维度进行，SRC 所提出的测量量表得到了学者的普遍认可。

（6）统计分析技术是社会学领域和管理学领域的重要研究手段，该技术已应用于政治学研究领域。常见的统计分析技术包括内容分析、结构方程建模、相关分析、多元逐步回归分析、方差分析等。如对政治态度的调查[⑥]和对政治认知的调查及中国公民意识调查报告[⑦]中，都用到了描述统计和比较分析，而在万斌和章秀英的研究中，更是用到了路径分析和回归分析等先进的统计技术。[⑧]

---

① 陈光金：《中国私营企业主的形成机制、地位认同和政治参与》，《黑龙江社会科学》2011 年第 1 期，第 63 页。

② 刘春萍：《私营企业主政治参与的现状、问题与对策——以浙江省台州市 L 区为例》，《南京林业大学学报》（人文社会科学版）2007 年第 6 期，第 44—48 页。

③ 黄洋：《私营企业主阶层内部政治参与差异研究——基于南京市的实证分析》，《经济与社会发展》2011 年第 10 期，第 69 页。

④ 胡绍元、钟纯真：《我国私营企业主政治参与模式下有序政治参与探究》，《前沿》2011 年第 19 期，第 38 页。

⑤ 康燕雪：《私营企业主政治参与有效性的制约因素分析》，《中共山西省委党校学报》2010 年第 5 期，第 97 页。

⑥ 孙龙：《当前城市中产阶层的政治态度——基于北京业主群体的调查与分析》，《江苏行政学院学报》2010 年第 6 期，第 94 页。

⑦ 沈明明：《中国公民意识调查数据报告 2008》，社会科学文献出版社 2009 年版。

⑧ 万斌、章秀英：《社会地位、政治心理对公民政治参与的影响及其路径》，《社会科学战线》2010 年第 2 期，第 178—188 页。

（7）政治行为是政治心理领域研究的最终变量和结果所在。以往研究认为，政治心理包括许多因素，如政治态度、政治情感、政治认知、政治信任及政治满意度等，是一个复杂的社会过程；新近的研究更加注重政治心理中的各因素对政治行为的影响。以往的研究者对政治行为的指标确定、衡量方法、统计验证等方面做了一些研究，可以总结为政治行为包括实际行为和心理行为2个方面，实际行为主要指政治参与行为，而心理行为可以用政治效能感来表示，对政治行为的衡量应该包括客观的行为指标测量和主观心理评价2种方式。

二、以往研究有待进一步解决的问题

通过对以往研究的回顾和总结，笔者认为在浙商领域与政治心理及政治行为研究领域中，有以下问题值得进一步探讨：

（1）浙江经济被公认为"草根经济"，但浙商与政治的关系却越来越密切，然而关于浙商与政治的关系的研究十分匮乏。本书从商人与政治的关系的角度，将晋商和徽商与浙商进行比较研究，运用案例研究和文献搜索的方法，将两者与政治的关系进行梳理，以期发现两者的异同点，从而对未来浙商的发展提供指导。

（2）以往研究对于浙商背景下政治心理和政治参与的特点及模式等问题缺乏系统理论和实证论证，而昌盛繁荣的浙江经济和迅猛发展的浙商为深入研究创造了有利的社会环境条件，浙商的政治心理和政治行为与普通人员相比的共有性和独特性是值得研究者进一步关注的重要问题。

（3）尽管研究者广泛认同政治心理对政治行为的重要性，但对政治心理的形成和作用过程关注较少，对构成政治心理的关键要素有哪些等问题缺少细致的理论分析。

（4）以往的研究者只是零散地谈到政治态度、政治情感、政治认知与政治参与及政治效能感有一定的关系，而且研究者各自的观点也不一致，很少涉及对政治心理模型的影响因素及形成过程的研究，因此需要进一步对影响浙商政治心理的模型构建和形成过程进行系统探讨。

（5）以往对浙商政治心理的研究较多的是描述性研究，很少运用定量的方法探讨政治行为的影响机制，浙商政治心理是否影响政治行为及该过程的中介影响因素都会在本书中进一步确定。

三、本书对政治心理与政治行为的概念界定

从现有文献中可以发现,以往研究者从不同的视角分析了政治心理与政治参与行为,观点存在一定的差异。本书对政治心理的研究将主要定位于单位高层人员的政治心理与政治行为,而对于政治心理的定义,将采用以往政治学领域中最为常用的王浦劬的界定[①],即政治心理是社会成员在政治社会化过程中对社会政治关系及由此而形成的政治行为、政治体系和政治现象等政治生活的各个方面的一种自发的心理反应,表现为人们对政治生活某一特定方面的认知、情感、态度、情绪、兴趣、愿望和信念等,构成了人们政治性格的基本特征。其中,政治心理包含政治认知、政治情感、政治态度 3 个相互联系的部分,政治行为则包括政治参与行为与政治效能感 2 个部分。

---

① 王浦劬:《政治学基础》,北京大学出版社 1995 年版,第 308 页—309。

第二章　研究总体构思与设计

第一节　主要理论基础、研究目的及研究焦点

政治心理、政治参与行为、政治效能感及浙商领域的以往研究构成本书所有实证假设和相应研究的理论基础。在政治学、心理学及组织管理学研究领域,相应的理论研究成果为本书在浙商背景下开展政治心理研究提供了重要的理论线索和依据。同样,心理学研究的新进理论和方法论为本书开展浙商背景下的政治心理研究提供了主导性的研究思路。而政治学和社会学的比较研究则为本书提供了理论构思和研究方法上的借鉴和参考。

虽然关于浙商与政治的关系是目前学者关注的焦点,但有关浙商从政的具体心理和现状及利弊等方面的研究非常少,对浙商从政的模式分析成为浙江现代化进程中亟待解决的问题。本书旨在通过研究历史上晋商和徽商与政治的关系及利弊,从而对目前浙商与政治的关系做有效的指导,促进浙商健康快速地发展。

在以往相关理论的指导下,本书将探讨浙商政治心理结构维度与形成机制和影响效应等。本书关注的焦点问题包括以下几方面:①浙商政治心理的模型构建及其与政治行为指标的关系如何?②浙商背景下影响政治心理模型构建的关键因素有哪些?③政治心理影响政治行为过程的机制是怎样的?④浙商的政治心理、政治参与行为及政治效能感与普通员工相比有什么区别?⑤通过历史上晋商和徽商与政治的关系及利弊分析,对目前浙商与政治的关系的发展提出什么建议?

第二节 总体构思框架

根据上述研究目的和理论基础,笔者提出如图 2.1 所示的总体构思框架。图 2.1 中箭头表示的是本书所假设并进行验证的各种变量之间的关系。

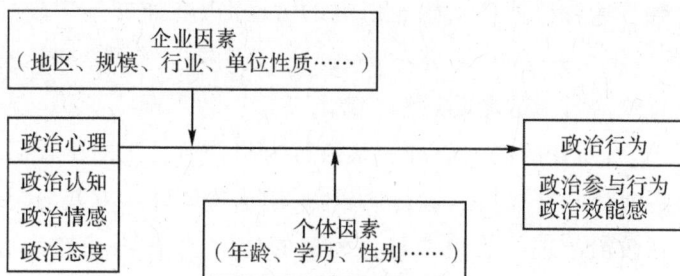

图 2.1 本书的总体构思框架

围绕研究构思框架,本书分为以下 5 个部分进行研究:

第一部分:将浙商、晋商及徽商与政治的关系进行比较研究。

分析浙商、徽商与晋商相互间的异同与兴衰原因及经验教训。本书主要采用文献搜索的方法,通过文献综述与典型案例研究,阐明晋商与徽商的政治心理及他们的兴衰与政治的关系,"以史为鉴",从而对浙商的政治参与起到一定的借鉴。

第二部分:政治心理维度研究及其与政治行为关系验证。

本部分分为 2 个子研究。子研究一为政治心理构思文献研究。采用文献搜索的方法,初步确定政治心理和政治行为的维度,对影响政治心理的关键特征加以总结,初步提出政治心理结构模型构思。子研究二为政治心理模型的构建及与政治行为因果关系研究。笔者根据子研究一得出的政治心理模型,选取浙商背景下的高层管理人员为研究被试,通过相关分析、多元回归分析、结构方差建模等方法探讨浙商政治心理与政治行为的关系,并比较政治心理的不同维度在不同个体背景和组织背景下是否存在差异。

第三部分:影响浙商政治心理模型构建的关键因素研究。

本书将继续以浙商背景下的高层管理者为研究对象,综合运用心理学中的认知理论、情感理论及态度理论等研究思路,讨论影响浙商政治心理模型构建的关键因素。笔者计划采用相关分析、多元统计分析等方法,检验浙商的年龄、性别、学历等个体因素与地区、规模、单位性质、行业等组织因素对于政治心理模型构建的影响效应。

第四部分:浙商政治心理影响政治行为关系的过程机制研究。

本书将在上述研究的基础上,深入探讨浙商政治心理与其政治行为的因果关系。笔者计划采用问卷研究的方法,以浙商背景下高层管理人员为样本,运用相关分析、多元逐步回归分析、方差分析等统计技术考察政治心理对政治行为的影响过程机制。

第五部分:浙商的政治心理和政治行为与普通员工的比较研究。

本书将浙商与普通员工进行比较,采用描述统计和方差分析的方法,分析两者在政治心理与政治参与行为上的异同,发现浙商政治心理与政治行为的特殊规律。

最后,将在以上 5 个研究结果的基础上,对本书的研究结论、现实意义及局限性进行总结,并将提出今后的研究展望。

第三节　研究方法与技术路线

本书采用的研究方法主要包括:

第一,比较研究方法。其包括 2 个方面的比较研究:一是将浙商、晋商及徽商与政治的关系进行比较研究,分析浙商、徽商及晋商相互间的异同得失,总结其兴衰交替的经验教训;二是将浙商与普通员工在政治心理和政治行为方面进行比较,发现浙商在这 2 个方面的特殊规律。

第二,分类研究方法。对浙江现有的两大商帮,即甬商和温商各自与政治的关系进行分析,分别对每一类别进行多元评估,分析其政治心理和政治行为的异同。

第三,文献综述与理论评述。本书在查阅政治态度、政治认知、政治情感、政治效能感及政治参与行为等相关领域文献的基础上,总结已有研究的理论现状及存在的不足,并提出本书的理论视角及拟解决的主要问题,建立相关的理论分析框架,提出本书的具体变量和相应的关系假设。

第四,根据研究需要选取浙江不同地区具有代表性的浙商作为研究样本,通过对高层管理者和普通员工进行问卷调研等手段,验证本书所提出的理论假设,并进行分析及讨论。研究过程中应用的统计分析技术主要包括内容分析、方差分析、相关分析、多元回归分析、结构方程建模等。

根据以上研究内容,本书的主要技术路线如图2.2所示。

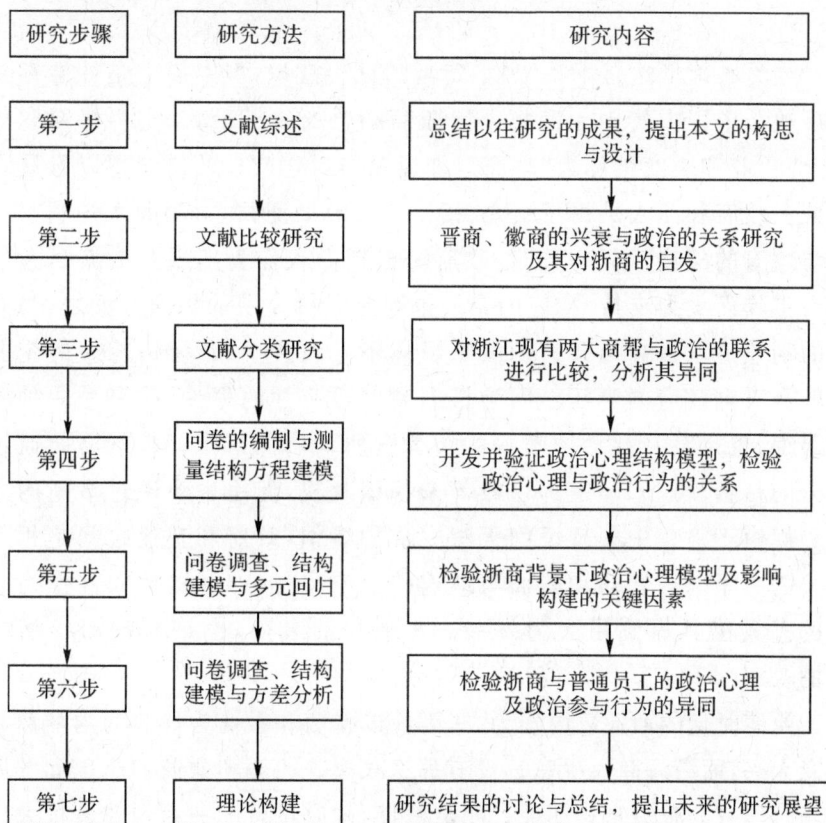

研究步骤	研究方法	研究内容
第一步	文献综述	总结以往研究的成果,提出本文的构思与设计
第二步	文献比较研究	晋商、徽商的兴衰与政治的关系研究及其对浙商的启发
第三步	文献分类研究	对浙江现有两大商帮与政治的联系进行比较,分析其异同
第四步	问卷的编制与测量结构方程建模	开发并验证政治心理结构模型,检验政治心理与政治行为的关系
第五步	问卷调查、结构建模与多元回归	检验浙商背景下政治心理模型及影响构建的关键因素
第六步	问卷调查、结构建模与方差分析	检验浙商与普通员工的政治心理及政治参与行为的异同
第七步	理论构建	研究结果的讨论与总结,提出未来的研究展望

图2.2　本书的主要技术路线

第三章 晋商和徽商的政治心理分析
及对浙商的启示

政治心理虽然是不系统、不定型的社会意识，但本质上是社会存在的反映。中国古代十大商帮中以徽商和晋商规模最大、实力最雄。传统上，晋商和徽商被称为"官商"，即通过与封建政权的结合得以发展和繁荣。政府和商人是相互制约、相互需求的辩证关系，当商人的利益目标与政府的战略目标一致时，政府一般把商人作为实现其战略目标的有力工具而大力支持，相应的企业也因此获得发展的机遇。反之，当商人的利益追求目标与政府的战略目标不一致甚至相反时，相应的企业一般会遭到政府的弹压。因为根据制度经济学的理论，政府是一种暴力组织，也是某一社会中唯一的被公众所认可的组织。政府需要通过充分的社会就业和一定的税收等来稳固政权，但是也会通过垄断的力量和规模经济集中办理民间无法完成的事情，政府和企业之间是相互需要的关系。当晋商和徽商与政府的战略目标一致时，他们被作为政府的有效工具得到了大力发展。而他们的衰落，也是与政治密切相关的。

明清时代的商业以内陆为主，因此以晋商和徽商为代表的内陆商人生意大兴，而沿海商人生意远没有那么火爆。晋商和徽商的产生和发展与当时国家的政策密切相关。明清时期，政府出台的一系列政策极大地促进了商业的繁荣。同时，晋商和徽商也深谙官商结合、交结官府之道。

第一节 晋商的政治心理分析

山西居天下之中，水陆交通畅达，是沟通四方贸易的要冲，又与帝都长安、开封、北京相邻。王者之都，自然是高消费的城市。同时，山西地接边塞，为历代与边塞民族通商的桥梁。因此，山西独特的地理位置和便利的交通条件十分适合经商。山西素有"八分山丘二分田"之说，境内除有起伏的山丘外，北部地瘠民贫，南部和中部汾河沿岸虽稍多沃土，但"地狭人满"，农田不足。据统计，明洪武二十六年(1393)至1949年，山西省人均耕地面积由10.28亩降至4.88亩。[①] 而在清嘉庆十七年(1812)，山西人均耕地面积达到最低点。山西农作物生产环境非常恶劣，即便是丰收之年，粮食也经常不够，因此大量晋人外出经商谋生。

山西商人富有冒险精神和不畏艰险的创业精神。他们利用骆驼、马、牛等原始的运输工具将各类商品输送到中俄边境甚至俄国腹地。除此之外，晋商主张"君子爱财，取之有道"，买卖过程中视信誉为生命，经营处世的准则是"平则人易信，信则公道著，到处树根基，无往而不利"，反对通过卑劣手段骗取钱财。晋商的代表人物乔致庸认为，首重义，次重信，再次才是利。梁启超曾赞誉道："晋商笃守信用。"[②] 在历史上，各地百姓对晋商的产品非常放心，如牧民只要看到刻印有"三玉川""长裕川"字样的砖茶就争相购买，甚至在交易中把它们作为货币使用。从上可知，晋商诚信义利的经营原则是他们成功的重要因素。

一、晋商的政治环境分析

明清时期，中国政府的战略目标是发展内陆经济而抑制沿海经济，晋商追求的目标因与政府的战略目标一致而获得政府的大力支持，发展非常迅速。而沿海商人的发展则受到了严重的限制。

自汉武帝开始，因为买贱卖贵的盈利模式会破坏农业的基础，从而影响封建政权的稳固，因此政府实行"官山海"政策，即政府垄断工商业而抑制民间经商。可是由于官营经济的低效和民营经济的高效形成了鲜明的对比，所以明清政府出台了一些有利于促进民营经济发展的工商业政策，因此也产生了以晋商为代表的十大商帮。

(一)对边疆的统一与管理

明清时期的商业以内陆为主，对外贸易政策也是针对内陆地区，因此

---

① 王尚义：《晋商商贸活动的历史地理研究》，科学出版社2004年版，第108页。
② 刘建生等：《晋商研究》，山西人民出版社2002年版，第343页。

以晋商和徽商为代表的内陆商人生意兴隆,而沿海商人的生意相对冷清。清政府在统一边疆的时候,山西商人跟随贸易,商随军行。许多当时赫赫有名的晋商,如垄断了整个蒙俄贸易的"大盛魁"就是在军营中诞生的。当战争结束后,政府还要留大量军队驻扎保卫边疆,晋商便又留驻边疆提供军需。自明代以来,军需主要由晋商提供,军赖商供给,商靠军生存,相互依存,互济为名。

为加强对辽阔边疆的管理,清政府建设了大量以北京为中心的驿站网络。每个省份都有数十到上百个驿站,这一方面方便了中央政府与地方的联系,另一方面也成为连接各地区的交通干道,成为名副其实的商旅之路。特别是清政府在边疆地区如蒙古、新疆和东北地区建设的台站,极大地推动了晋商在这些地区的商业势力的扩展。

(二)与其他国家的外交友好政策

清朝康雍年间实行的满蒙友好政策和中俄恰克图互市政策,又给晋商提供了一次政策优势。

清朝初年,随着蒙古的内附,结束了明代同蒙古对峙的局面,清政府实行了满蒙友好政策。雍正五年(1727)中俄《恰克图条约》的签订,开辟了中俄边界恰克图贸易市场。满蒙友好政策和恰克图市场的开辟,为中国商人提供了新的活动领域,又由于山西北临蒙古的天然优势,晋商捷足先登,垄断了蒙古市场和恰克图市场,仅归化城,山西人便占到其全部人口的 70%,而"所有恰克图贸易商民,皆晋省人"。

(三)推动商品经济民营化发展

明初,中国政府虽然对海外贸易严格控制,但察觉到民营经济的高效,便大力提倡国内各地区之间的贸易往来,尤其是粮食贸易,让各地区之间互通有无,以维护统治,具体主要体现在以下几个方面:

(1)明朝前期,政府恢复了手工业者官奴的平民身份,极大地提高了他们的劳动积极性。他们为官府服役,因为役期不太长,便有较多的时间从事自己的商品生产。

(2)在商业方面,明朝政府采取了许多促进其发展的措施。例如,减轻商税,增加免税品种,以及提供商人储存货物的官营库房等。此外,还解除矿禁,民间可以自行开矿冶铁,民矿事业因此得到很大的发展。永乐年间,政府重新整治大通河,运河流量大大增加,为南北运输提供了方便,运河沿岸城市因此得到很大的发展。

(3)政府对许多涉及国计民生的工程(现在称作"公共物品"),如边疆贸易、对外贸易、军需、漕政、盐政等都采用向民间招商承办的方式,而不是以前的那种官营制度,同时规范了采购制度。

(4)正统年间,明政府采用"金花银"方式,即田赋部分可以折银征收,促进农产品的商品化,明后期又废除工役制,实行以银代役和推行"一条鞭法",提高了农民的人身自由。

(5)政府规定商贾在经商地区定居,允许客居商户在异地附籍,商人及其子女可以参加科举考试。过去商贩本人及其子女因受"籍"的影响限制,一般不能在经商之处报名参加科举考试。现在不仅可以在异地居住,还能以当地名额参加科考,并拥有另获生员配额的特权。清朝之后,商人地位尤其是政治地位大大提高,商品经济也得到迅速发展。

明清政府制定了不少促进商品经济发展的政策,推动了生产力的发展。这一时期还是官商结合管理经济的模式,就是重要山川资源的所有权由政府拥有,只是经营权向民间开放,但是相对以前完全由政府掌握和开发的经济体制来说,有很大的进步意义。

二、晋商的政治心理与行为分析

具体来说,晋商有以下的政治行为为其经商取得利益。

(一)通过赞助清王朝的军事活动来积极获取政治力量的支持

晋商在经营中非常重视与清政府政权的结合,是清政府大规模军事活动的主要赞助商。如1720年,清政府平剿西北准噶尔叛乱,就是由晋商随军进剿,代运军粮。据《清史稿》记载:"介休范氏随师征准噶尔,输米馈军,率以百二十金致一石。六十年(1721)再出师。以家财转饷;计谷多寡,程道路远近,以次受值,凡石米自十一两五一至二十五两有差。累年运米百余万担。世宗特赐太仆寺卿衔,用二品服。"①当时有

---

① 赵尔巽等:《清史稿》卷317,中华书局1977年版,第49页。

"百万绳中"之称的晋商王绳中,就是因为赠给乾隆100万两白银而获得封赐。作为回报,清政府给晋商种种经济和政治特权,如特许晋商经营日本的铜贸易和盐业及贷给资本,或是"赐产""赐职""入籍"等。此外,清政府京饷汇解,税款解缴,为政府筹借和汇兑款项等,也由晋商的票号承担。

可见,晋商的发展和壮大与清政府的政权有着千丝万缕的联系。

(二)通过行贿当权者来获得政治力量的支持

张之洞当过山西巡抚,他在职时,晋商就觉得他前途无量,想巴结他。晋商们调查了张之洞的爱好,然后投其所好,给张之洞送去了他所需要的,因此张之洞对晋商特别照顾。

后来,张之洞想离开山西去做两广总督。可是,当官是要花大量金钱的。晋商知道了,当下就给了张之洞10万两银子。结果,张之洞做了两广总督。他不忘晋商的恩,让晋商的票号在广东开分号,于是两广财政的银子都得通过晋商的票号来汇兑。

清末,晋商很想结交慈禧太后,但是一直没办法接近她,最后靠着大德通票号的大掌柜高钰,才得以成功。高钰是一个公关高手,善搞官场关系,与许多在山西做过官的大臣私交都很好,包括编写《清史稿》的赵尔巽,经常鞍前马后地侍奉他们。同时,他与很多王爷、贝勒及贝子的关系也非同一般。

八国联军进北京后,慈禧太后要逃跑,由内务府大臣桂春安排路线,而高钰和桂春私交甚笃。桂春把路线安排好之后,就写了一封信告知高钰慈禧太后到达山西的具体时间和地点,要他们做好准备,这是结交慈禧太后的绝好机会。当时到达山西后,慈禧太后住在乔家,乔家给了慈禧太后非常好的招待。由于慈禧太后当时很穷,乔家又送了她20万两银子。从这以后,慈禧太后改变了对晋商的印象。《辛丑条约》规定,中国给西方国家赔款10亿两银子,慈禧太后代表清政府将这10亿两银子交由晋商票号经管,而且每个省交赔款的时候不用交给清政府,直接交给当地晋商票号的分号,然后由票号把这笔钱汇到英国的汇丰银行,再由汇丰银行交给各国政府。晋商通过这笔买卖挣了两笔钱:一笔钱是汇费,10亿两银子的汇费相当可观;另一笔是借款利息,当时有的省没钱,交不上来,晋商就借钱给其政府完成朝廷的任务。因此,晋商在1900—1910年达到辉煌的顶点。之后,慈禧太后对晋商一直念念不忘,还想成立大清银行准备让晋商来办,可是晋商并没有理解慈禧太后的好意,错过了这次机会。

(三)通过"捐官买官"来获得政治上的地位

晋商喜欢通过"捐官买官"的方式寻求政治权力的庇护,为经营提供便利条件。清政府有"捐输官衔"制度,如晋商的代表——乔氏家族,为家族中几乎所有成年男子都捐了官。当时包头地区治安较差,乔氏家族在这个地区的商铺挂上一个有朝廷红印的"木鞭",劫匪因此畏惧,店铺的经营就比较安全。

票号经营让其经营者非常明白,政府是票号经营的保护神,因此他们非常重视与清政府官吏建立亲密的关系。"山西票庄考略"对二者关系做了详细的描述:票庄交官伎俩,无微不至,例各省试子入都应试,沿途川资,概由票庄汇兑。川资不足,可向票庄借款。对于有衔无职的官员,如果有相当希望,票庄也喜欢垫款,替他运动差事。既放外官,而无旅费赴任者,也由票庄先垫。[1] 票庄经理煞费苦心,资助在仕途上有发展前途的人于穷困之时。而饱读诗书的儒家学子也牢记"滴水之恩,涌泉相报"的古训,寒儒穷士感激票庄济急,一旦发达,则公私款项必尽存于票庄。[2]除此之外,票号在汇解官款过程中自兵库以至郎中,分别等级行贿,逢年过节,必赠款送礼,腊月二十到除夕,每日两三辆轿车,专门拉包送礼,自管事至老妈子,都有名单,按名奉送。[3] 对王公大人,均请至私宅殷勤招待,而官僚为图个人私利,作为回报,以公款存储票庄(按清政府定例,凡属公款,在京则存户部,在省则存藩库,并无令存票号的明文)。因为票号与官吏有密切的关系,官员的私款也是存入票号,如遇查抄处分,便为其代守秘密,不向上级汇报……据记载,票庄经理与督抚关系密切,相互信任,甚至督抚调任,票号仍然与之有业务往来。如大德通的经理高钰追随

---

①　孔祥毅:《金融票号史论》,中国金融出版社2003年版,第67页。

②　孔祥毅:《金融票号史论》,中国金融出版社2003年版,第291页。

③　孔祥毅:《金融票号史论》,中国金融出版社2003年版,第130页。

赵尔巽，赵往东北，高则往东北；赵来京师，高则同来；赵放四川，高就到四川；大德通成了赵尔巽的私家账房。[①]

三、晋商衰败的历史必然与警示

历史上晋商的成功除了自身吃苦耐劳、富有创造性等性格因素外，主要还是"靠大山"，通过对封建政权的攀附而获得经济特权，即靠"寻租"的方式。晋商具有很强的封建性、买办性，与封建政权的结合脱离了商品经济的大潮，当封建政权不稳定或是发生更替时，以其为基础的晋商出现了日后衰败的危机。

（一）官商结合造成对封建政府的过分依赖

关于晋商衰败的原因，很多专家从不同角度进行了分析，主要归结于它的封建性。晋商在成立之初，便与封建政府建立了密切的关系，鸦片战争后，关系步步升级，以致达到唇亡齿寒的程度。晋商始终依靠清政府而兴盛，但当清政府衰败时，晋商也随之轰然倒塌。例如，晋商票号与清政府勾结有其共同的需求和利益联结，票号需要清政府的业务利益及巨大的政治保护，而清政府的款项过账也需要票号作为资金通融的汇兑机构。各山西票号与清政府的各级财政体系有着不同程度的联系，而不再是具备市场经济意义的专营汇兑的金融机构，从而导致了以后的衰败。以山西票号为例，庚子事变后，光绪皇帝曾传旨，电令各省解京饷款，改电汇山西票号，此时山西票号成为清政府总出纳。如庚子事变后志成信票号将资本运往南方放贷，但辛亥革命中运往南省的资金大多散失。[②] 志成信票号当时账面上虽然有应收银 400 万两，应付银 200 万两，但实际上已经没有多少现金了，由于清政府必须立刻提银，无法周转，被迫倒闭。清政府由于财政危机，对票号大肆搜刮，无异于杀鸡取卵。民国元年（1912），当时类似的票号倒闭的有很多，很多财主因票号破产，只能卖房卖地或是逃匿他乡，甚至沦为乞丐。随着清政

---

① 张琳：《晋商的经营思想对其兴衰的影响》，山西财经大学 2006 年硕士学位论文，第 34 页。

② 中国人民银行山西省分行、山西财经学院《山西票号史料》编写组、黄鉴晖：《山西票号史料》，山西经济出版社 2002 年版。

府的倒台,清政府所欠各票号 700 多万两白银,也无法收回,票号失去了清偿能力而被北洋政府查封。

(二)热衷政治投机,忽略现代化管理

票号经理们在经济上富有以后便想方设法挤进官僚队伍。例如,平遥日升昌票号的财主李箴视,他不仅自捐官衔,还给已经死去的父亲、祖父、曾祖父捐衔,其兄弟七人及下一辈男子均捐有文武头衔,李家女子亦均受封为夫人。[①] 而这样官商不分的后果是票号经营的封建性,从而与市场经济宗旨脱离,具体体现为两个方面:第一,中国资本主义工商业在 20 世纪初开始发展,当时国内一些新式银行已经采用西方银行抵押放款的方式来防范风险,而晋商票号却因为自恃有官府庇护,再加上保守的观念,不接受先进的管理方式而只做信用放款,因此倒账和倒账清理时出现了更大的损失。第二,票号的管理层坚决抵制近代化改革,思想顽固保守。当时政府成立户部银行时,要求在京各票号加入商股,而晋商票号坚决反对,他们认为入股是己利为人所夺。晋商票号由于没有跟上银行近代化的潮流,自然会被淘汰。

(三)经营环境的动荡和破坏

从咸丰开始,国内战事频繁,各种农民起义,如太平天国革命、西北回民起义、云南苗民起义及捻军起义接踵爆发,晋商票号损失惨重。例如,天成亨票号仅汉口、西安、成都三处就被土匪抢劫 100 多万两白银,待大局稳定后统计共亏损 200 余万两白银;日升昌票号在四川、陕西各分庄丢失现银 30 余万两,在京都等地被抢的银子就达 10 万多两,财物折银达 5 万多两。[②]

而在 1911 年武昌起义后,票号经常受到劫掠,损失更为惨重。另外各省官钱局因为时局动荡,滥发纸币,如河南、湖北、南京等地出现挤兑风潮,而晋商票号为了维持信誉收进了大量纸币,尽力维持兑现,这些纸币贬值厉害,让晋商在以后民国元年(1912)兑换时损失巨大。1913 年,日

---

① 孔祥毅:《金融票号史论》,中国金融出版社 2003 年版。
② 董继斌、景占魁:《晋商与中国近代金融》,山西经济出版社 2002 年版,第 79 页。

升昌等 14 家票号仅债权就达 3 100 多万两白银,且大于债务 640 万两。①
在当时动荡的中国社会中,晋商票号为了信誉不敢拖欠存款者银两,但债
务人的外欠却收不回来,晋商亏损惨重,元气大伤。

(四)目光短浅,丧失机会

晋商的崛起与当时的市场需求密不可分,因为自乾隆、嘉庆开始,国
际贸易迅猛发展,商品流通量大量增加,对货币的需求也随之增加。而长
距离运送现银的风险及难度很大,运现的方式被汇兑所取代。因此在商
品交易过程中,尤其是道光年间,平遥有雷履泰,人才超众,眼光远大,认
为汇兑一业,准可发达,遂将日升昌改组为汇票庄。② 晋商就是瞄准这个
机会创立了山西票号,获得了丰厚利润。早期的晋商票号面对普通商人,
与旧式金融机构如钱庄和当铺等开展类似于自由市场经济的公平竞争,
与官府并没有多大瓜葛。此时,晋商票号有一套与简单商品经济相适应
的、比较完备的组织机构与管理制度,如实行总分号制,形成规范的票汇
制度,提倡谦和节俭等。但是 19 世纪 60 年代以后,晋商票号随着大量地
参与汇兑官款业务,与封建政权建立了紧密的联系。它们的业务由普通
的商业经营逐渐转向了对政府的汇兑和借贷、存款以至代理金库。晋商
票号在 20 世纪初成为政府的财政支柱,由于获取了政府的特权而轻松赢
取经营上的暴利,对普通百姓与商人的小额存、放、贷业务不屑一顾,甚至
限定客户门槛:汇额非 500 两白银以上不办。随着清政府的倒台,晋商票
号再也没有能力从事以前面向商人和老百姓的普通业务,因此走向倒闭。
我国近代金融家陈光甫在总结票号历史时说:"清季票号结交官府,声势
赫然,一旦革命,即随清政府消灭,其缘故何在,盖平时不为商民着想,对
社会未有特殊贡献,天演淘汰,势所难免。"③

陈旭麓说:"和中国古代那种静态的、有很大凝固性的社会不同,中国

① 张泽一:《略论晋商的兴起与衰败》,《广东行政学院学报》2008 年第 3 期,第
83 页。
② 中国人民银行山西省分行、山西财经学院《山西票号史料》编写组、黄鉴晖:《山
西票号史料》,山西经济出版社 2002 年版。
③ 中国人民银行上海市分行金融研究所:《上海商业储蓄银行史料》,上海人民出
版社 1990 年版,第 655 页。

近代是一个动态的、新陈代谢迅速的社会；和西方从中世纪到近代是通过自我更新机制来实现社会变革也不一样，中国近代社会的新陈代谢在很大程度上是由于接踵而来的外力冲击，又通过独特的社会机制由外来变为内在，推动民族冲突和阶级对抗，表现为一个又一个变革的浪头，迂回曲折地推陈出新的。"①商人必须吸取西方社会的先进经验，从而指导自己的生产和发展模式。在这方面，晋商落后了，他们固守成规，对新的发展机会熟视无睹。晋商受小农主义和高额地租率的影响，大量地购买土地，仅靠收租赚取利润。虽然部分久居南方的晋商有了创办工业的愿望，但大部分晋商蛰居山西，墨守成规，错过了投资其他行业的发展机遇。当西方其他国家纷纷在我国设立银行汇兑，金融行业竞争激烈时，慈禧太后曾有意授权晋商组建大清银行。当时一些改革家们曾极力劝祁、太、平各帮票号采用近代银行的先进组织经营方法，并集股 500 万两白银作为资助，却因遭到旧势力的强烈抵触而失败，因此晋商票号只能日渐与时代脱节，苟延岁月。

在晋商发展过程中，制度创新起到了巨大作用，他们创立了许多先进的现代管理制度，如"两权分离""顶身股"等。但是在后期，晋商过于依赖封建政权的庇护，没有顺应历史潮流进行更大范围的制度创新，面对国内外激烈竞争而最终败北。

第二节 徽商的政治心理分析

徽州地区，位于安徽省的最南部，地处安徽、浙江、江西三省交界。在地理上，徽州是比较典型的山区。民间有"六山三水一分田"之称，山地和丘陵占 90% 以上，其西北部属黄山山脉，南部属天目山、率山山脉，主峰海拔均在 1 000 米以上。清人赵吉士云："徽之为郡，在山岭川谷崎岖之中，东有大鄣之固，西有浙颠之塞，南有江滩之险，北有黄山之轭。即山为城，因溪为隍，百城襟带，三面距江，地势斗绝，山川雄深。自睦至徽，皆鸟

---

① 陈旭麓:《近代中国社会的新陈代谢》,上海人民出版社 1992 年版。

道萦纡,两旁峭壁,仅通单车。"①

明清时期的徽州商帮,便发源于孕育了"新安文明"或者说"徽州文化"的徽州地区,主要包括现在黄山市下辖的歙县、祁门、休宁、绩溪、黟县5县,以及与之相邻的江西婺源。②

徽商于明中叶时期形成,在晚清时期走向衰落,长达300多年,是中国古代商人的代表之一。

一、徽商的兴盛

徽商自明中叶至清中叶,持续了300多年的辉煌,是中国商业史上浓墨重彩的一笔。

中国商业经济发展在明代出现了重要转折,当时政府推行"一条鞭法",即把田赋、力差、银差及各种徭役、土贡等都折成银两征收,自给自足的农业经济逐步走向商品经济。农民开始出售部分农产品换取货币,用于缴纳政府的税赋,农产品商品化得到了很大的发展,并且引起了大家观念的变化。嘉靖、万历期间,张居正对传统的重农抑商政策进行批评,他说:"商不得通有无以利农,则农病;农不得力本穑以资商,则商病。故商农之势常若权衡。"③

张居正把商业发展放到了与农业同等的地位,他提出:"省征发以厚农而资商,轻关市以厚商而利农。"徽商就在这个时代背景下出现了,他们主要是把本地的竹、瓷器及茶叶等土特产运销外地进行贸易的往来。

二、徽商的政治心理与行为分析

中国的传统是重农轻商,社会对商业和商人的排斥与鄙视给徽商带来了很大的心理压力和强烈的内心自卑。历代科举制度规定,商人没有应试的资格,因此就算商人有较高的经济地位,但他们的政治地位仍然低下。到明代,这些限制取消了,商人本身和其子女一样也能参加科举考试,进入仕途做官,或是通过买官捐官进入官场,在政策制定和实施中也

---

① 许承尧:《歙事闲谭》,黄山书社2001年版,第635页。
② 李鸿雯:《论徽商的商业道德》,湖北大学2000年硕士学位论文。
③ 《张居正集》第三册卷三十七文集九,湖北人民出版社1994年版。

考虑到他们的利益。所以，徽商对进入仕途十分热衷，有的花大量银子去捐个五品至八品的官衔；有的则业儒求仕。如休宁人金声，父贾于楚，以富称，乃精心教读儒书，得中崇祯元年进士，慷慨面陈时务，崇祯为之心动。①

徽商喜欢结交各种层次的官员，如正德中歙商吴自宽与南京兵部尚书乔宇"为布衣交甚"，甚至有的徽商结交上了皇帝，如清代盐商江春"以布衣上交天子"。徽商通过学识相交、联姻结交或是报效攀缘3种方式结交官员。一旦商人成为官员或结交到官员做靠山，他们不仅可以获得许多特权，还可以免除其他各级地方官员的无端勒索及压榨。②

与晋商不同，徽商不仅结交官员，还会弃贾就仕，甚至选择了一条捐资买官的道路。例如，徽州《阄书契底》中所说的"捐资授职，计费匪轻"，就是指徽商通过金钱的方式跻身官员阶层，从而获取大量利益。因为一旦进入官员士大夫行列，就拥有大量特权，如免除徭役、躲避赋税等等，对商人极具诱惑力。所以无论大小徽商，无论行商还是坐贾，大多极力攀缘官员士大夫阶层。

徽商与国家政权的关系从来都是具有两面性的。一方面"朝中无人莫做官，官场无人莫经商"是古代中国社会的真实写照。徽商为经营的需要，向来是积极向国家政权靠拢，为官府出钱出力、捐款捐物之类的记载，史不绝书。徽商对国家权力的攀附和依赖毋庸置疑。另一方面，徽商与国家政权的关系又绝不仅仅是攀附和依赖而已，在国家政权的剥削、压榨达到极限，以致威胁到徽商的生存时，徽商同样有不愿屈从乃至起而抗争的一面。

(一)与国家政权的合作

1. 捐资赈灾

清末是多灾多难的时代，灾荒频仍。徽商通过大量捐资的方式缓解国家之急，以获得当时政府的认可。从明代开始，徽商在荒年时都会耗费巨资赈济乡民。清朝之后，徽商助赈事迹更是举不胜举。各地每逢出现

---

① 王世华：《富甲一方的徽商》，浙江人民出版社1997年版。
② 张海鹏、王廷元：《徽商研究》，安徽人民出版社1995年版。

自然灾害,都会有徽商大力资助的身影。另外,每逢国家大兴工程而资金短缺时,徽商也会大力协助。例如,万历年间,国家兴作但费用不足,歙商吴时佐捐银30万两。

宣统元年(1909)水灾严重:"此次水患自五月十九以后连朝阴雨,二十四、五两日又复大雨倾盆,山洪下注,休宁县西南一带适当其冲,其水性尤为湍急。知府闻信之下,立即派委会县勘察,妥筹赈抚,并谕令设法疏消积潦,补种晚禾,以慰田家望岁之心。旋据查及,屯溪附近一带自五月二十四日夜起至二十五日晚止,水势陡涨一二丈,沿河屋舍多被冲毁,街内店铺进水三五尺不等,米盐杂货颇多损失。"①因为当时财政异常困难,政府只能依靠商人赈济款物。刘汝骥再度以洪廷俊主持其事,洪则紧急联系各地徽商求援,向刘察报"上海筹赈公所徽商谢药亭、洪伟臣等汇洋五千元,汉口休宁商人汇洋六千元,又上海绅商电知筹米五百包、面一千袋",加上其他各地徽商的支援,才勉强渡过难关。②

从清末开始,新政与徽商的联系非常密切,新政实施严重依赖他们的推行。刘汝骥多次强调办事一定要取得当地绅商的支持,"非得多数绅商妥议办法,恐临事周章,又生出种种窒碍,致灰任事者之热忱"③。

当时清政府财政严重困难,而徽商既具有相当的经济实力,又具备新旧兼顾的特色等,使得清政府对徽商非常依赖。但当民国成立后,新式资本家登上舞台,徽商的黄金时代也就结束了。

2. 结交官员,寻求特权

徽商不仅精于商业,还深谙官商结合、结交官府之道。例如,盐商江春,歙县江村人。他出身盐商世家,祖父江演和父亲江承瑜不仅因经营盐业致富,而且都是两淮盐业的中坚人物。江春年轻时也曾致力于科举考试,但在22岁时,因乡试不利放弃科举,协助父亲在扬州经营盐业。父亲去世后,江春因为"练达明敏,熟悉盐法",被推举为总商,他的盐号叫"广达",时人称为江广达。他担任总商40余年,"辅志弊谋,动中款要,每发一言,定一计,群商张目拱手,画诺而已"。乾隆皇帝南巡到扬州时,江春"承办一切供应",并且千方百计取悦乾隆皇帝。一天,

①②③　[清]刘汝骥:《陶甓公牍》(卷十),《官箴书集成》(第十册),黄山书社1997年版。

乾隆皇帝到大虹园游玩,看到一处景色非常美,就对左右侍奉的人说:"这个地方很像南海的琼岛(此处当指北京北海公园),可惜没有塔。"江春听说这件事后,用万金贿赂乾隆皇帝的贴身随从,得到南海琼岛之塔(北海公园的喇嘛塔)的图纸。江春一拿到图纸,就召集工匠,运输砖石,仅仅一夜工夫,就按照图纸修建了模样相似的新塔。第二天,乾隆皇帝再次游园,看到这座高塔,大吃一惊,还以为是假的,走近一看,果然是用砖石砌成的真塔,乾隆皇帝得知其中缘故,不由自主地感叹:"盐商的财力确实大啊!"乾隆皇帝六次下江南,江春均有幸接驾,并个人捐银 30 万两,因而得到乾隆皇帝的嘉奖,为他亲笔题写"怡性堂"的匾额,并封他为内务奉宸苑卿,还赏戴孔雀翎,授以布政使之衔,让其他商人羡慕不已。

徽州盐商汪石公太太也极力讨好皇帝。汪坦,字硕公,被误传为"石公",娶张方颐之女为妻。汪坦接替汪秦成为两淮八大总商之一,仅数年即去世,妻张氏主持门户,人称"汪石公太太",又因语音之误而被称为"黄十公太太"。《清稗类钞》记载:"汪石公者,两淮八大盐商之一也。石公既殉,内外各事,均由其妇主持,故人辄称之曰汪太太。"在乾隆皇帝巡幸扬州之前,汪石公太太与两淮盐商于扬州城外数百亩荒地上建筑许多亭台园榭,酷似杭州的西湖风景,以供乾隆皇帝御览。就在乾隆皇帝抵达扬州的前夕,这些富商们却发现园林中缺少一池,汪太太当即独捐数万金,连夜召集能工巧匠,赶造出"三仙池"一方。结果池夜成而翌日乾隆皇帝驾至。面对清池碧波和错落有致的亭台园榭,皇帝大为赞赏。

乾隆皇帝每次下江南几乎都由徽州盐商接待。徽商的政治投资是为了保护他们的商业利益,他们通过取悦皇帝获得盐业和茶叶等的垄断经营权。如明清实行官督商销榷盐制度,其实是属于垄断经营,商人需要向政府交纳金钱而获得"盐引",再到指定产盐区买盐和指定地区销售。政府控制着盐业的垄断经营权,盐商对封建政府和皇帝自然会特别地巴结。

徽商要同各种各样的人物打交道,买卖之际,难免发生纠纷。而一涉及官司,那么平时与官府有没有交往,其结果就不一样了。两淮盐差李煦曾在上康熙的奏折中提到:"商家原属懦弱,平居安保无事,设遇家庭交际之间偶有小嫌,一经衙门,必致借端勒诈,不得不预为之计,以勉应其求也。"例如,歙商鲍绍翔在浙江江山县(现在江山市)经营盐业,但是"顾人多忌之,辄藉端欺凌,争讼不休者凡数家",官司持续 10 余年,后来还是因为鲍氏平常与官宦交谊甚密,官司才没有输。他晚年常以此事告诫后人:"余每逢强敌,必有相与成之者,天下事知非可以一手一足自持也,汝曹当深念之。"

"相与成之者"自然指的是官员,徽商不惜耗费巨资攀附封建官员,也是为了寻找政治保护伞。明万历年间,歙商汪士明面对榷税"诛求新安倍虐",叹曰:"吾辈守钱房,不能为官家共缓急,故掾也鱼肉之。与其以是填掾之壑,孰若为太仓增粒米乎?"他痛苦地说出徽商攀缘封建势力的缘由。明末《士商要览·买卖机关》中有一条为"是官当敬",其下注云:"官无大小,皆受朝廷一命,权可制人,不可因其秩卑,放肆侮慢。苟或触犯,虽不能荣人,亦足以辱人,倘受其叱挞,又将何以洗耻哉!凡见官长,须起立引避,盖尝为卑为降,实吾民之职分也。"

对于盐商而言,获取利润需要官府的大力支持。因此,徽籍盐商们对两淮的盐运官员及一切关乎徽商经营的人员一直进行经济投资和情感投资,从而寻求官府的合作与帮助,实现商业的发展和利润的获取。如歙籍盐商江春担任两淮盐业总商达 40 余年。[①] 根据乾隆皇帝后期董椿奏折,江春任总商时,每日补贴盐运司衙门饭食银 50 两,笔墨纸张等杂费白银 70 两,全年达白银 43 000 余两;江春还多次捐输报效朝廷,有助于解决乾隆年间诸多战役所带来的财政问题,因此获得了布政使衔。《清史稿》记载,乾隆三年(1738)与嘉庆九年(1804)两淮盐商总共捐献了白银 3 600 多万两,乾隆三十三年(1768),他们还花费了白银 460 万两招待皇帝南巡。[②]徽商对官场的一掷千金,为他们获取了丰厚的回报,在扬州的盐业市场独占鳌头。

3.买官晋爵

封建社会并没有与市场经济相匹配的完善体制,商人一般得寻求政

---

① 李建萍、樊嘉禄:《从清代扬州务本堂看徽州盐商商儒价值观的内涵》,《安徽史学》2010 年第 6 期,第 107 页。

② 《清史稿》(卷四三五),中华书局 1977 年版。

治保护伞。商人寻求官商结合，一方面依附、巴结官员和大臣，另一方面则使自己或子女跻身仕林，成为封建政治势力的一员。因此，徽商大兴儒教，非常重视培养子弟参加科举应试，又被称为"儒商"。徽商一般出身卑微，"出自地主缙绅之门者只是少数人，而出身于贫下之家者则占绝大多数。后者都是迫于生计而不得不出外经商的小商小贩"①。这般出身的徽商，往往通过儒术结交达官名士，或者培养子弟登仕，获取封建权力的庇护。

有些徽商为了在和其他商帮的竞争中占有一定的优势，在商业发达后，就开始重新考取功名进入官场，而有的甚至直接花钱买个官衔，走上了官商结合的道路。如扬州徽商吴绍就花钱买了个道员的官衔；大盐商鲍志道花钱捐布政司里的官衔。以婺源县为例，民国《婺源县志》卷四二《义行》中收有晚清与民国元年(1912)的婺源商人 421 位，其中具有各色功名身份的有 224 人，占总数的 53.2％，这些功名身份多达 36 种。这 224 人的功名身份如何得来，县志中没有具体说明。但明确注明是由科举考试而来的为数甚少，而有部分则明确注明为捐职，反映出由商人通过捐纳而成为绅商的可能占多数。这些商人无疑属于近代徽商中资力较厚的上层分子，其跻身于士绅的努力在获得功名身份后取得了成功。

通过官商结合，徽商在政府的帮助下获取了官方许可的垄断经营，丰厚的垄断利润使得他们的经营更加兴旺。

4. 积极参与政治革新

清末新政在政治上的革新措施甚多，徽商也是积极的参与者。

(1)参与警务。中国的近代警察制度是清末新政时逐步建立起来的。光绪二十年(1894)前后，徽州府在郡城建立了巡警局，此后在郡城和屯溪等地都有巡警执勤。由于政府财政严重困难，警费无出，依赖于大烟馆的烟灯捐。刘汝骥到任后，按清政府禁烟要求(此亦清末新政举措之一)，关闭了烟馆，警费越发无着，只能向徽商求助。他在绩溪商会司事高维干呈文的批语中一再询问警费有无着落，此后决定由六县分摊。而六县大都将此项经费摊到各类杂捐当中，如婺源县就是从茶捐

---

① 张海鹏、王廷元:《徽商研究》,安徽人民出版社 1995 年版,第 18 页。

中每年提拨白银 120 两,而此项杂捐所出及其收取又都依赖于徽商。因此,徽商对此有很大的发言权,屯溪各徽商曾为当地巡警负责人选发生争执,刘汝骥在相关公议中明确表示:"就该镇情形论之,无论何色局委,非绅商意见相同断无相安之理……应候绅商察请,再行派委。"①可见,如无绅商支持,徽州警费即有罗掘俱穷之象,且主其事者亦难安于其位。

(2)参与社会调查,掌握民情。进行社会调查,了解民间实情,亦是清末新政的内容之一,更被清政府列入实行"预备立宪"的九年大纲中,因此清末兴起了一股社会调查的风潮。刘汝骥在宣统元年(1909)组织过一次较详细的社会调查,所得内容编入《陶甓公牍》卷十二,是全书篇幅最大的一卷。协助刘汝骥进行此次调查的有歙县鲍鸿、汪达本、鲍振炳,休宁王世勋,婺源汪开宗、汪镜芙、董晋璧,祁门方振均,黟县余攀荣,绩溪朱瑞麒,等等,几乎都是当时著名的绅商。由于此项调查问卷设计较科学,且徽商在所起草的调查报告中基本上都能够据实反映当地的社会民情,内容亦相当翔实,所以受到徽学研究者的重视。

(3)参与地方自治和选举事务。清末新政,推行地方自治,在县以下成立自治公所,同时选举县议会议员,这是中国地方政权制度的一大变化,也是地方权力的一次再分配。清政府在这个过程中非常在意徽商是否配合,所订的选举权标准以是否获得生员及同等功名或有无 5 000元以上财产的人为限,能够达到这个标准的相当部分是徽商。祁门县在宣统三年(1911)申报选举人名册时,将部分在外绅商遗漏未报,刘汝骥对此甚为不满,予以批评:"如康绅达、洪绅寿彭,现虽宦游京外,皆该县土著有名誉之绅,又何以不列册内,恐遗漏者尚多也。"②这里提到的"康绅达",即祁门人康达,光绪十四年(1888)12 岁中秀才,23 岁为内阁中书,后前往江西景德镇业瓷,为江西瓷业公司总理,掌管御窑厂,大获成功,被推举为景德镇商务总会总理,是一位典型的徽商,故刘汝骥直接点名要求将他列入。关于最后经过核准的选举人的情况,可以黟县为例:"中区以西隅余氏、九都舒氏为最多,东区以西川胡氏为最多,西

---

①　[清]刘汝骥:《陶甓公牍》(卷十),《官箴书集成》(第十册),黄山书社 1997 年版。
②　[清]刘汝骥:《陶甓公牍》(卷九),《官箴书集成》(第十册),黄山书社 1997 年版。

区以三都汪氏为多,南区以古筑孙氏、南屏叶氏、余村余氏为最多,北区以宏村汪氏为多。"①这些都是黟县著名的徽商家族。至于当选人的情况,从保存下来的清末徽州 6 县地方自治公所和县议会、省诸议局选举的情况来看,徽商在其中占了主导地位。以省诸议局议员选举为例,徽州有议员 6 名,为歙县黄家驹、休宁洪廷俊、婺源江谦和赵文元、黟县吴翔藻、绩溪周愁和,候补议员 2 名,为祁门康达、歙县汪国杰、婺源余家鼎,这 9 人中,事迹可考的如洪廷俊、江谦、康达、余家鼎都为绅商,其余 5 人中,黄家驹虽为传统士绅,但其所属潭渡黄氏为徽州有名的徽商家族。

(二)与国家政权的抗争

近代中国政府各类军政支出庞大,财政通常都很困难,对商业的压榨和掠夺相当严重,因此徽商同国家政权之间的关系往往会周期性地出现紧张。徽河(新安江)在公路开通以前,是徽州最主要的商路之一,往返于徽河的徽商人数众多,其物流与金流相当庞大,官府重重设卡抽捐,徽商则此起彼伏地进行反抗,比较典型的有晚清与民国年间徽商发动的两次徽河抗捐案。

徽河抗捐缘起于信货捐。所谓"信货",即"信客之货"。"信客"是指从徽商中分化出的一个特殊群体,又称"走信的""信足",其主要业务是"传递家书,托带钱财、首饰,运送衣物礼品土产,伴送家眷子弟出外或返乡"。此捐之特别在于两点:一为专门针对徽商,"各处皆以百货收捐,并无信货名目,惟徽州独有信货名目"②;二为影响不仅限于浙江,而且涉及江苏通徐淮海一带的徽州盐商、当商。按章程,信货之捐,以百斤起验,捐银 200 文。

道光之后,形势大变,受盐商衰败和战乱的影响,信货捐数额大幅减少。在这种情况下,咸丰四年(1854),各局挖空心思,又想出了"徽零货"的名目,"凡有船只到卡,查有货物,即令报捐,如无大宗货物,即以各搭客名下之零星货物总共计之,照章估本报捐"③,其捐额为每担 400 文。加

---

① [清]刘汝骥:《陶甓公牍》(卷九),《官箴书集成》(第十册),黄山书社 1997 年版。

②③ 冯剑辉:《近代徽商研究》,合肥工业大学出版社 2009 年版。

以各局卡为邀功"亦格外认真,希有所长"①,常常将一般随身行李当作零货抽捐,成为往来徽商的一大负担。

1.光绪年间的徽河抗捐

光绪二十一年(1895)六月,徽商发起抗争。由具有功名、官衔的若干绅商出面,向兰溪、严州的厘局呈递察文,痛陈苛捐病商:"商例,帮伙三年一归,随身行李或系亲朋赂赠,或系代伙友带携,益以铺盖衣箱不过二三担左右。中下商人因力所不支,中上商人亦情非所愿。况徽河水浅滩高,船身狭窄,一船载客十数人,货物零星,卡丁碎难逐一查验,每每以少喝多,稍一申辩,船只即被留难于斯时也。商人归心似箭,舟子坐日如年,不得已忍气吞声,俯首纳捐。而后去抵埠之日,典衣者有之,押物者有之,其间因摊派挂捐费争多论寡斗殴之事尤为层见叠闻,此零货增捐而徽商困苦之实在情形也。"②

抗争发起后,各绅商通过各种关系,全力寻求官场上的支持。据参与其事的汪炳森回忆,当时掌管兰溪厘局的郑季雅与他有师生之谊,表示可以为他提供方便,汪遂"会集旅兰诸领袖,缮察送局"③。其后,又找到了掌管原严州东关厘局的胡晋牲,由他向浙江全省牙厘总局进行说明。胡晋牲为绩溪人,候选知府衔,故又称胡太守,与徽商本有桑梓之谊,曾在严州东关厘局任职 20 多年,对情形相当熟悉,他愿为徽商活动,得到了浙江牙厘总局的重视。于是在光绪二十二年(1896)三月,浙江全省牙厘总局颁布告示,做出 4 项规定:"凡有徽信货商所带货物,概行照货收捐,于捐货内写明各货名目,不准再行统名徽信货;徽零货名目永远革除;商人行李箱笼,其中并无指名货物,本无报捐之例,须严禁司巡苛索舞弊;商人有折包夹带诸弊亦即照章议罚。"④

这 4 项规定,一方面将徽商货物抽捐正常化,以保证国家政权的收入,另一方面放弃或革除了信货、零货等名目,明确规定对行李不得抽捐,严禁司巡苛索,满足了徽商的大部分要求,对徽商还是较为有利的。

2.民国年间的徽河抗捐

20 余年后,徽河零货免捐案再次发生波澜。民国十一年(1922)夏,某司员个人承包了浙江威坪厘局黄家潭分卡,"徽船过境每只勒索盖印费

---

①②③④　冯剑辉:《近代徽商研究》,合肥工业大学出版社 2009 年版。

洋四五元不等"。浙东各局亦趁火打劫,"自江干以上兰溪以下,概将前清察免之徽零货改为徽杂货名目(目),变本加厉,而以严东关与威坪两局为尤甚"①。徽商再次起而抗争。

此次抗捐由旅苏徽州同乡会发动。因为苏州为徽商聚集的重要经营地,当地有多个徽州同乡组织和徽州会馆,旅苏徽州同乡会在事发时正召开第二届选举会议,歙县茶商吴世美的茶号经理汪巨川在会上提出报告,当即由会电达浙江省,要求查禁。领衔发电的为正副会长洪玉麟、吴其昌、潘贞毅,其中洪玉麟为苏州顺康钱庄老板,是苏州商团的前身——苏商体育会的第一、第二届会长,在苏州商界很有影响力;吴其昌则是民国时期著名的文史学者。此次徽河抗捐的组织者以商人为主体,也包括了其他行业中有影响的徽州人。

到了民国年间,帝制已经被推翻,跪拜礼仪也被取消,民主共和观念深入人心。徽商置身于这样的时代,其抗争方式较清末要直接、强势得多,对卡局司员巧立名目严词痛斥:"用心虽巧,实不舍自认其违法矣。比来人浮于事,此等司巡谋得一事,穷心饿很,百计生财,预为下场地步……不料其贻害至此极也",要求"严伤浙东各局卡一律凭货抽捐,不得再有徽杂货换汤不换药之名目,如有此不肖司巡阳奉阴违,准予受害人随时据实呈请查办"。②旅苏徽州同乡会代表和苏州徽商茶号、典号、酒栈、书局还联合通过了 10 条决议,主要内容为:在杭州组织徽商零货拒捐团总部;凡有会馆地点组织支部,除同乡团体进行电请外,运动各地商会、省议员要求主持公道;要求泾县、旌德旅浙商人共同加入抗捐行列;在苏州成立拒捐通讯处;等等。

现有文献未能提供民国年间此次抗捐的最终结果,但徽商声言"结果如何,虽未可料,倘能坚持到底,必有达目的之一日"③,足以反映民国年间的徽商在抗捐斗争中的组织性、战斗力皆有长足的进步。

三、徽商衰败的历史必然与警示

徽商在经历 300 多年的发展后,逐渐走向了衰落。徽州盐帮的衰落是徽商走下坡路的开始,而徽州茶商的衰败则意味着徽商的彻底

---

① ② ③　冯剑辉:《近代徽商研究》,合肥工业大学出版社 2009 年版。

衰落。

徽商的代表是徽州盐商,他们主要集中在全国最大的盐政区——两淮盐场。以两淮盐场为主要经营地区的徽州盐商,凭借着垄断的营销特权,迅速发展起来,获取巨额的利润。然而由于盐的价格不断上涨,百姓无法承担,大量私盐侵入两淮市场,淮盐的销售日趋艰难。因此,大部分徽州盐商只好撤出,而继续在两淮从事盐业销售的徽商大都惨淡经营,仅能维持生存。清政府在道光十二年(1832)进行盐法改革,"改纲为票",即将原先的"纲盐制"改为"票盐制",取消了盐业经营的特许权,至此徽商彻底失去了竞争优势,走向没落。另外,徽州盐商衰落也与朝廷的盘剥及自身奢侈性的消费有关。

徽州盐商乃是徽商的支柱。因此,徽州盐商之衰,标志着徽商走下坡路的开始。这是徽商阶段性衰落中的第一个阶段。[①]

茶业也是徽商的代表经营行业,具有非常重要的地位,它与盐业不同,有一个曲折的发展过程。徽州茶商在道光三十年(1850)的时候,经营同样陷入了困境,但很快适应了新的形势变化,重新复苏。因为清政府较低的茶叶税收,徽州茶商有了较快的发展。然而因为洋茶的冲击,本土茶叶的价格大幅度下降,甚至连以前的一半都不到,可清政府从咸丰三年(1853)开始大幅度提高茶叶税率,双重打击之下,徽州茶商最终走向没落。

从以上的徽商衰败过程可以发现,徽商衰败和其政治行为有着密切的关系,所谓"成也萧何,败也萧何"。

(1)徽商没有根据政治环境的变化而做出相应的调整。徽商中的盐商是徽商的代表,他们衰落的原因在这一点上尤其突出。明代中叶,徽州盐商抓住盐法改革的机会,巴结官员拿到了盐业的垄断权,从而赚取了巨额利润,成为商业巨贾。但是随着官盐价格越涨越高,老百姓无法承担,转而购买私盐,官盐销售日益困难,盐商的经营逐渐陷入困境。当清政府打破盐商的垄断地位,用"票盐法"取代"纲盐法",更是给了徽州盐商致命的一击,徽州盐商由此走向末路。

(2)徽商主要依靠官商互济的垄断经营,他们通过对封建朝廷的

---

① 张海鹏、王廷元:《徽商研究》,安徽人民出版社 1995 年版。

"报效"而换取了许多特权和好处,但是长期在这种政府的保护下,徽商逐渐丧失创新的意识和竞争的理念,失去了内在的活力。然而,随着社会的发展,市场也有它内在的规律引导着经济的发展趋势,垄断经营不符合市场规律,它会扭曲经济的结构,从而对经济的良性发展产生破坏。当市场发展难以继续时,就必然要求打破垄断经营。[①] 一旦打破这种官商互济的垄断基础,徽商就不能适应市场的竞争,特别是大量国外资本也进入竞争市场时,他们更显得束手无策,最终在残酷的市场竞争中落败。

(3)早期的徽商依靠学习和创新在众多商帮中脱颖而出,但他们和其他传统的中国商人一样,依旧是小农经济的思想,缺乏近代化生产的创新意识。在后期更是全面依靠攀附朝廷获得经营特权,顽固守旧,抵制变革和创新。如徽州茶商在国际市场上失利,不仅是由于国外茶叶种植成功,更主要的是制茶工艺的落后,导致茶叶质量下降。[②] 当时国外的茶叶生产商如日本、锡兰、印度都采用机器制作茶叶来降低成本,提高茶叶的质量,而徽州茶商依旧采用人工制茶的方法。甚至清两江总督刘坤在光绪二十三年(1897)明令茶商必须机械制造外销茶,但因为受到徽州茶商强烈反对而以失败告终。徽州茶商愿意在修祠堂、叙族谱及捐资买官方面耗费巨资,但不愿意购买机器及投入资金去提高制茶工艺,缺乏现代化的经营意识。与洋茶相比,徽茶制造工艺落后,价格高而质量低,自然在国际市场的竞争中处于劣势。

第三节　晋商与徽商的总结及对浙商的启示

晋商和徽商受中国几千年形成的封建官本位思想的影响,在商业经营中想方设法结交官员,依靠政府,牟取商业经营特权和政府庇护。晋商票号就是典型的旧式中国官商经济,他们通过攀附官员获得了经营的便

---

① 王恩奉:《从徽商的兴衰看现代企业经营》,《铜陵学院学报》2005 年第 1 期,第13—15 页。

② 王世华:《富甲一方的徽商》,浙江人民出版社 1997 年版。

利,属于商业的"捷径"。官商经济通常是指企业依靠与权力部门的特殊关系进行经营,获得超乎市场竞争规则之上的特权,从而实现有利于自己的资源配置的一种经济形式。[①] 例如,晋商票号通过巴结攀附官员,垄断了官款存储、汇兑、借贷业务。与政府做生意,一方面业务资源稳定又充足,而且风险小;另一方面还可以得到官方的保护,如官吏派兵护送现银搬运,而且不用征税,与此相比,其他行业却得照章纳税。因此,晋商票号凭借这些超出市场规则的特权和有利条件,在 19 世纪后半期和 20 世纪初的金融业称雄称霸,长达 50 年。

徽商也与晋商类似,通过结交官员取得商品的垄断经营权,从中牟取巨额利润,被称为"官商"。例如,徽商的盐商,通过权钱交易获得两淮盐业的经营特权,赚取盐业经营暴利。

晋商和徽商都属于"官商",他们通过依附封建权贵,获得当时政府的特许经营和庇护,在商业竞争中占有绝对优势。但是,这种官商过于紧密的结合也给他们带来严重危机,一旦他们所依附的封建官员或政权垮台,他们也就随之衰败。

徽商和晋商是根植于小农思想的中国旧式传统商人,他们在发家后,喜欢大肆修建祠堂或是创办学校、修建道路等,但很少把资金用于商业经营或是商业发展模式的创新。当社会进步时,他们往往因为不能与时俱进而被淘汰。另外,政府官员的盘剥与压榨,如政府借款不还、无止境地增加税收等进一步导致了他们的衰败。

一、热衷官商经济,弃贾从儒,商业竞争意识减退

晋商和徽商想方设法结交官员,一方面他们参加各种慈善活动如为大型民建工程捐款及垫兑军饷等,另一方面则直接贿赂官员,通过攀附封建政权而获得许多商业特权以牟取暴利。长此以往,晋商和徽商与封建王朝的关系过于紧密甚至连为一体,一荣俱荣,一衰俱衰,因清政府的垮台导致了晋商的衰败。由此可见,这种官商互济的行为并不符合市场规律,它是一种畸形的商业模式。相对晋商而言,徽商重儒轻贾,非常重视儒家文化。"贾儒结合"虽然帮助徽商从儒家文化中吸取精华,制定更有

---

① 孟黎:《徽商衰败的启示》,《金融时报》2009 年 12 月 11 日,第 2 版。

效的商业发展策略,但更多的是徽商头脑中根深蒂固的官本位思想在作怪。对于许多徽商而言,经商只是权宜之计,通过读书而当官才是他们毕生的追求,因此当他们在商业上积累一定资本后,就考虑重返儒业,从而走上仕途。例如,在张海鹏、王廷元主编的《明清徽商资料选编》一书中,有143例徽商弃商从儒。徽商只是把经商作为一种手段,为了获取功名而耗费大量资金,没有完成从商业资本向产业资本的转换,自然会跟不上历史的潮流而被淘汰。

晋商在后期过于依附清政府,清政府的倒台直接导致票号的倒闭。而徽商过于热衷功名,大量资本和精力都耗在重返儒业及追求功名上。他们不按市场经济规律经商。众所周知,市场经济有其内在的发展规律,企业在公平竞争的环境下优胜劣汰。晋商和徽商走的都是"官商共济"的道路,攀附权贵而获得经营特权,从而垄断经营,忽视了企业的制度创新和管理创新。一旦他们依附的权贵垮台,失去了已有的经营特权,再加上国外企业参与竞争,已经"养尊处优"的晋商和徽商面对残酷竞争的新环境就必然会因束手无策而被淘汰。

二、浙商应吸取教训,立志成为"民商"而非"官商"

徽商与晋商的官商经济,注定了他们的历史局限性。虽然晋商和徽商通过结交官员而获得经营特权,从中赢取丰厚利润,但是与政治联系过密,当靠山垮台后,必然受到致命的影响。因此,对浙商乃至所有的民营商人而言,不应是官商而应是民商,其本质特征是进步的民本经济,不应成为政府的附庸。

三、浙商应成为具有现代化观念的职业商人,勇于创新变革

对于以晋商和徽商为代表的中国古代商人,由于受到"士农工商""重农轻商"的传统观念影响,并不认为经商有社会意义,没有把经商作为一种终极的职业道路来追求。例如,徽商虽被称为左儒右贾,实际内心是重儒轻贾,向往文人士大夫的生活。因此,徽商中间普遍流行"进而为儒,退而为贾""非儒术无以亢吾宗""非诗书不能显亲"的言论。晋商虽然并不看重功名,但遵循另一条传统观念——"以末起家,以本守之"。晋商虽然积累了巨大的资本,但没有把资本向产业投资,而是以购置土地或窖

藏银两和物资的方式进行财富保值或增值,可谓地地道道的土财主。徽商和晋商没有把商业视为自己的天职,不可能把商业资本转为产业资本,也不明白获得财富有什么社会意义。

浙商需要从他们的荣辱起伏中吸取教训,把经商作为自己的职业追求,心无旁骛,将商业资本转换成产业资本。作为现代化的商人代表,浙商应明白财富的意义,乐善好施,造福桑梓,积极为家乡和国家的公益事业慷慨解囊。同时,浙商也需要积极参与政治,但不是把政治作为谋求自身利益的手段,而是利用自身的影响力积极推动社会的进步。

第四章　近代和现当代浙商政治心理及行为分析

——以宁波商帮、湖州商帮及温州商帮为例

　　零点调查公司对北京地区商人的省份来源进行调查,结果发现,浙商是北京市场上仅次于广东商人的活跃群体。而在与浙江相邻的上海,在沪浙商多达50多万人,浙籍企业在沪投资规模在所有省份中排行老大。不仅在北京、上海等大城市,从全国的穷乡僻壤到世界各地共活跃着450万浙商。宁波商帮是中国近代最大的商帮,为我国民族工商业的发展做出了贡献,推动了中国工商业的近代化。而且宁波商帮与近代中国的政治关系密切,对近代中国的经济发展影响深远。而在现代,温州商人非常突出,不仅体现于他们在商业上勇于进取,而且在政治改革上也有创新之处。因此,本章以宁波商帮和温州商帮为例,分析浙江近代和现代商人的政治心理与行为特点。

第一节　近代浙商的政治心理与行为分析
——以宁波商帮为例

　　明清时期,中国商品经济的发展比较繁荣,商业竞争也日益激烈。但中国封建社会一直奉行着"士农工商"的观念,在社会阶层的排序中,商屈居末位。因为商人的政治地位和社会地位都比较低,他们往往会通过地缘和亲缘的关系抱成一团,互相帮助,利用集体的力量在激烈的市场竞争中求生存,因而商帮应运而生。商帮往往会负责制订一个成员所接受的

行业价格,并监督和保护成员的经营,规避内部恶性竞争。宁波商帮,通常被称为宁波帮、甬帮或宁帮,主要指历史上以宁波府所属鄞县(现为鄞州区)、镇海、慈溪、定海、奉化、象山 6 县为居住地在各地活动的工商业者,以血缘同乡关系为基础而结成的区域商人集团。[①] 自明清时期起,宁波商帮就非常出名,主要经营沿海长距离海运、民信业和钱庄业,除此之外,一些著名的店铺,如北京同仁堂和苏州孙春阳南货等也是他们所开设。在明清十大商帮中,宁波商帮并不特别突出,但在进入近代以后,徽商和晋商由于没能跟上时代的步伐而走向没落,宁波商帮虽然也受到西方商业势力的挤压,但在新的经济格局中不仅没有被挤垮,反而获得了迅猛的发展,转身成为近代产业集团,成为近代中国最著名的商界代表,是近现代史上一个很引人注目的地域商人群体。

一、宁波商帮在上海的地位

宁波商帮在中国近代史上影响非常大,号称"无宁不成市"。从明朝开始发端,从大上海的崛起到中国香港的繁华,从中国的第一家火柴厂、第一家毛织厂到中国的第一个商业社团、第一家金融机构等等,都留下了宁波商帮的深刻印记。以宁波商帮为核心的江浙财团,控制了上海很多领域的产业,如钱庄、纺纱厂、织布厂、船运公司、煤矿商号及海关经纪等。大多数上海企业家的组织也是由宁波商帮控制的,如上海总商会、上海钱业公会及上海银行公会等。[②] 虽然浙江财团分为湖州商帮和宁波商帮,但"以宁波系为中心",实际上宁波商帮占主导地位。

中国近代史上的"江浙财团"或"浙江财团"等名称,不再仅仅含有籍贯是浙江的意思,而已经是包括了在上海及周围进行商业活动的所有中国商人,无论他们是浙江籍或其他籍贯。不过,宁波商帮是其主导力量。

(一)宁波商帮在传统行业的地位及贡献

鸦片战争后,作为第一批进入上海的商人,宁波商人在米业、洋布呢

---

① 沈松平、张颖:《宁波商人与宁波近代市政》,《中共宁波市委党校学报》2004 年第 3 期,第 88 页。

② 小科布尔:《上海资本家与国民政府:1927—1937》,中国社会科学出版社 1988 年版,第 24—25 页。

绒业等方面有很多创举。宁波镇海柏墅方人大约 1800 年在上海贩运食糖，后开办"方家第一家糖行"，取名"方义和"。其死后，子侄方润斋、方性斋等适应形势，在上海开设方振记字号，专营进出口贸易。宁波药商蔡同德 1853 年集资白银 2 000 两，在南京路"抛球场"开设恒兴洋布店。1853 年慈溪人孙增来在南京路、河南路开设增泰洋布店。1854 年宁波绅董翁某在南京路、河南路开设大丰洋布号。至 1858 年前后，上海 15 家洋布店中，宁波人开设的占 1/3，有 5 家。

19 世纪六七十年代，宁波商人在五金业也大有作为。例如，宁波商人叶澄衷 1853 年赴上海，初在黄浦江摇舢板，"就番舶以贸有无"[①]，稍有积资后便经营五金杂货、煤铁洋油等店铺，其开设的"老顺记"和"新顺记"联营店遍及上海各处及汉口、九江、芜湖、镇江、天津等地。

宁波人在西药业上也有贡献。宁波余姚人黄楚九，出身医药世家，自小随父母学医，光绪中期由父母带至上海谋生。初以在酒楼茶肆叫卖眼药水为生，稍有积蓄后在上海旧城区开设"颐寿堂"诊所，兼售中西成药。1880 年，黄楚九改"颐寿堂"为"中法药房"，以中西药买卖为主营。1907 年，他与夏粹芳合资开办亚洲药房，1915 年改名为中法大药房股份有限公司，并附设医药器械制造厂。不久又兼并罗威药房，开设急救时疫医院及公益眼药厂，并向外地扩展，形成系统性的医药卫生集团。

在传统行业，宁波商人在中国近代商业中心——上海建业颇丰，树立了领袖地位。

（二）宁波商帮在金融业的地位及贡献

宁波商帮在金融业方面成就巨大。至 1911 年，宁波商人方介堂创办了同裕、尔康、延康、寿康等 16 家钱庄，李也亭创办了慎余、崇余、立余等 7 家钱庄。到 19 世纪末 20 世纪初，宁波商人在上海 9 个大钱庄集团（指独家创办 4 家钱庄以上）中就占了 5 个；到 1921 年，在上海 69 家汇划钱庄中占了 16 个，约占 23%。最可贵的是，宁波商人注重金融制度的创新，如创造的"过账制度"，强调票据汇划，不以实银直接兑付的形式，已经带有近代银行业的某些特征。19 世纪末期，在外资银行的刺激和示范

---

① ［清］沈周颐：《眉庐丛话》，中华书局 2006 年版。

下,宁波商人创办或参与创办中国民族资本新式银行,如中国通商银行、交通银行、四明银行、中国实业银行等 30 余家,严信厚、叶澄衷、朱葆三、孙衡甫、谢光甫、傅筱庵等都是其中的重要人物。

中国近代新式商业是在对外贸易的刺激和带动下发展起来的,也使买办阶层的势力得以扩大。至 20 世纪 20 年代,在当时上海著名的 90 名买办中,浙江籍有 43 名,其中又主要是宁波人。正如著名美籍学者郝延平所言,"在上海,浙江买办胜过广东买办","外资银行,像航运业一样,八十年代以后发展成了羽毛丰满的独立的行业、这一新的业务提高了正在兴起的浙江买办的重要性,因为浙江人以金融才能和势力而著称"。[①] 宁波籍买办并不以买办薪金和佣金作为唯一收入来源,而是在从事买办的同时也发展着自己的事业。例如,鄞县人周宗良曾长期任德商谦信洋行买办,以后又任德采洋行总账房。与此同时,他又利用有关信息、知识和营销网络,设立周宗记颜料行,经营进口染料业务。此外,他还利用买办所得投资信余汽灯号、振丰振记纺织整染厂、康元制罐厂等企业。虞洽卿曾相继任鲁麟洋行、华俄道胜银行、荷兰银行买办,与此同时,他又投资创办了宁绍轮船公司(1908 年)、扬清肥皂公司(1909 年)等企业。从某种意义上说,买办收入也可以看作中国民族资本工商业发展的又一条途径。

(三)宁波商帮在近代工业和交通业的地位及贡献

宁波商帮作为中国近代重要商帮,不仅为上海新式商业、金融业的发展做出贡献,也为上海近代工业、交通业的发展创下辉煌业绩。

洋务运动是中国近代化的重要历程,宁波商帮积极参与民族资本投资新式工业。例如,1882 年,宁波商人董秋根、何金泉集资白银 300 两在虹桥开设永昌机器厂;1884 年,陈安美独资 200 元在虹口创设陈仁泰机器厂;1885 年,何德顺投资 500 元在南市陆家洪创建广德机器;1885 年,郑良裕独资 500 元在新闸桥开设公茂机器船厂;1888 年,周梦湘独资 500 元在新闸桥创办大昌机器厂。宁波商人在轻纺工业方面成就颇多,蔡鸿仪作为商总办之一参与了上海机器织布局的创建。1888 年创

---

① 郝延平:《十九世纪的中国买办:东西间桥梁》,上海社会科学院出版社 1988 年版,第 64 页。

建的华新纺织新局,名义上由上海道龚照瑗任总办,实际由时任上海道库惠通官银号经理严信厚(宁波人)主持,严信厚、周晋镳(慈溪人)、苏葆生(鄞县人)、邵小村均为其中重要股东,周晋镳还是董事会的负责人,后该企业演化为恒丰纺纱厂。宁波商人叶澄衷于1892年(一说1894年)在老闸北唐家弄创设纶华缫丝厂,是当时上海几家民族资本缫丝厂中最大的企业。1905年,严信厚、周晋镳、朱葆三等筹资白银20万两,设同利机器纺织麻袋公司,除生产麻袋外,还制造帆布、地毯、绳索等,务求物品精美。1908年,樊芬、叶璋筹资白银50万元创办日晖织呢厂,是上海第一家毛纺织厂。1912年,慈溪人陈万运、沈九成开设“三友实业社”,制造洋烛烛芯、毛巾、被单、床毯等产品。1913年,定海人王启宇在唐山路创办达丰染织厂,是中国第一家机器染织厂,1920年又于西光复路创办振泰纺织厂。

在火柴、造纸、卷烟等方面,宁波人洪德生于1908年继燮昌火柴厂之后又创设祥生火柴厂。镇海人邵尔康、董俊臣创立荧昌火柴厂,并先后增设2家分厂。1909年,庞元济创办龙章机器造纸厂,为当时全国最大造纸企业之一。1912年、1918年,张竹卿、陈才宝等又分别创办了利兴烟草公司和中国兴业烟草公司。

面粉、食品等方面,1905年,朱葆三筹资40余万元创建了中兴面粉公司和大有榨油厂。1907年,镇海人傅筱庵、李祖才创立了泰来面粉厂。1914年,镇海人乐汝成创建泰康罐头食品公司。1921年,奉化人王正廷参资中国国民制糖公司。1923年,镇海人张逸云、方液仙创办天厨味精厂。

在橡胶、化工等方面,1901年、1909年,邵尔康、虞洽卿分别创建了祥茂肥皂厂和扬清肥皂公司。1911年,项松茂创办南洋烛皂厂。1912年,李云书、方液仙创建中国化学工业社。1917年,乐振葆、邵晋卿开设振华油漆厂。1928年,余芝卿出资8万元在徐家汇路筹建大中华橡胶厂,生产的“双钱牌”套鞋享誉全国。

宁波商人不仅在工业企业方面硕果累累,在航运交通上也卓有建树。李也亭、董友梅、叶澄衷、朱葆三、虞洽卿等都取得不凡成就。朱葆三于1902年在江苏通州创办大生轮船公司,1904年创办大达轮步公司,1906年作为主要创办人设立越东轮船公司,1908年参与创办宁绍轮船公司,

1916年作为主要创办人创办顺昌轮船公司,1917年投资15万元创办镇昌轮船公司,1918年创办同益商轮公司,1919年创设永安轮船公司,1922年设立舟山轮船公司。据不完全统计,朱葆三在轮运业的投资至少150万元,成为行业巨擘。

虞洽卿投入轮运业比朱葆三稍迟,他于1906年组建"四明轮船公司",1908年创建宁绍轮船公司,1913年设立三北轮船公司,作为自己的核心事业之一。该公司除沿海航线外还开拓长江航线,把航运业的触角伸向内陆。虞洽卿在航运业的特点就是敢于同外商竞争。早在宁绍轮船公司创立之初,沪甬航线的几家外资航运公司企图用跌价竞争的办法把宁绍轮船公司扼杀在摇篮内,虞洽卿奋起应战,他竭力呼吁旅沪宁绍同乡捐款支持公司运营,并成立宁绍航业维持会,对有关旅客进行补助,终于在激烈的中外竞争中使公司得到生存与发展。为了三北轮船公司顺利打入长江航线,民国初期他就联合华商接办英商鸿安轮船公司,并于1918年12月将英商股份悉数收回,组成完全华资的鸿安商轮公司。

总之,宁波商人以自己的实力、智慧和开拓创造精神为上海近代企业的发展做出贡献,说他们是近代上海工商业发展的"排头兵"也不为过。

二、宁波商帮与晋商、徽商的比较

虽然晋商和徽商等传统商帮逐步衰落直至被时代所抛弃,但同时代出现的宁波商帮却能历久弥新,不但没有被淘汰,反而越来越兴盛,主要是因为宁波商帮能顺应历史潮流,改革创新,开拓进取,从而完成自己由旧式商帮向近代商业集团的转化。相反,如晋帮和徽帮,虽然在历史上曾鼎盛一时,但由于墨守成规、抱残守缺,缺乏创新应变能力,进入近代后便无可挽回地衰落了。

(一)开拓创新的精神

从地缘上来看,晋商、徽商是"陆商",而潮商、甬商是"海商"。所谓一方水土育一方人,地理气候对所在地人文性格的影响很大。宁波的先人们几乎世代在惊涛骇浪中捕鱼度日,或贩运货物至全国甚至世界各地,其精神日益勇猛。典型的海洋文化造就宁波人勇于冒险和创新的精神,风险丛生的环境又促使宁波人意识到群体是个体的依靠,因而特别注意友谊,团结合作。近代宁波商帮具有开放的心态,在参与国际商业贸易的过程中,注意将传统文化与近代商业文化结合。正是这种不断地吸取西方先进经验,与时俱进的精神,使得宁波商帮在中国其他传统商帮受西方的冲击纷纷凋零时,自己仍能发展壮大。

徽商与晋商纵横商界数百年,当他们步入 20 世纪时,都已老态龙钟、暮气沉沉,昔日开拓进取的优秀品质丧失几尽,雄风不再,抱残守缺,不愿与时俱进、创新变革,难免在日趋激烈的全球化商业竞争中被淘汰出局。

例如,徽商曾凭借所经营的茶业成为当时我国实力最强的外贸商人集团。但是当印度、锡兰等国大面积引种茶叶成功,并用机器制茶,极大地提高了制茶工艺,竞争优势陡增后,徽州茶商却因循守旧,缺乏近代化生产的开拓意识,宁愿将大量资金浪费于奢侈性享受,也不愿进一步提高生产工艺。甚至当官府明令以机器制造外销茶时,徽州茶商竟以费多效微为名,激烈反对。结果,当然是自行消亡。

晋商也是如此,山西票号的经营机制不如现代银行先进,改革创新已成当务之急。可惜,由于一些财主及总号经理的墨守旧法、顽固不化,以致屡屡失去发展的机遇。当清政府下令组建大清户部银行,邀请山西票号入股,并请其出人组织时,总号掌权者复函不准入股,也不准派人参加组建。随后辛亥革命发生,推翻了清政府,山西各地票号却全无准备,放出之款无法收回,而客户纷纷来取存款,损失惨重之极,山西票号这个名称终成历史陈迹。

宁波商帮的历史虽然也很悠久,但因其较少与皇室官府沾边,没有染上封建腐朽习气。又因为受海洋文化影响,富于冒险精神,勇于接受新生事物,所以在天翻地覆的清末民初,宁波商帮能够与时俱进,以积极奋进的姿态投入新兴行业。他们在各大商帮中率先由钱庄转向银行,参与中国第一家银行——中国通商银行的组建并掌控实权,其表现与山西票号形成鲜明对比。至 1935 年,国内共有 147 家民族银行,其中 47 家由中央和地方当局开设,余下的 100 家商业银行中,由宁波人独资经营的有 11 家,为主经营的有 13 家,参与经营的有 28 家,宁波人占据了"百业之首"金融业的半壁江山。此外,保险、证券、信托投资等现代金融业,亦由甬商捷足先登,创造了许多第一。

在其他行业,宁波商帮也都迅速完成了传统向现代的转型。如由沙船业转向轮船航运业、由成衣匠转向"红帮裁缝"服装业;做买办,从事进出口贸易及其相关的五金、洋布、百杂广货;同时涉足新兴的钟表眼镜行业,电影娱乐业,电灯、电话、煤气、自来水等公用事业;还创办了一大批著名的现代化工厂企业……表现非常活跃,卓有建树。

一个群落的长盛不衰有其内在的精神支撑。宁波商帮背后的浙东文化最能体现解放思想和务实的精神,他们勇于冒险更善于冒险,在经营中开拓新的领域。传统中国商人,如晋商和徽商受农业经济思维的影响,在经商致富后,往往把资本投资为田地、房产或是放高利贷,以求财产稳固。而宁波商人积累一定资本后,往往投资于产业,将商业资本与产业资本相结合,体现出他们开拓冒险的精神。

(二)以"经商"为天职,合理使用财富

中国的古代商人,从未有过一种终极关怀意义上的职业观念,其根源在于"士农工商"和"重农轻商"的传统经济伦理观。具有社会意义的商业,被说成是一种个人行为,甚至有害于社会发展。商人们虽为追求利润奋不顾身,但初衷往往是生计所迫,绝非自觉自愿,对自己的职业并无信心,他们的内心深处,更向往文人士大夫的生活。

例如,徽商号称"左儒右贾",看似"儒贾并重",实质却是"重儒轻贾"。"非儒术无以亢吾宗""非诗书不能显亲""进而为儒,退而为贾"之类的言论,在徽商中十分流行。徽商致富后,总是让儿孙"读诗书,就儒业"。有人做过保守的估计:两淮盐商家庭平均经过两代或三代之后,即非原先同样的社会身份,家庭中的商人成分愈来愈淡,子弟被鼓励读书,最终从政。据嘉庆《两淮盐法志》记载,清顺治三年至嘉庆七年(1646—1802),盐商家庭造就了 139 名进士和 208 个举人(同时期全国进士的总数是 16 067人)。徽商重儒轻贾、"商而优则仕"正是"官本位"的思想在作祟,不把商业视为自己的"天职",也不明白获得财富有什么社会意义,更不可能把商业资本转向产业资本。于是,那些等而下之、未能学优而仕的盐商们,只有以挥霍财富为乐趣。

山西人在儒与贾的选择上,跟徽州人恰好相反,他们认为经商致富可光耀门庭,诗书功名一文不值。雍正二年(1724),大臣刘于义奏称:"山右积习,重利之念甚于重名。子弟俊秀者,多入贸易一途,至中材之下,方使

之读书应试。"雍正大有同感,御笔朱批曰:"山右大约商贾居首,其次者犹肯力农,再次者谋入营伍,最下者方令读书,朕所悉知。"①然而,这并不表示山西人已经把商业视为"天职",懂得了财富的社会意义。事实上,晋商所遵循的是另一条传统观念——"以末起家,以本守之"。

晋商钟爱购置土地,民间称其"土财主"。有民谣称:"山西人大褡套,发财还家盖房、置地、养老少。"至清季末叶,晋商虽然形成了商业资本和金融资本这两大劲旅,但最终并未出现商业资本向产业资本转化的趋势,竟认为再投资不如窖藏保险,干脆用地窖藏其银两或物资。平阳府亢氏,"家巨富,仓廪多至数千";祁县富商渠源祯,资产达白银三四百万两,而窖藏银两估计达百万以上。

而宁波商帮,虽然也有人购置土地或追求功名,但总体而言,宁波商帮把经商当作自己的"天职",一心一意,兢兢业业,并为商业资本向产业资本转化的大趋势推波助澜,把盈利投向产业,努力扩大再生产。如宁波商人刘鸿生,10年间先后投资经营火柴、水泥、毛纺、煤矿、煤球、码头堆栈、搪瓷、保险、银行和办公大楼等,投资总额达740多万元,拥有几十家企业的股份,被人誉为"企业大王"。

宁波商人乐善好施,造福桑梓,积极为家乡和国家的公益事业慷慨解囊。他们对于财富的看法是:"金钱是身外之物,生不带来,死不带去。"例如,宁波商人叶澄衷父子捐银20万两、地30亩,于1901年建成上海第一所中国人创办的西式学校"澄衷蒙学堂",培养了许多人才。1907年,旅日巨商吴锦堂捐资在故乡慈溪创办锦堂学校,被誉为全国办学三贤之一;后又重修杜湖和白洋湖四浦、十五闸、二十一桥,使当地20余万亩农田受益。抗战期间,方椒伯、黄延芳在上海仗义疏财,救助数十万难民。新中国成立后,任中国香港中华总商会会长的王宽诚,率先为国家代理进出口业务,为内地通向各国开辟航线,为抗美援朝捐献飞机一架。邵逸夫捐助内地教育事业,累计已超过30亿港元。这类事例,不胜枚举。

通过上述比较,宁波商帮之所以能在20世纪初期后来居上,雄视中国工商界,并在徽商和晋商已为历史陈迹的今天仍然活跃在海内外,继续创造辉煌,其道理也就昭然若揭了。

---

①　鄂尔泰:《雍正朱批谕旨》(第四十七册),北京图书馆出版社2008年版。

（三）商业中心的转移

明清时期的商业以内陆为主，这是造成以晋商和徽商为代表的内陆商人生意大兴，而以广东、福建、浙江为代表的沿海商人生意远没有那样火爆的重要原因。但在鸦片战争后，随着清政府与西方列强签订的一系列不平等条约，沿海被迫开放，中国的经济中心逐渐转移到上海。在上海的宁波人到20世纪初多达100万人左右。其中的大部分是白手起家，他们从最底层开始，或是当学徒、伙计，或是做裁缝、木工、挑夫，或依附洋商充当代理人或买办，努力奋斗成为企业家，控制上海乃至全国经济。

宁波是中国的水运和物流集散中心，南北船只在宁波周转、贸易及集散。在1644—1911年间，宁波聚集了徽、闽、鲁、晋各帮客商和船帮。目前，甬江边上还保留了2座船帮会馆：南线船帮的庆安会馆和北线船帮的安澜会馆。宁波是中国东南地区的物流中心，从上海运送物资到达宁波，再沿着杭甬运河抵达杭州，再从杭州沿着京杭大运河，通过各条水系通向中原地区及北方地区。

（四）现代企业制度的转型

宁波商帮从传统沙船贩运业转向现代轮船航运业，标志着他们由封建商人转变为现代企业家。宁波商帮的主业之一便是经营沙船贩运，在咸丰、同治年间盛极一时。但是随着鸦片战争后大量欧美轮船运输侵入国内市场，沙船贩运受到极大冲击。从事沙船贩运的宁波商人与旧式传统商人不同，他们善于学习，积极应对，转型为轮船运输业。例如，他们在光绪二十一年(1895)就创办外海商轮局和永安商轮局，之后陈志寅等宁波商人在光绪三十三年(1907)出资白银7万两购德裕轮。过了2年，他们将公司总部移至上海，又出资白银50万两增加了3艘船，往来于营口、安东、烟台、龙口等处。另外，宁波商人虞洽卿、严义彬、陈薰、方舜年等共同创办宁绍商轮公司，朱葆三创办了越东轮船公司。其中，虞洽卿是宁波商帮经营航运业的代表，他于1913年又单独创办三北轮船公司，占据全国13%的轮船吨位。经过众多宁波商人的努力和创新，宁波商帮在与外国航运公司的竞争中占据上风，主导了近代中国的航运业。

宁波商帮早期主业之一是钱庄，他们较早意识到钱庄将会被银行取代,于是组建中国通商银行,作为中国第一家商业银行,他们也成功地转型为现代银行家。当时总行总董就是宁波商人朱葆三、严信厚、叶澄衷 3 人。宁波商人是中国银行业的先驱,他们在上海和其他城市设立多家银行,与外资银行分庭抗礼。与此形成鲜明对比的是,慈禧太后曾有意授权晋商组建大清银行,但由于守旧势力的激烈反对,晋商却未能及时把票号改组为现代银行,故称雄一代的山西票庄不战自溃。

宁波商帮的成功转型还在于他们进入了进出口贸易业、制造业、房地产业、保险业等各种新兴产业。宁波商人不仅在境内成为近代的第一商帮,而且在境外也取得了很大的成功。在抗战时期和 20 世纪 50 年代之后,宁波商人移居境外,在我国香港、台湾,以及日本、欧美和东南亚都做出了卓越的贡献,代表人物如董浩云和包玉刚等。但与之对应,洋务运动中兴之际恰是山西票号极盛于各地之时。当时晋商把利润大量投向土地,以获取坐享其成的地租,而没有把票号与民用工业结合起来,错过了一次很好的发展机遇。

近代的宁波商帮善于学习西方企业的先进管理经验,也率先采用现代企业管理制度管理企业。其他中国传统商帮对其经营企业的管理都是人治化的,缺乏科学的管理制度。虽然晋商票号通过股份经营对员工进行激励和控制,但其本质是一个等级森严的封建金融科层体系,有一套自己的管理制度。晋商票号虽然层级分明、秩序井然,其管理控制过程却并未实现现代化和制度化,而更多的是借助亲子、朋友、同乡等情感化的因素去融通、感化或者威慑。此外,票号重经验而轻思辨的管理逻辑,也是晋商虽显赫一时却没能产生职业技术规范的客观原因。以前的宁波商帮也是采用家族化和人性化的方式进行管理,但在鸦片战争后,许多宁波人与外商打交道,或是充当外商的买办和代理人,学习了西方先进的经营理念和管理模式,在今后创办企业时也实行制度化管理,这是他们与旧式传统商帮不同,在与西方企业的竞争中能独树一帜的重要原因。对于现代民营企业来说,宁波商帮的成功转型具有很好的借鉴意义。

(五)"官商"向"民商"的转变

晋商与徽商都是依附于清政府,他们的成就主要建立在官商互济的垄断基础上。当清政府走向灭亡的时候,晋商与徽商便失去了依靠,无法适应市场竞争变化。尤其在受到国外资本强烈冲击时,他们更显得束手无策,无法对竞争者的行为做出及时、正确的反应,最终将自己原有的市场拱手让人,从残酷的市场竞争中败下阵来。

徽商素有"官商"之称,通过傍靠、逢迎、仰攀封建统治者,利用钱权交易获得垄断经营权,从中牟取暴利。例如,作为徽商支撑的盐商便通过垄断两淮盐引的特权而赚取暴利。

明代的晋商,也是依靠政府实行"开中法"而崛起的,从此成为封建统治阶级的附庸。山西票号创立后,晋商又为清政府代垫代办汇兑军饷、筹借汇兑抵还外债、代理部分省关的财政金库等。山西票号开展存放汇兑各项业务,因而迅猛发展。但是,正因山西票号将视野盯住官场,大揽政府金融业务,轻易获得暴利后,就不再与时俱进,不再通过金融创新去寻求发展了。这样,清政府垮台后,它必将随之烟消云散。而作为徽商支柱的盐商,其颓败比山西票号还要早。徽商与晋商的"官商"地位,注定了他们的历史局限性与内在动力的局限性。

宁波商帮却与徽商和晋商截然相反,就整体而言,不是"官商"而是"民商",其本质特征是进步的"民本经济"。他们不仅很少与官府做生意,绝非清政府的附庸,而且顺乎历史潮流,积极支持推翻清政府的辛亥革命。面对列强入侵、国势危殆,许多宁波商人秘密加入同盟会,结交孙中山,将经商所得的巨额利润捐作革命经费。例如,1907年后,孙中山发动多次起义,均告失败,军费浩大,粮饷无着。宁波商人赵家蕃、赵家艺兄弟闻讯,因手头现金短缺,便赶回宁波老家,把大批田产全部低价变卖,以所得现款接济孙中山继续革命。因此,完成了现代转型的宁波商帮自然而然地超越了为皇室附庸的徽商和晋商。

与徽商和晋商等传统商帮相比,早期的宁波商帮属于"草根商人",缺乏官府的支持,也没有垄断特权,这反而逼促宁波商帮拼搏奋斗,努力提高自身的竞争力。在宁波商帮中后期的发展中,他们开始与政治发生紧密联系,主要表现在支持孙中山所领导的辛亥革命及后期的国民党政府,而这些政治力量在当时的政治角逐中逐渐占据上风,宁波商帮也从中获取不少利益,以下篇幅将重点讨论宁波商帮与政治的关系和利弊得失。

三、宁波商帮的政治心理与行为

宁波商帮是江浙财团的主导力量,自然要与当时各种政治力量发生各种联系。宁波商人在历史的不同阶段,各有不同的政治心理与行为。

(一)宁波商帮与辛亥革命

1840年以后,随着清政府闭关政策的打破,国内许多人开始到国外打拼,最终获得商业的成功,被称为"华侨商人",其中以福建和广东两省最多,其次便是浙江和江苏。许多宁波人也到国外谋生,其中比较出名的华侨商人,如吴锦堂和赵家蕃等,对孙中山及同盟会的革命活动给予大力的帮助。

再如日本神户著名侨商领袖——宁波商人吴锦堂(1855—1926),他是宁波慈溪县(现慈溪市)东山头张家村人。1885年,吴锦堂远赴日本长崎贩卖布匹杂货,后于1889年在日本神户创立怡生商号,同时在上海创设义生洋行,专营中日贸易。[①] 吴锦堂对孙中山和同盟会给予大力支持,而当时由白崇禧代委的上海工商机构的人员,"大多数为宁波人"[②]。

以资助孙中山革命而著称的另一个宁波商人——赵家蕃(1870—1924),字菊椒,家中排行第六,慈溪人。革命党人尊称赵家蕃为"六相","每行商有所获辄举以输文(孙文),计人杰行后所输金百数十万君亦数万"[③]。赵从法国回国,与当时的革命党人创办《民意》《民立》《民吁》《民呼》等报刊来宣传革命。赵家蕃的家人、朋友也积极投身革命,辛亥革命时的光延长军就是由其好友陈其美和其女婿李征五等组织,自然,赵家蕃对这支军队"输力独多"。孙中山成立南京临时政府后,任命赵家蕃为南京造币厂厂长,不过他很快就辞职,返上海"一意经营商业"。

许多宁波商人在辛亥革命前后,出兵出力,非常活跃。除前述赵家蕃和吴锦堂外,宁波商人朱葆三、虞洽卿、镇海方氏等也都积极投身革命事

---

① 纪士新:《吴锦堂的近代农业教育实践》,《经济与社会发展》2007年第6期,第184—188页。

② 上海市档案馆:《一九二七年的上海商业联合会》,上海人民出版社1983年版,第30、46页。

③ 陈训正:《赵君述》。

业。例如,当时上海英租界六马路的"宁商总会"——革命党人开会议事集中地,便是以朱葆三为会长,由虞洽卿向香港注册的,当时这种注册被称为"特别照会",连上海租界当局也没资格搜查。

1911年,在武昌爆发起义后,陈其美和虞洽卿助资8 000元,组织光复军响应。当时由宁波商人方樵伯和虞洽卿任队长,组织了革命军军饷征募队,率领一批革命的青年"分向各殷富及商号劝募经营,成绩至佳"[1]。宁波帮的四明银行在革命中曾经出资发放军饷给光复军。[2] 而他们也在上海设立通惠银号,"为党人运输军实,流通资金"。

上海光复后,都督府财政总长由宁波商人朱葆三担任。当时宁波商人虞洽卿只身赴苏,规劝江苏巡抚程德金响应革命,并为其提供百万钱款,游说成功。此后,虞洽卿又向各洋行购买军火,并亲自送到南京附近,帮助当时浙江都督朱瑞率江浙联军攻打南京,为攻克南京立下汗马功劳。[3]

(二)宁波商帮与国民党南京政权

民国时期,南京国民政府成立后,宁波商人纷纷来到南京开店设厂。宁波商帮与孙中山及其革命党在同盟会时代就建立了联系,此后与蒋介石及南京国民政府关系更为密切。例如,国民政府于1927年4月9日成立的江苏兼上海财政委员会就包括宁波商帮巨头虞洽卿和秦润卿等,[4]而以宁波商帮为代表的上海工商、金融界在1927年4月资助蒋介石300万元,江浙财团认购南京国民政府成立后所发行的总量7 000万元的"江海关二五附税库券"的大部分。[5]

而宁波商人虞洽卿作为蒋介石司令部的少将参议,在"四一二"反革命政变中屠杀了大量的共产党人,帮助蒋介石建立反革命政权,他还把蒋介石列为自己平生服膺的人之一。[6]

宁波商人叶琢堂是浙江财阀的著名人物,他与蒋介石同为宁波奉化

---

① 汪北平、郑大慈:《虞洽卿先生》,宁波文物社1946年版,第28页。

② 《民立报》1913年1月19日。

③ 《虞洽卿先生》,第29页。

④ 中国人民银行上海市分行:《上海钱庄史料》,上海人民出版社1978年版,第210页。

⑤ 丁日初、杜恂诚:《虞洽卿简论》,《历史研究》1981年第3期,第145—166页。

⑥ 《虞洽卿发表对陕变意见》,《申报》1936年12月19日。

人,介绍蒋介石进入上海证券物品交易所。蒋介石在此交易所投机失败后,蛰居在宁波商人孙衡甫的上海寓所三个月,两人结为好友。之后,叶琢堂帮助蒋介石去广东发展。因此,蒋介石视叶琢堂和孙衡甫为患难之交,相当尊重。[①] 1926 年,蒋介石想让孙衡甫当北伐军经济部长,但被孙婉言谢绝。另外,大批军服生意都是宁波商人竺梅先、金润庠等承接。[②]

(三)宁波商帮与南京国民政府时期的国家垄断资本主义

南京国民党政权建立后制定了一些政策和措施,推动了民族工商业的发展。例如,提高进口商品的税率而保护民族工业,在全国实行裁后改税,改征统税和特税两种新税,使民族工商业者的负担有所减轻。[③] 另外,为了提高民族工商业者的投资热情,对国货工业进行奖励,统一度量衡及制定相应的工商法规条例等。因此这个阶段,民族工商业得到了较快的发展。相应地,宁波商帮的一些企业也发展迅猛,资本集中发展,与外商竞争力大增。

1.宁波商帮的私营银行变成国家垄断银行

南京国民政府成立之后便将银行的货币发行权没收,规定货币只能由中央银行统一发行,而以前拥有钞票发行权的银行必须在一定期限内回收自己所发的钞票,用中央银行钞票交换。宁波商帮的四明银行和中国通商银行以前均有钞票发行权,但现在只好加入官股,转身成为"官商合办"的银行。其中,四明银行由财政部指派宁波人吴启鼎当董事长,宁波人李嘉隆当总经理。[④] 这样,宁波商帮的标志之一——中国通商银行和四明银行由私营银行变成了由财政部主要控制的国家垄断资本性质的银行。

另外,在国民党政权的"四行二局"中也有宁波商帮多人担任要职,如在中央银行中,监事由宁波商帮的秦润卿和虞洽卿担任,常务理事为宁波

①　全国政协文史资料委员会:《文史资料选辑》(第 49 辑),中国文史出版社2002 年版。

②　《工商经济史料丛刊》(第 3 辑),文史资料出版社 1983 年版,第 164—165 页。

③　杜恂诚:《民族资本主义与旧中国政府(1840—1937)》,上海社会科学院出版社1991 年版,第 256—257 页。

④　陈礼茂:《论国民政府对中国通商、四明和中国实业三银行的改组》,《中国社会经济史研究》2005 年第 3 期,第 94—101 页。

商帮的叶琢堂,理事为宁波商帮的周宗良。而中国银行和交通银行也由大量的宁波商帮人员担任要旨。1934年,中央信托局筹组时,筹备主任由宁波商帮的叶琢堂兼任,后来他还当过该局的局长一职。[①] 不过在这些银行金融机构中,起主导作用的不是宁波商帮,而是南京政府。

2.国家垄断金融资本控制了宁波商帮钱庄

当时世界银价飞涨,国内白银大量流向国外,形成所谓的"白银风潮",中国的货币制度受到了严重的冲击。因此,南京国民政府财政部于1933年4月进行币制改革,废除银两本位,改用银币本位。[②] 而钱庄业生存的币制基础就是银两本位,这次南京国民政府的币制改革严重地打击了钱庄业。1935年,钱业金融危机的再度爆发给了钱庄致命的打击。为了挽救钱庄,南京政府财政部设立钱业监理委员会,由中央银行、交通银行、中国银行三大银行贷款给各个钱庄,共计2 500万元,当时上海的钱庄大部分都向钱业监理委员会借过大笔款项。国家垄断金融资本通过钱业监理委员会很大程度上控制了宁波商帮的钱庄。[③]

3.宁波商帮与国家垄断资本的控制与反控制关系

相对金融业全面被国家政府控制而言,宁波商帮在工商业和交通运输业等方面与国家垄断资本的关系比较复杂,有着相互利用及控制与反控制的关系。例如,南京国民政府原本也想垄断航运业,铁道部1933年举办全国水陆联运,将民营航业排斥在外。但由于遭到激烈反对,铁道部只好办理联运,成立了国营、民营航运企业的联合办事处,行政院在1936年1月底又下令暂停民营航业公司参加水陆联运。[④] 南京国民党政权接手轮船招商局后,却因经营不善,连年亏损,只好寻求宁波商帮航运业的代表刘鸿生出任招商局经理。

而当时的工商业出现了大量由宁波商帮经营的企业,如大中华橡胶厂、大中华火柴公司、中国化学工业社、民华丰造纸厂、信谊药厂、五洲药

---

① 陈真、姚洛:《中国近代工业史资料第1辑 民族资本创办和经营的工业》,生活·读书·新知三联书店1957年版,第320—323页。

② 《中华民国金融法规选编》(上册),档案出版社1989年版,第380—381页。

③ 《中华民国金融法规选编》(上册),档案出版社1989年版,第401—403页。

④ 杜恂诚:《民族资本主义与旧中国政府(1840—1937)》,上海社会科学院出版社1991年版,第412页。

房、三北轮船公司、商务印书馆等大型企业集团和企业。但是在另一方面，由宋子文控制的中国建设银公司于 1937 年接手宁波商帮宋炜臣创办的汉口既济水电公司。[①] 作为宁波商帮甚至整个中国资产阶级中著名人物的虞洽卿、刘鸿生尚且如此，可知民营工商业资本与国家垄断资本主义的抗争非常艰难。

随着南京政府"四行二局"为中心的金融垄断体系的建立，国家垄断资本主义开始产生，而宁波商帮私人资本逐渐被国家垄断资本控制。"四行二局"指的是中央银行、中国银行（国际汇兑银行）、交通银行（特许实业银行）、中国农业银行（豫鄂皖赣四省农业银行）、中央信托局及邮政储金汇业局。

综上所述，宁波商帮以上海为中心，凭借其雄厚的经济实力与社会势力，成为江浙财团的重要支柱与核心。由于与蒋介石等人的特殊关系，在 1926—1927 年江浙财团与国民党蒋介石政权逐步结合的过程中，宁波商帮起了重要的作用，特别是虞洽卿等人，为此曾积极奔走，终于促成了双方的结合。南京国民政府成立后，一方面采取了一系列促进民族工商业发展的措施，在一定程度上对宁波商帮的发展也是有利的。另一方面，随着以"四行二局"为中心的国家垄断资本主义的产生，宁波商帮中的一些上层分子如虞洽卿、秦润卿、叶琢堂、周宗良、梁晨岚、盛竹书等人在上述银行金融机构中担任职位，甚至是较为重要的职位，但毕竟起不到主导作用。与迅速膨胀的国家垄断资本相比，宁波商帮，甚至整个民族资产阶级都显得"相形见绌"。而行将爆发的日本全面侵华战争，对主要依托上海与沿海发展的宁波商帮来说，更是"雪上加霜"。

第二节　近代浙商的政治心理与行为分析
——以湖州商帮为例

浙江先后产生过湖州商帮、龙游商帮、宁波商帮、温州商帮、义乌商帮

---

① 陈真、姚洛：《民族资本创办和经营的工业》，生活·读书·新知三联书店 1957 年版，第 334 页。

等著名浙商群体。相对于宁波商帮和温州商帮，浙江历史上的其他商帮并不那么出名，但也是在近代中国涌现出的具有强烈地域特征的商人群体，其发展历程非常具有特色，对近代中国的政治与经济影响深远。

一、湖州商帮的历史

湖州商帮，是继徽商和晋商之后，与潮州商帮、宁波商帮同时涌现的另一非常具有特色的浙商群体，崛起于 19 世纪六七十年代，在 19 世纪末20 世纪初盛极一时，但进入民国后，日渐衰微。清末至民国时期，湖州商帮在政治参与方面有较多的表现，其兴衰与当时的政府息息相关。

(一)湖州商帮崛起的原因和状况

湖州商帮，是指鸦片战争后旧湖州府属七县(乌程、归安、安吉、长兴、德清、武康、孝丰)以上海为经营中心，以血缘姻亲和地缘乡谊为纽带，以会馆、公所、同乡会为联络之所而自发形成的、亲密又松散的区域商人群体。

五口通商后，中国的进出口贸易格局发生了很大变化，上海由于位置得天独厚，迅速崛起，并取代广州成为中国对外贸易中心。湖州商帮依靠上海，以生丝为主业，并在金融业、盐业及房地产等领域均经营得"风生水起"。

1.湖州商帮在生丝业的成就

浙江的生丝在战前都经广州公行出口，鸦片战争后，上海开埠，并迅速取代广州成为中国最大的外贸口岸。湖州距上海路途较近，贩丝方便，成本不高，湖丝就近被转至上海出口，大为发展。当时，生丝运输路程较前缩短十分之九，且仅需"花五六元就可雇一条小船运 80 到 100 包生丝到上海"[①]，运费只占售价的"0.2％的微不足道的比例"[②]，因此"上海市场的生丝售价遂较前广州时期下降 35％"[③]，"辑里丝乃运沪直接销与洋行"[④]。湖州出产的辑里湖丝，名扬中外，出口大增。自 1844 年至 1847 年

① 鲍静静:《清末民初上海对外贸易兴盛的历史动因》,《科教文论》2008 年第 3 期,第 146—147 页。

② 丁日初:《上海近代经济史第一卷(1843—1894 年)》,上海人民出版社 1994 年版。

③ 姚贤镐:《中国近代对外贸易史资料(1840—1895)》(第 1 册),中华书局 1962 年版。

④ 《吴兴农村经济》,第 122 页。

的 4 年中,湖丝出口占上海生丝出口的 56%。

从 19 世纪七八十年代到 20 世纪初是我国丝业发展的鼎盛时期,绝对值总体呈增长之势,如 1870 年为 4.9 万担,1880 年为 8.2 万担,1890 年为 8 万担,1900 年为 9.7 万担,1910 年为 13.9 万担,在 1909 年前中国一直是世界最大的生丝出口国。[1] 1890 年至 1894 年,上海共有 8 家民族资本缫丝厂,资本为银 206 万两,丝车 2 576 部。其中,湖州帮创办的有 3 家,资本为银 81.28 万两,丝车 1 016 部,分别占工厂数的 37.5%,资本额的 39.2% 及丝车数的 39.4%。[2] 甲午以后,湖州商帮在缫丝工业继续保持优势,如 1910 年上海有丝厂 45 家,丝车 12 644 部,其中湖州商帮经营的有 14 家,丝车 3 786 部,占上海丝厂总数的 31.1%,丝车的 29.9%。

湖商在近代机器缫丝业上取得了突出的成就。1882 年,湖商黄佐卿投资白银 10 万两创办上海最早的民族资本机器缫丝企业——公和永丝厂,之后又创办新祥记和延昌丝厂。在他的倡导下,湖商杨信之、沈联芳纷起效仿,相继开办延昌恒、恒丰和振纶洽记丝厂。1907 年,湖商莫觞清与同乡王笙甫、杨芝生创办久成丝厂,至 1928 年久成丝厂已拥有 10 家丝厂,丝车 2 856 部,年产丝 5 370 担,拥有上海 10% 以上的缫丝能力,成为丝界巨擘,执上海丝业之牛耳。[3]

湖商还在杭州、苏州、湖州等地创建丝厂。1895 年,湖商庞元济等筹资白银 24 万两创办杭州世经缫丝厂,次年又投资白银 8 万两创办大纶制丝厂,这是浙江民族工业初创时期 3 家最主要的丝厂之一。1910 年,王笙甫以白银 10 万两资本在湖州创办第一家近代缫丝厂——公益丝厂。在此期间,生丝业涌现出了许多创办或投资多家丝厂、善于经营的湖商。如 19 世纪末上海丝业巨擘黄佐卿创设公和永、新祥、祥记 3 家丝厂,拥有丝车 1 120 部,占 1896 年上海 7 986[4] 部丝车的 14%,1900 年他还与同乡

---

[1] 李明珠:《中国近代蚕丝业及外销》,上海社会科学院出版社 1996 年版,第 96 页。

[2] 根据徐新吾、上海市丝绸进出口公司、上海社会科学院经济研究所:《中国近代缫丝工业史》表 2~27,籍贯笔者据其他资料查得,但有 2 家丝厂创办人籍贯不明。

[3] 徐新吾、上海市丝绸进出口公司、上海社会科学院经济研究所:《中国近代缫丝工业史》,上海人民出版社 1990 年版,第 141、613 页。

[4] 徐新吾、上海市丝绸进出口公司、上海社会科学院经济研究所:《中国近代缫丝工业史》,上海人民出版社 1990 年版,第 182 页统计表。

杨信之在苏州创办延昌永丝厂。湖商沈联芳,1900 年与人合资白银 40 万两在上海创办振纶洽记缫丝厂,1908 年又在上海闸北独资开设恒丰缫丝厂,1910 年还接办苏州苏经丝厂和苏州振艺丝厂,并改名为苏经分厂。① 不久后,他便为成为丝业领袖。综上所述,可以看出这些湖商在上海乃至整个中国的生丝业都占据着举足轻重的地位。

在丝织业方面,为解决生丝销路和化解生丝生产的风险,莫觞清于 1917 年和美商合资建立美亚绸厂,成为上海乃至中国最大的丝绸企业。随着缫丝业的勃兴,下脚废丝日益增多,于是有了新兴的绢纺厂。湖商朱节香于 1922 年创办丰和丝纺厂,这是上海绢纺行业中第一家由民族资本创办的绢纺厂。在棉纺业方面,1896 年,黄佐卿筹资 28 万元在上海创办有 15 000 纱锭的晋裕纱厂,后与英商、俄商合办。

丝业的发展为湖州商帮注入了强劲动力,构成湖州商帮核心的南浔丝商,通常称之为"二狮、四象、八牛、七十二狗"的丝商家族群,即拥资千万元以上者称狮,百万元以上者称象,50 万元以上者称牛,30 万元以上者称狗。其中,刘家拥资达 2 000 万元,张家也达 1 200 万。② 湖州商帮垄断着中国的丝业,如美国学者李明珠所说,直到约 1911 年,上海最主要的丝商集团都是浙江商帮,尤其是湖州商帮。③

2. 湖商在其他行业的成就

湖州商帮在生丝业独占鳌头后,他们的经营领域开始向棉纺、金融、盐业及房地产等领域拓展,也取得了不错的成就。

湖州商帮向棉纺、造纸、面粉、铁路公司等进行大量投资。1894 年,许春荣、黄佑卿创办华盛纺织总厂,许春荣任办事董事。1896 年,黄佐卿集资 28 万元在上海开设晋裕纱厂,引发甲午战争后上海棉纺业投资高潮。1896 年,庞元济与人筹资 53.3 万元在杭州参与创办通益公纱厂,这是浙江民族资本产生阶段最重要的企业之一。湖商也大量涉足造纸业,1904 年秋,庞元济为"振兴实业,挽回利权",在上海筹办龙章机器造纸

---

① 上海缫丝工业同业公会档 S37-I-96;徐新吾、上海市丝绸进出口公司、上海社会科学院经济研究所:《中国近代缫丝工业史》,上海人民出版社 1990 年版,第 203 页。

② 朱新予:《浙江丝绸史》,中国经济统计研究所:《吴兴农村经济》,文瑞印书局 1939 年版,第 122 页。

③ 李明珠:《中国近代蚕丝业及外销》,上海社会科学院出版社 1996 年版,第 102 页。

厂,1907年投产,资本达61.6万元,庞氏任总理,湖州丝商吴少卿、顾敬斋、王亦梅等任董事,它是辛亥革命前上海唯一的民族造纸厂,为上海新式造纸之鼻祖之一,也是开全国机制纸工业先河。[①] 1906年,庞元济、庞元澄兄弟在湖州创办青城造纸厂,这是浙江第一家规模较大的造纸厂。面粉业中,1902年,南浔丝商顾敬斋与人集资30万元创办了上海第二家面粉厂——华兴面粉厂。而湖州籍著名买办王一亭在1907年、1909年、1912年与江苏买办顾馨一等创办了立大、申大、大有3家面粉厂。20世纪初,浙江铁路公司的主要投资者之一便是湖州商帮,该公司创办时南浔刘氏家族以个人名义或由堂号出面认股万元以上者达十几人,刘镛之子刘锦藻当选浙路公司副经理。南浔其他丝商家族张家、邢家、邱家各投资万元,庞家也投资5 000元,湖籍早期轮船商李松筠、丝商杨信之及盐商周庆云、蒋汝藻各投资5 000元。[②]

金融业也是湖州商帮主要投资方向,其中又以旧式金融业典当为主。湖商刘镛业丝致富后在上海及湖州等地开设当铺达29家之多。"四象"之一的庞芸皋在上海业丝致富数年后挟资归里,买田宅,设典肆。[③] 南浔"八牛"之一的邢赓星家族业丝致富后在南浔、海宁、太仓、上海、海盐、平湖及苏北若干城镇开设典当铺30余家,是南浔富商中开设典当铺最多的一家,其子邢盛是上海典当业重要人物。南浔邱家也在湖州开设有晋隆、启泰等一批典当铺。张颂贤家族也开有当铺10余家。湖州商帮投资钱庄业的主要是许春荣,19世纪六七十年代在上海开设阜丰、鼎丰为主的7家联号庄,中法战争时倒闭后,又与宁波叶家合股开设余大、瑞大、志大、承大四大钱庄,还与人开设宏大、正大钱庄。在新式金融业中,湖商王一亭1906年参与创办了上海信诚银行,并于1907年参与创办华通水火保险公司。庞元济也在1905年参与创办了上海合众水火保险公司。南浔刘锦藻、张澹如于1907年参与创办了浙江兴业银行。

封建性盐业和地产业也是湖州商帮的经营重点。湖商刘镛业丝致富

---

① 上海市通志馆年鉴委员会:《上海市年鉴(1937)》,中华书局1937年版。
② 闵杰:《浙路公司的集资与经营》,《近代史研究》1987年第3期,第271—290页。
③ 中国地方志集成编辑工作委员会:《中国地方志集成乡镇志专辑》,江苏古籍出版社1992年版。

后在扬州等地开设盐场。南浔张氏家族业丝致富后经营浙盐,在上海设立总管处,在浙西苏南、皖南设立分销处,垄断这些地区的盐务,辛亥革命前夕拥有 20 万引票(每引食盐 381 斤),是全国著名的大盐商。南浔周家的周庆云和蒋家的蒋汝藻也放弃父辈致富的丝业,将盐业作为经营重点,分别为嘉所和杭所甲商,成为浙盐权威人物。

房地产是湖州商帮最热心的行业之一。较早致富的湖商陈熙元是上海早期著名的地产商,1862 年他拥有租界一半以上的房地产。[①] 南浔张家、刘家、邢家、庞家到上海租界后虽继续从事丝茶贸易,但最大的投资是购置房地产,成为上海最著名的地产业主。其中,刘家在公共租界中心区福州路、广西路一带拥有 10 余条里弄,著名的会乐里、会香里、洪德里、怡德里等里弄住宅都是刘家产业,[②]刘家还在杭州、扬州、青岛、汉口、长沙、南通、青浦、浙江上虞及家乡大搞房地产,仅登记在册的义庄就达 1 万亩。[③] 庞家除上海外,也在江苏苏州、吴江、吴县及浙江绍兴、萧山等地拥有地产。张家还在祖籍徽州、江苏常熟等地大量购置土地。

综上所述,湖商以生丝业为主业,投资活动频繁,经营领域大为拓展,在土丝和缫丝工业中仍占垄断地位,并向棉纺、造纸、面粉工业及新旧金融业、房地产、盐业等行业渗透,在商界的地位进一步提高,在近代中国的经济中占据一席之地。

3. 湖州商帮的成立

随着湖商在经济领域的拓展,湖州商帮逐渐形成和壮大,因此在上海一些同业组织中的地位也得到巩固和加强。1872 年,著名旅沪湖商王一亭、杨信之、黄佐卿、谢子楠等在上海集资购地创设同乡公产寿圣庵。寿圣庵的建立增强了同乡间的凝聚力,是湖州商帮形成的雏形。湖商定期到该庵集会,进行宗教朝觐活动,借此敦睦乡谊,讨论商务。[④] 但寿圣庵

---

① 郝延平:《十九世纪的中国买办:东西间桥梁》,上海社会科学院出版社 1988 年版,第 122 页。

② 朱剑城:《旧上海的华籍房地产大业主》,《旧上海的房地产经营》,上海人民出版社 1990 年版,第 15 页。

③ 政协浙江省湖州委员会文史资料委员会:《湖州文史》,浙江人民出版社 1986 年版。

④ 姚印佛:《湖社社基全案》,上海湖社 1932 年版。

不同于浙绍公所、四明公所等旅沪同乡团体,不是以讨论商务、从事旅沪同乡公益事业(诸如寄枢、归葬等)为主,而是以宗教朝觐为主,组织也比较松散,所以难以凝聚全体同乡的力量。1906 年,周庆云、沈联芳、严浚宣、杨谱笙等在上海发起成立湖州旅沪同乡会,这是上海最早的同乡会之一。它制定了较完备的章程,有较严密的组织,会员入会需经两人介绍,会内机构由选举产生,具有了近代社团形式,并具有一定的资产阶级自治团体的性质。同年,湖州旅沪学界代表汤济沧等又组织了湖州旅沪学会,次年又与杨信之等商界人士创办了湖州旅沪公学。1910 年,王一亭、沈联芳、周庆云等集资在上海公建湖州会馆。大量湖州同乡团体的建立是湖州商帮势力壮大的标志,湖州商帮在上海同业组织中的地位也得到加强。

　　同期,湖州商帮参与发起组建或控制一些同业团体。例如,湖州丝商已成为上海丝商群体中的主体,并基本掌握了同业组织丝业会馆。1876年,上海共有丝栈、丝号 75 家①,其中湖州丝商开设的就达 62 家之多②,在当时最大的出口商业中稳执牛耳。1860 年,湖州丝商陈熙元通过浙江丝绸捐局总办、湖籍人赵炳麟,发起成立了行业团体——上海丝业会馆。而湖州丝商在会馆中居于举足轻重的地位,如在 1879 年的 10 名董事中有湖州丝商陈熙元、刘镛、周昌炽、黄佐卿、徐鸿达 5 人③,丝业会馆成了业缘与地缘高度统一的组织。另外,1887 年,湖州绸商成立了上海浙湖绉业公所,杨信之、周敬斋、沈联芳、黄缙绅于 1910 年秋发起组织上海丝厂茧业总公所,杨信之任总董,沈联芳任坐办,黄缙绅任协理。不久该组织扩大为江浙皖丝茧总公所,成为以上海为中心,地跨三省,包括土丝业、厂丝业、茧业的规模最大、实力雄厚的丝茧业团体。上海绸业组织也基本为湖州商帮垄断。1894 年,湖州旅沪绸商成立了拥有同业兼同乡性质的团体——上海绉业公所,湖籍绸商潘祥生、潘润生是主要领导人。在上海总商会中,湖州商帮也占据较大比重,1911 年高达 10.40%,湖州商帮在上海商界中地位可见一斑。

---

① ［清］葛元熙:《沪游杂记》,上海古籍出版社 1989 年版,第 80—81 页。

② 朱从亮:《南浔新志》,南浔镇工合南浔镇退休职工委员会 1984 年版,第 25、28 页。

③ 彭泽益:《中国工商行会史料集》(下册),中华书局 1995 年版。

二、湖州商帮与政治的密切联系

湖州丝商在清末迅速崛起,形成了以"二狮、四象、八牛、七十二狗"为代表的中国近代最大的丝商团体。资本主义的兴起与较早开埠,使湖州商界接触到西方近代思潮,并加入到了推翻清政府统治的革命运动之中。孙中山先生的革命经费绝大部分都是由以张静江为主的湖州丝商筹集和捐赠的,而南浔丝商是后来成为民国财政支柱的江浙财团的中坚力量之一,也是蒋介石在财政上的主要支持力量。

近代中国政治风云激荡,社会处于剧变之中。湖州商帮雄厚的经济实力及其在上海工商界的地位,为其特殊的政治参与打下了基础。湖商久居开放口岸,拥有巨额财富,较早从事近代工商业,与晋商和徽商相比,更具近代化、开拓性。湖州商帮与近代中国政治联系紧密,可分为两个阶段:第一个阶段是在辛亥革命前后,支持和资助及参与孙中山领导的民主革命;第二个阶段是在南京国民政府时期,湖州商帮与蒋介石反动政府关系密切,一批商界代表人物转入政界,演变成"党国权贵"。

在当时的历史环境下,湖商发起了很多支持国货、维护民族产业的进步运动,起到了防止利权外溢、抗御列强经济侵略的作用。如上海绸业公所和钱江会馆及锦纶公所等团体于1905年为了维护国产、抵御洋货发起成立中国国货维持会。而由湖商发起成立的江浙皖丝厂茧业总公所,其根本目的也是改良中国生丝和振兴民族丝业,以与日本生丝相抗衡。

在辛亥革命中,以陈英士、杨谱笙为代表的湖州商帮聚集到孙中山领导的民主革命旗帜下,以上海为活动重心,为辛亥革命光复上海、建立民国立下功勋,具体有以下代表人物。

1910年,陈英士、宋教仁、杨谱笙等在闸北湖州会馆成立同盟会中部总会,并将杨谱笙在上海的私宅和湖州旅沪公学设为通讯处。武昌起义后,陈英士策动上海各实力派光复上海,并担任了沪军都督,孙中山称颂他为"民国长城"。南浔"四象"之一的张静江早年加入同盟会,并以巴黎通运公司所得之资六七万元悉数捐助孙中山。孙中山曾回忆:"自同盟会成立后,始有内外筹款之举,当时最勇而多者,张静江也。"[①]庞青城,原名

---

① 周谷城:《中国通史》(下册),上海人民出版社1957年版,第380页。

青臣,立志不当清政府之臣,遂易名青城,加入同盟会,并资助于右任创办革命报刊。上海光复后,沪军都督府军费紧张,军饷协济会在湖州会馆召集湖州绅商进行募捐,共募集到百万元以上,其中刘锦藻 10 万元,庞元济5 万元。① 辛亥革命前后参加反清及反北洋军阀斗争的湖州人还有戴季陶、陈果夫、王一亭、陈蔼士、周柏年等。

湖籍人士不计生命安危,对辛亥革命的热情支持,形成了一定的地域性政治参与。沪军都督府成立后,"府中上下人等,是稍优之缺,悉数以湖州人充当,一若都督府变成湖州同乡会"②。湖州人也常以此为荣,"除了本国的华侨,本国只有湖州人,最先响应革命,我乡先进,有的甘心牺牲了生命,为革命而奔走,有的毁家捐助巨额的金钱,扩充民军的饷糈"③。

湖商与政治紧密联系的第二个阶段是在南京国民政府时期。蒋介石在辛亥革命时期与湖州人结下不解之缘,他早年与湖州陈英士"义结金兰",辛亥革命上海光复前后,蒋介石在陈英士属下任团长,曾奉陈英士的命令率敢死队参加光复杭州之役。陈英士遭袁世凯暗杀后,蒋介石又为其收尸。蒋陈生死之交的关系是湖商核心人物以后在南京国民政府时期依附于"蒋家王朝"的原因之一。另外,蒋介石与戴季陶在日本时即是挚友。辛亥革命后,蒋于 1916 年至 1922 年期间与戴季陶、陈果夫、张静江等湖籍人士在上海开办"恒泰号"证券交易所,蒋的股本是张静江代付的。④ 蒋介石与湖商的关系非同一般,由此导致湖州商帮的政治态度随蒋介石政治态度的转变而转变。"四一二"政变前后,湖州商帮核心人物对蒋介石政治态度的转变大力支持。其中,戴季陶抛出戴季陶主义,为"反共、清党"提供理论依据,张静江充当蒋介石的反共军师和"舞台导演",陈果夫、陈立夫兄弟俩是蒋的"前锋大将",以后更有"蒋家天下陈家党"之称。王一亭、钱新之、蔡生白等湖州籍大资本家属于江浙财团的代

① 邱寿铭:《沪军都督府筹饷一二事》,《辛亥革命回忆录》(七),文史资料出版社1981 年版。

② 《龙浩池等致陈其美书》,上海社会科学院历史研究所:《辛亥革命在上海史料专辑》,上海人民出版社 1981 年版,第 960 页。

③ 周树华:《敬告湖州同乡父老的一席话》,《湖社十周年纪念特刊》,上海湖州事务所 1934 年版。

④ 王俯民:《蒋介石详传》(上册),中国广播电视出版社 1993 年版,第 47 页。

表人物,该财团在"四一二"政变前成立上海市商业联合会,并成为蒋介石政权的财政机器。南京国民政府成立后,湖州商帮核心人员纷纷进入国民党政府的权力中枢,身居要职,大大强化了湖州商帮的政治色彩。大量的湖商在当时陈其美的上海督军府任要职。湖州丝商在上海建立了大量的绸厂,并控制了码头和租界大半房产,拥有的房产仅次于沙逊,包括当时的远东第一高楼——国际饭店。1927年,上海工人三次武装起义的指挥处就设在湖州会馆。

总之,湖州商帮在近代中国商场上叱咤风云,在近代中国政治方面也介入较多,由于紧紧攀附蒋介石政权,由早期的进步商人转变为反动政权维护者。

三、湖州商帮的衰败和原因分析

19世纪20年代后,湖州商帮在上海经济发展中的地位和影响趋于衰微。在1911年总商会105名会员中,宁波商帮有29人,占27.6%;湖州商帮共11人,占10.5%。但到了1927年,宁波商帮在总商会528名会员中占185人,所占比例上升到35.0%;而湖州商帮仅28人,所占比例降至5.3%。① 另外,从浙江商帮在上海创办或为企业代表的创业资本在万元以上的近代工矿金融企业的数量上也可见一斑:1911年前湖州商帮创办、参与创办或为企业代表的共38家,占浙江商帮创办的89家的42.7%;1911—1927年,湖州商帮创办或为企业代表的共44家,而同期浙江商帮创办的有218家,仅占20.2%。② 而在湖州商帮占绝对优势的生丝业,其地位也开始下降。如从1910年该所成立到1920年,湖州商帮垄断了江浙皖丝茧总公所每一届的总董、总理、坐办及协理职位,但到1928年,湖州商帮只有黄缙绅仍任主席,在5名常委中只占1席,在14名委员中也只有2人而已。而到了1935年,湖州商帮地位更为下降,仅在上海缫丝业同业公会(1930年以丝茧总公所为基础成立)

---

① 据《上海商务总会第六届入会同人录》(辛亥年)及《上海总商会全体会员》(1927年)统计,分别藏于复旦大学图书馆和上海市图书馆。

② 陶水木:《浙江商帮与上海经济近代化研究(1840—1936)》,上海三联书店2000年版。

5 名常委和 10 名执行委员中各占 1 席。[①] 湖州商帮衰落的原因既有大环境的影响,也有自身的问题,具体表现在以下几个方面。

(一)中国丝业的衰落是导致湖州商帮衰败的直接原因

湖州商帮衰败的直接原因是中国丝业的衰落。湖州商帮以丝业起家,而丝业一直是湖州商帮的支柱,如湖籍丝绸商潘润生所说,湖州丝绸"不独名闻全国,抑且驰誉域外,湖属数十万农工商贾,恃以生存"[②]。但进入民国后在日本生丝的强劲竞争及人造丝兴起的双重夹击中,中国丝业开始衰落。崛起的日本缫丝工业,在国际竞争中击败中国。1909 年,日本生丝出口首次超过中国成为世界最大的生丝出口国,1925 年其出口额已是中国的 2.6 倍,20 世纪 30 年代初日本的生丝产量已占世界的80%,是当时中国生丝产量的五六倍,而出口额已是当时中国的六七倍。与此相比,江浙皖三省的厂丝,出口量最大时达 15 万担,后减至六七万担,30 年代初仅 1 万担而已。[③] 另外由于人造丝的发明及廉价供应,大量抢占了生丝的市场,生丝不得不跌价以竞争。以上原因致使 30 年代初江浙两省每担千两以上茧本的生丝以半价出售都不可得,两省抵押于银钱业的丝茧总值达四千万元,以致新茧登市,虽跌至每担二三十元都无人问津,时人谓"此诚丝茧业空前未有之大劫"[④]。丝业的衰落直接导致了湖州商帮的衰落,正如陈果夫所言,"蚕丝的衰落,使湖州新兴工商业及湖州旅沪同乡已成之事业均在危殆与凋零之中"[⑤]。

20 世纪三四十年代,由于种种原因,特别是受官僚资本和外国资本的压榨,以及新技术的冲击,中国丝业处于破产、半破产境地,以丝商为主体的湖州商帮也走向衰落。

---

① 《上海市缫丝业同业公会档》,S37-1-19,S37-1-21,S37-1-23,S37-1-25,S37-1-26。

② 潘润生:《湖绸之衰落与救济》,《湖社十周年纪念刊》,上海湖社事务所 1934 年版,第 8 页。

③ 莫觞清:《振兴蚕丝的治标办法》,《湖社十周年纪念刊》,上海湖社事务所 1934 年版,第 4 页。

④ 王学祥:《实施统制政策与今后蚕丝业之开展》,《浙江省蚕业指导讲演会讲演录》,1933 年版,第 86 页。

⑤ 陈果夫:《序三》,《湖社十周年纪念刊》,上海湖社事务所 1934 年版。

（二）性格的保守性是导致湖州商帮衰败的根本原因

湖州商帮衰败的根本原因是湖州商帮的保守性。清同治、光绪年间，丝业兴盛，湖州丝商获得了巨额财富，其积累的货币资本就是同期的宁波商帮也远不能及。但他们没有像宁波商帮那样及时将巨额财富转化为近代产业资本。例如，在19世纪末20世纪初，宁波商帮把资本投向新式金融业，湖州商帮却把大量资本投向封建性很强的、趋于没落的典当业、盐业和土地；而宁波商帮投资近代工、矿、航运各业时，湖州商帮却还是投资自己熟悉的缫丝业和织绸业。湖州商帮的这种保守谨慎的个性导致了在丝业受到冲击后，一筹莫展，最后走向衰落。在近代中国半殖民地半封建的特殊国情下，民族产业的每一个行业几乎都受到外资的强烈冲击。宁波商帮抓住了金融命脉，又从事多种事业投资，所以有较大的回旋余地。而湖州商帮却一味抓牢丝业，其他仅投资传统的典当、盐业和地产业，进入民国后因为这些传统行业的衰落而无可奈何地衰败了。正如湖籍有识之士邱培豪所言："湖州人致富的由来，大都靠着丝业，其次为田地、典当和钱庄。现在丝价惨跌，田地已不值钱，典当、钱庄大有岌岌不可终日之势。"[1]又说："湖州同乡，在上海置产和投资的很多，他们大部分都是地产，因为靠了市面的兴盛，交通的便利，可以不劳而获，坐享其成，所以在过去数年中，一般富绅们，都把大宗金钱，从内陆流到上海，做道契的买卖，甚至向银行钱庄做了押款，借债经营，可是现在地价狂跌，往昔坐拥巨资的已告破产。这样一笔偌大的金钱和精神，如果早几年前用在内陆的生产事业上，至少不会像现在一样一败涂地。"[2]邱氏之言可谓一语点中要害。

湖州商帮这种保守个性首先是受地理环境的影响。地理环境对居民个性具有很大影响。湖州地处浙西内陆，环境相对闭塞，民性温和。相对宁波等浙东沿海地区民性骁悍，富于开拓的冒险性精神而言，湖商安稳有余，冒险开拓进取不足，这是造成湖州商帮保守性的重要原因。其次是传

---

① 陶水木：《近代湖州商帮兴衰操析》，《浙江学刊》2000年第3期，第128—133页。

② 邱培豪：《发刊词》，《湖社十周年纪念刊》，上海湖社事务所1934年版。

统文化的影响。中国传统文化"贵士而贱工,崇道而卑艺"①,而湖州自古以来文风特盛,唐宋两代已成为东南文化名城,湖州商人较多文人雅气而少企业精神。因而他们宁愿把近代商业利润投资到封建性的盐业、典当业、土地及熟悉的丝绸业,收藏书画、典籍、古玩等文化事业,构筑园林、别墅等奢靡享受事业,而较少投资到近代金融、工矿、航运等业。在子女教育方面,湖州富商总是教育子女走"学而优则仕"之路。如南浔首富刘镛广泛投资盐业、典当业和封建性地产,花巨资修建别业小莲庄,直至死去也没有投资近代工矿企业。刘镛并不希望子孙继续从商,而是督子课读甚严,希望他们能科举及第,成为名士显贵。其子孙均为仕途或文化界的闻人。湖州商帮在近代政界、文化界非常出名,如政界名流张静江、陈其美、吴鼎昌、陈其采、周佩箴、张乃燕、周柏年,画家王一亭,书画收藏鉴赏家庞元济,诗文作家周庆云,著名藏书家刘安澜、刘承干、蒋汝藻、张乃熊。但轻商重文,醉心于仕途和文化事业,正是湖州商帮衰败于商界的根源。

(三)政治上的失利给了湖州商帮致命一击

湖商在近代政治舞台上极为活跃,因为拥有巨额财富,又从事近代性工商业,了解了世界,价值观念和行为方式也由此而发生了根本性的变化。他们集财富和近代知识于一身,注定他们要积极参与中国经济近代化建设,也会大量卷入近代中国政治之中。湖州商帮在辛亥革命前后是进步商人群体,大力支持、资助、参与孙中山领导的民主革命,但在南京国民政府时期,湖州商帮与蒋介石为主导的南京国民党政权勾结,一批商界代表人物转入政界,演变成"党国权贵",这是其他商帮中所罕见的。但是由于湖州商帮把大量商业资本投入政治,极大阻碍了商业的发展,而南京国民党政权根源上的反动性注定了该政权的腐朽性和最终的失败,因此也给了湖州商帮致命一击。商业过于依附政府会丧失经营上的独立性,是落后的"官本经济"而不是"民本经济",湖州商帮重蹈晋商和徽商覆辙,随着南京国民政府的垮台而走向彻底的衰败。

---

① 上海市博物馆:《上海碑刻资料选辑》,上海人民出版社1980年版,第321页。

第三节　现当代浙商与当地政府政治关系模式探讨
——以温州商帮为例

温州位于浙江东南部,地形主要是山地丘陵,农耕条件恶劣,人多地少,因此大量温州人从事手工业和商业。而温州三面环山一面环海的地理位置较为封闭,与中原联系较少,所以受到重农抑商的中原意识影响很小。人地矛盾突出,工商业发达,因此温州奉行重商主义文化,社会治理偏重于自主治理。

自南宋以来,温州的工商业虽有起伏,但一直没有间断。因为温州属于边缘山区,离中央权力遥远,相对而言我国各个朝代对温州的控制较弱,民众从事工商业的风险也较低。在改革开放后,我国政府制定大量政策保障和鼓励民营商业的发展,温州商人“如鱼得水”,在国内外进行商业经营,经济网络遍布全球。温州人经商向来喜欢“抱团”,各级商会比比皆是。而温州商会因其发展较快、绩效较好,被称为“真正的民间商会”。相对其他地区的商会而言,温州商会发展的特色是温州的地方政府在民间商会发展中发挥了重要作用,故笔者以温州商会为例,重点分析其发展历史及与政府相辅相成的关系,为我国民间商会的发展提供借鉴。

一、公民社会理论、合作主义与地方治理思想

20 世纪 80 年代初中期,英国最早提出地方治理思想,随后美、法、德、澳等发达国家纷纷响应。著名治理理论家皮埃尔说:“治理是 20 世纪晚期时代精神中关于政府的主流观点。”[①]这意味着治理思想的适用地域范围已经超越了欧美。90 年代中期以后,作为一种改善国家政治与行政管理状况的手段,地方治理的理念及其实践经验逐渐被传递到发展中国家,治理与地方治理逐渐成为全球社会科学领域的热门话题。地方治理理论是 80 年代以后发达国家政治与行政管理改革的趋势。与传统公共

---

① JON P. *Introduction: Understanding Governance*. J. Pierre, ed., Debating Governance, New York: Oxford, 2000, pp. 1—12.

管理的管理模式不同,地方治理理论提出公民社会、市场主体等都可以与政府一起参与治理。Bovaird 和 Loeffler 通过分析经合组织国家推行治理的经验,提出地方治理的概念界定:地方治理是一套包括正式与非正式的规则、结构及过程。① 即地方治理包含下列四层含义:①多元化治理。②包括正式规则与非正式规则。③重视新公共管理所强调的市场机制,也重视政府固有的核心权威及协调合作的网络关系。④考虑各利害关系人间的权力互动及促进自身利益的情境,基于政治运作传统考虑,不能交由管理主义者或精英来掌控治理。综上所述,地方治理实践发生在地方但不仅限于地方的边界。它强调以分权化为主导的地方权力和自主管理能力,但又提倡政府的不同层级之间、地方政府与私企之间、政府组织与公民社会之间广泛的合作与伙伴关系。

随着经济全球化和信息技术的迅猛发展,政治民主化也在悄然进行。新公共管理和政府再造,全球性改革倡导的地方分权和自治,府际合作及多中心合作使得地方治理理论迅速兴起。按照联合国全球治理委员会在《我们的全球伙伴关系》的研究报告中所指出的,治理并不必须由代表权威的政府或国际组织排他性地加以实施,私人公司、公司联合体和非政府组织都可参与其中。② 治理理论的兴起意味着政府的转型,其重要的标志就是包括行业协会在内的大批社会中介组织在治理体系中的地位和作用日益凸显,成为一种重要的治理主体,实现了社会公共事务治理主体的多元化。行业协会作为一种社会中介组织,通过为行业、政府及社会提供相关服务而承担起一些社会管理和公共服务职能,进而成为政府解决"市场失灵"和"政府失灵"问题时必须依赖的一种权力主体,因此成为重要的治理力量。

治理概念和理论体系非常庞杂,我国研究治理的专家都将国家与公民社会的关系作为讨论的重点。治理理论刚进入中国时,许多学者都把它应用于解释中国公民社会问题。例如,学者俞可平及其团队在率先引入治理理论的同时,就认为正在兴起的中国公民社会对中国多方面的治

---

① BOVAIRD T, LOEFFLER E. *Assessing the Quality of Local Governance*: *A Case Study of Public Services*, *Public Money and Management*, Vol. 27(4), 2007, pp. 293—300.

② 全球治理委员会:《我们的全球伙伴关系》,牛津大学出版社 1995 年版。

理变迁发挥了显著作用。① 尤其是中国民间组织的"爆炸式增长",使中国公民社会特征越来越突显。公民社会理论复兴于 20 世纪七八十年代,很多研究者将"公民社会的政治"理解为一种"反叛的政治",或者一种"反政治的政治",该理论着力强调介于个人与国家之间有组织的社会生活领域。许多学者认为,由于中国经济的市场化和社会自治化得到初步发展,也出现了类似西方工业革命后的现象。而"80 年代末期中国政治生活发生的一些大事件促使中国政治学人对中国政治发展重新进行反思,这种反思的一个结果是,国家体制内的改革被认为其边际收益已经接近为零,要进一步发展中国的民主政治,需要在国家体制外的社会领域下功夫,即以社会领域深入广泛的变革推进国家领域的变革,一个自主性的公民社会是自由、民主、法治的可靠保证"②。还有研究者认为,我国形成和发展公民社会的意义并不是要与政府"并驾齐驱",而是在于形成一种推动、制约国家的"社会中心"。例如,有学者提出在中国公民社会与国家之间建立"良性互动"的目标③,不过从其近代自由主义出身来看,公民社会理论也隐含着抵御政治专横的设想。

我国许多学者认为,公民社会理论不符合我国国情。与西方国家相比,目前我国国家的主导作用仍然很强,各种民间组织的自我表述、团体认同和自主性发展缓慢,因此中国公民社会及多元竞争所需要的条件尚不充分,过分强调公民社会可能是充满冲突的,甚至可能导致社会分裂,合作主义理论可能更适合中国的发展。与公民社会理论赋有较多的自由主义色彩不同,合作主义理论强调国家的中心地位,提出通过国家来保护社会团体的代表性地位,并建立它们与国家之间制度化的联系渠道,实现社会和国家双方通过合作而获益的目的。"合作主义,作为一个利益代表系统,是一个特指的观念、模式和制度安排类型,它的作用是将公民社会中的组织化利益联合到国家的决策结构中……这个利益代表系统由一些组织化的功能单位构成,它们被组合进一个有明确责任(义务)和有数量

---

① 俞可平:《治理与善治》,社会科学文献出版社 2000 年版,第 326—350 页。

② 陈明明:《比较现代化、市民社会、新制度主义:关于 20 世纪 80、90 年代中国政治研究的三个理论视角》,《战略与管理》2001 年第 4 期,第 109—120 页。

③ 邓正来:《国家与社会:中国市民社会研究》,四川人民出版社 1997 年版,第 1—22 页。

限定的、非竞争性的、有层级秩序的、功能分化的结构安排之中。它得到国家的认可（如果不是由国家建立），被授予本领域内的绝对代表地位。作为交换，它们的需求表达、领袖选择、组织支持等方面受到国家的一定控制。"①

将公民社会理论和合作理论结合在一起可能更能符合中国复杂的现状。公民社会理论强调"自主性（Autonomy）"，合作主义理论强调"镶嵌性（Embeddedness）"。新经济发展社会学家武考克（M. Wool-cook）指出，自主在微观上指的是社群外的网络，宏观上指制度的能力和可靠性；镶嵌在微观上指的是社群内部关系，而在宏观上是国家社会关系，这样的关系也被称作协作关系。武考克将两者综合成为一个新的分析框架，在宏观层面上，自主性观点强调社会与国家、市场鼎足而立的作用，主要特点就是社会中存在着大量独立于国家之外的社团组织，包含以下特征：公民参与政治生活、政治平等、相互信任与容忍，以及各种组织间的合作等。镶嵌性观点认为，一方面，社会组织的发展与运作是紧密镶嵌于国家制度环境内的；另一方面，国家对社会仍具有全面性的穿透作用。镶嵌性观点相对于发展型国家的现象更具有独特解释力，对于理解国家的作用和发展型国家的国家社会关系"是一个有价值的概念"。②

有学者提出，行业协会是作为一种组织化的"私序"出现的，与政府建立的"公序"形成相对的力量，是"公序"的补充，对"公序"产生影响甚至在一定条件下转化为"公序"。③ 行业协会必须通过承担一定的社会管理和服务职能，发挥自身职能，实现对行业、社会和政府的"有所为"，去弥补和缓解"市场失灵"和"政府失灵"困境，才能保持其长久的生命力。可以肯定的是，行业协会应该被赋予哪些职能、行业协会能否有效地履行这些职

① PILIPPE C, SCHMITTER. Still the Centry of Corporatism?. P. C. Schmitter and G. Lehmbruch eds., *Trends Toward Corporatist Intermediation*, Beverly Hills: Sage, 1979, pp. 7—52.

② 迈克尔·武考克：《社会资本与经济发展：一种理论综合与政策构架》，李惠斌、杨雪冬《社会资本与社会发展》，社会科学文献出版社 2000 年版，第 240—302 页。

③ 余晖等：《行业协会及其在中国的发展：理论与案例》，经济管理出版社 2002 年版，第 9—10 页。

能，都是影响行业协会成为一支治理主体的重要因素。在现代中国，国家通过宪法、普通法律、行政法规等各种规则建构了约束和规范行业协会发展的制度环境，将行业协会框定在国家可控范围中。同时，国家直接或间接控制着行业协会所依赖的资源，因此行业协会有必要嵌入国家的制度当中。将自主性和镶嵌性两者综合所形成的分析框架可以帮助我们考察中国公民社会组织的真实特性，笔者以温州商会为例，分析政府与行业协会相辅相成，又相互制约的复杂关系。

二、温州地方治理的历史文化背景

宋代兴起的永嘉学派是温州文化的代表，他们所主张的"义利并重"思想影响着温州人的社会经济活动和价值判断。[①] 永嘉学派对儒家的"重义轻利"和"重农抑商"思想大加批判，主张"理财富民""四民皆本"及"以利和义"。他们认为，工商业活动可以给民众带来财富和安定，只有富民才能强国，因此国家要提高工商业者的社会地位。

永嘉学派的重商主义主张得到后人的进一步发扬。在晚清改革时，温州的思想家宋恕提出农业和工商业应该共同发展，陈虬提出振兴洋务，大力发展民族供水重工业。永嘉学派的思想是温州文化中的"重商主义"的体现，改革开放后的"温州商人"和"温州模式"都能找到这些学派思想的影踪。

(一)社会自主治理

宗族和宗教对温州社会自主治理影响很大。温州民众对血缘关系十分重视，至今温州仍盛行重撰族谱和扩建祠堂，而宗教在温州也非常有影响。

温州民众非常热衷参与宗族和宗教组织，因为这是获得社会资本的重要方式。在温州，教会和基金会成员大都是事先认识的，一般是亲戚朋友或者教友关系，这些组织互相之间有大量的资源合作。宗族和宗教接受的捐赠与募集的资金很多是用于修办学堂及修建马路等公共服务方面，在某种程度上帮助政府提供公共产品。宗教和宗族从两个方面参与

---

① 叶适:《水心先生别集》(卷 3)，中华书局 1960 年版。

地方治理:一是积极的地方治理,如处理宗族纠纷等。温州的宗族成员存在一种强烈的宗族情结,即成员非常依赖自己的宗族却极度排斥其他宗族,因此常常引发宗族械斗,地方政府都难以解决这个棘手问题。专门斡旋于不同宗族之间,名为"和事班"的组织便应运而生,协助地方政府解决宗族矛盾。二是消极的地方治理,如对基层政权加以掌控。例如,在村干部选举中某些宗教和宗族拉票贿票,村级政权完全由他们垄断,甚至还会目的性地组织上访或者阻止不利于自己宗族的上访行为。

(二)工商业传统

从南宋开始,温州的工商业随着我国经济中心的南移也繁荣起来。古代的温州人就善于经商,《宋书》中即有记载,而且南宋时,温州手工业水平和商业发达程度更是与京城临安几乎比肩。温州的手工业在明清时期得到了进一步发展,到了民国时期甚至有不少温州人远赴欧洲从商。新中国成立后,国家虽然发展计划经济,抑制市场经济,但温州由于人地关系紧张,农民只好外出务工,从事个体工商业来维持生存,虽屡禁仍不绝。温州市政府政策的变化影响着温州商会的历史变迁,新中国成立后至改革开放之前,国家主要是发展国有经济,而抑制个体工商业的发展,因此,温州商会悄无声息;而在改革开放之后,温州商会开始启动并迅猛发展,在我国加入世贸组织后,温州商会作为行业的代表登上了国际贸易的舞台。

(三)政策环境宽松

温州市政府对温州企业的发展,也就是所谓的"温州模式"的形成,起了很大作用。温州市政府充分发挥市场机制的作用,营造一个宽松的政策环境,对民营企业和商会只做适度的干预,让其健康有序地发展。改革开放初期,计划经济体制色彩仍然很浓厚,个体私营企业并没有被明确许可经营,这时温州市政府通过"挂户经营"的方式为刚处于萌芽时期的温州个体企业提供了生存土壤。他们默许个体企业以国有或集体企业名义经营,"挂"在国有企业或集体企业的旗下。20世纪80年代中,温州开创了股份合作制,引起了广泛争论,温州市政府并没有对其强令禁止,而是静观其变,股份合作制最终被大家所接受,因此许多温州企业较早地完成了由合伙制企业到现代有限责任公司的转型。除此之外,温州市政府还鼓励发展民间金融,开辟了新的企业融资渠道。在改革开放期间,温州市政府及时出台相应的法规政策,引导民营企业规范有序地发展。

(四)民营经济快速发展

国家对温州投入很少,因此温州需寻求自身发展,从而民营经济非常发达。例如,1980 年至 2007 年,温州国有经济和集体经济在工业总产值中所占比例由 86.6% 下降到 4.6%,而民营经济比重已升至 80.7%。[①]温州人不仅在本地创办企业,还热衷于离开家乡,去外地开拓市场,即所谓的"温州人经济",网络遍布全国。

三、民国时期温州商会与政府的合作与抗争

与清末全国大多数地区的商会设立情形相同,温州商会的设立带有鲜明的"自上而下"的"劝办"色彩。1906 年,温州府商务分会正式成立。随时间和行政区划的变化,坐落在原温州城区(行政区划为永嘉县)的温州府商务分会相应改组为永嘉县商会。在永嘉县商会发展过程中,与政府存在着既合作又对立的关系,主要是与政府寻求合作的可能,但有时也会为自身的经济利益不惜进行反对政府的活动。在国民党统治时期,政府日益加强对商会的控制。自清末以来,永嘉县商会被称为"具有市民社会雏形的民间团体",具有强大的制衡国家的潜力。南京国民政府建立之后并没有取缔商会,但国民党非常明白永嘉县商会的历史及其政治能量。为达到既能保持永嘉县商会的存在,又能为己所用的目的,国民党祭出组织上渗透、行动上控制的法宝。定都南京后不久,国民党推出新的《商会法》和《工商同业公会法》,对永嘉县商会成员从政治素质、活动范围到活动方式做了明确规定。根据这些规定,永嘉县商会历经改组。对于经国民党改组后的永嘉县商会与政府之关系,一般均认为"在国民党统治时期,商会与政府之间的法律关系名存实亡,商会完全处于屈从政府的地位"[②],完全不同于北洋军阀统治时期,"民间资本逐步谋求摆脱政府的控制,取得一种相对独立、自由的,甚至可以和

---

① 陈文新:《温州年鉴 2002》,中华书局 2002 年版。

② 虞和平:《商会与中国早期现代化》,上海人民出版社 1993 年版。

政府分庭抗礼的地位"①。

由于南京政府当时真正能实行有效控制的地区仅局限于长江中下游一带,故对永嘉县商会也无法强势控制。而且国民党在各地力量不同,永嘉县商会的改组方式、过程和效果呈现较大差异,尤其是对于县一级的永嘉县商会组织控制有限。故改组后永嘉县商会的力量和影响虽然被削弱,但也没有完全被政府控制。而温州商会组织独有的自主自立精神,更让"商会沦为附庸"之结论显得有失偏颇。

(一)商会与政府的合作

商会和政府之间是相依相存的关系:商人需要稳定的经济环境来经营事业,因此,商会需要依靠政府的权力保障市场运行秩序和保障工商业者的基本利益及财产安全。而商会自我组织、自我协调的功能又为政府所器重,政府可以利用商会来维持社会经济秩序,巩固统治。因此,从各自的利益要求出发,政府和商会在振兴实业的方向上进行合作。

温州纸伞是本地历史悠久的传统手工业品,旧永嘉县纸伞出口年逾80万元。② 但是由于经营方式落后,一家一户分散生产,质量无从保证,后又受日本布伞竞争的影响,所以在市场上销路不太稳定。1935年,由于少数伞商图眼前之利,将原料棉纸改为牛皮纸,严重影响纸伞质量,外贸交易大受打击,致厂商倒闭,工人失业,同时也引起了棉纸业与伞业同业公会之矛盾。面对困境,永嘉县政府于 1935 年 9 月 26 日召集伞业同业公会、职业工会及棉纸业各方代表,会商解决。经协商决定,"禁用牛皮纸,由县政府督饬关系各团体",并组织永嘉县纸伞业联合检查处,由"三方订定办法呈转备案"。③

经此禁以后,各伞厂纷纷改用棉纸制伞。但不久又出现个别商人向制造户定做光连拷贝纸纸伞事件,由于该类纸"尚不及牛皮纸",使得南洋各埠十分反感,从而拒绝收买国货棉纸纸伞,使商人销路断绝。针对此种情况,县府再次出示布告,并要求纸伞业联合检查处予以严惩。经过整顿,

---

① 朱英:《转型时期的社会与国家》,华中师范大学出版社 1997 年版。
② 中国人民政治协商会议浙江省温州市鹿城区委员会文史资料工作委员会文史组:《温州城区近百年记事》,《鹿城文史资料》1988 年第 5 期。
③ 《永嘉县商会通告》,《65 案卷》,第 127 页。

伞业先后得到恢复,时有纸伞厂和商店 107 家,年产值达 77.9 万元。①

在培养专门技术人才,改进生产技术,劝导劳工教育方面,商会与政府亦有不少合作事例。1944 年春,正值抗战最艰苦的时期,财政部为增加税收,大办税务人员培训班,战时温州由于工商业发展迅速,更是急需商业人才。面对这一客观形势,浙江省税务局局长张淼提出筹建商业中专的建议,得到商界、地方士绅的大力支持。1944 年建国商校开始招生。1946 年,该校董事会中商会成员有吴百亨、翁来科、王纯侯、张有才、邱百川、叶汝舟等,县党部有叶蕴辉、柯逢春、李国栋等。②

为使商会加快生产技术改进,提高生产效率,政府积极督促商界参加工商展览。如 1942 年浙江举行全省工商展览会,县政府多次向商会饬征出品,限期选送。"查本县工商出品与工业原料,如郭溪工纸雨伞,罗浮泔江乡之草席及城北桃花雕刻与毓蒙铁工厂之械器,技艺尚佳,均有展览价值","特再检发征集出品规则"。③ 同时,县政府还定期举办手工业品展览暨手工业生产技能竞赛会。

商会与政府的合作还体现在政府对商会要求的支持上。抗战爆发后,政府禁止适龄壮丁出口,县商会以"影响商业前途"为由,要求"凡适龄商人因押货或办货而出口,准予变通办理,具保通行"。第十集团军总司令部了解后,很快转饬温台防守司令会同地方行政机关妥拟办法。④

1940 年 1 月,航政办事处主任慎焕琳因案被押后,商轮进口无人负责检查验证,以致货滞码头,轮船不能开驶。商会电呈交通部,请求予以解决。2 月 2 日,商会接奉交通部复电"温航处主任业派陈继严继任,在陈未到前,已电令本部公路运输总局驻温专员稽震寰暂行兼代"。不日,"各轮均结关驶沪"。⑤

诚然,商会与政府的合作远不止上述几件事,不过由上不难而知,政府在相当程度上会采纳商会的意见与建议,通过商会等民间团体实现对

---

① 中国人民政治协商会议浙江省温州市鹿城区委员会文史资料工作委员会文史组:《温州城区近百年记事》,《鹿城文史资料》1988 年第 5 期。

② 徐光蘧:《我所知道的建国商校》,《温州文史资料》。

③ 《县府再催商会征集工商出品》,《温州日报》1942 年 4 月 28 日。

④ 《禁止商人出口部饬妥拟办法》,《浙瓯日报》1938 年 9 月 16 日。

⑤ 《温航政处主任派陈继严接允》,《温州日报》1941 年 2 月 1 日。

经济组织的间接管理和控制。商会则充分借助政府力量发挥自身的能量,提高为会员服务的能力,此点于温州商会似乎体现得更为明显。在上述的合作事项中,可以看出政府对商会要求的重视,支持有力,在疏解困难方面更是如此。"适龄壮丁出口"问题,"航政办事处主任"一案,就是最好的证明。同时,在双方的合作中,商会的主体意识占据上风。

(二)商会与政府的抗争

国民党政权在第二次国内革命战争时期相对稳定上升。20 世纪 30 年代初,温州经济亦进入兴盛时期,因而政府加强了对温州商会的管理。1934 年,永嘉县政府在办理改组县商会一案中,政府的控制意图十分明显。

1934 年 1 月,永嘉党务整理委员会函送永嘉县政府,明确指出永嘉县商会召集改选不成立,要求政府予以改组。2 月 23 日,县政府再次函送县党部"奉电会同议定三月十五日召集商会会员改选职员"。随后,永嘉县政府训令永嘉县商会各筹备员、各公司、商店会员于"三月十五日召集大会改选职员","商会筹备员尅时撤回"。[①]

永嘉县商会的改组俨然成了政府的重要工作内容,在此后的具体改组事宜中,县政府与永嘉县商会秘书处函信往来,络绎不绝。几经波折,1934 年 5 月 30 日改选方得以进行。5 月 31 日和 6 月 1 日筹备改选县商会秘书处两次呈县府,分别就商会留任改选执监委员的结果和由执行委员互选常务委员暨主席的结果加以呈报。

从 1934 年永嘉县商会的改选过程可看出,政府对社会团体的控制已渗透到每一个环节,从筹备到成立各个环节均烙上了党政的痕迹。社会团体运作的主要特征是其民间性,即坚持自我调整,以公共权力来公断和调停其内部的利益关系,而政府过多介入社会团体的组织活动中,实际上是在强夺永嘉县商会社团的民间性。

政府的严格控制使改组后的永嘉县商会的力量和影响被削弱,但为争取永嘉县商会利益,永嘉县商会还是勇于直言,公开与政府进行抗争,充分体现其一贯的自治精神。其中,1934 年永嘉县的"拆让道路案"和

---

① 曹一宁:《民国时期温州商会与政府的合作与抗争》,《湖北广播电视大学学报》2010 年第 2 期,第 56—57 页。

1946 年的"商会改组案"两大事件颇具代表性。在这两大事件中,永嘉县商会的种种活动使我们充分感受到永嘉县商会与政府之间的不和谐音符在强烈地跳动,永嘉县商会主体意识清晰地凸现。事实证明,永嘉县商会依然是一个在较高程度上具有独立人格的商人团体,在商会改组一案中我们更是见证了温州商会一贯的自主自立精神。

(三)结语

商会是城市发展史上不可或缺的一页,它在城市现代化进程中所起的积极作用是不可抹杀的。对温州而言亦是如此,诸多成果是在商会与政府合作中取得的。在商会与政府的关系中,当双方利益一致时,关系趋向缓和,各方取得共识,而在利益不一致时,则关系紧张,甚至出现对抗局面。主观上,商会并不愿与政府对峙,因为对抗意味着经济利益的损失,所以只有当政府控制威胁到商会的生存和商业的发展时,才会激起商会强烈的反抗。温州商会,更因其一贯的自主自立精神而在与政府的关系中反抗意识体现得更为强烈,如在县党部安插人员一事上,温州商会坚持认为不能出卖商人利益,不可放弃一贯的自主自立精神。恰恰是这种抗争,体现了温州商会主体意识的增强,证明温州商会依然是一个具有独立人格的商人团体。1931 年以后的永嘉县商会尽管历经了国民政府的改组和整顿,但绝无"成为国家控制社会工具"之迹象,其自立、自治的风格完整地保留下来。今日之温州商会能作为政府和市场之间的第三方力量开始崭露头角,离不开历史上对商会精神财富的继承。

温州商会在民国时期便体现出它的进步性和自主性:其一,温州商会系经济团体,其宗旨不是为了担负政治责任,而是"图谋工商业之发展";其二,小县城的商会如温州商会,身处国民党政权神经末梢,加上温州商人所特有的历史上传承的自主精神,并不存在完全为政府控制的情形。不管是在与政府的合作中,还是从与政府不和谐的音符中渗透出的,都是温州商会自主自立之精神。

四、改革开放后温州民营企业的发展阶段与政府的行为干涉

温州企业的发展分为 3 个阶段,政府与企业的行为也有相应的变化,具体见下所述:

(一)第一阶段:改革开放后至20世纪80年代中期

这阶段我国政府开始从计划经济转型,尝试向市场和社会开放,但还是带有浓重的计划经济体制色彩。因此,温州的个体企业为规避风险,往往采用"戴红帽子"或"挂户经营"的方式,如挂靠在集体企业或国有企业名下,或将村委会、乡镇作为主管部门,直接登记为集体企业。出于发展当地经济的考虑,温州市政府默许这些行为,为他们提供了宽松的政治环境,因此为温州的民营经济发展赢得了先机。本阶段温州市政府出台了《关于加强市场管理取缔无证经营的通知》和《关于加强市区个体商业管理的通告》等文件,对温州个体工商业的发展进行规范。另外,温州市政府颁行了《温州市私营企业管理暂行办法》和《温州市挂户经营管理暂行规定》两套办法和规定,为个体私营企业提供合法性的保障。

(二)第二阶段:20世纪80年代中期至90年代中期

20世纪80年代后期,温州的产品因为假货低质问题遭到了国内外市场的抵制,因此温州市政府积极开展打假行动,主动监管产品质量。温州市政府在国内首次制定了"质量立市"的文件,如"质量立市"的决策,"358"工程及《温州市质量立市实施办法》,等等。温州市政府这一阶段的治理行为主要包括:制定市场准入制度;重点扶持部分企业;淘汰一些没达到质量标准的企业;打击假冒伪劣产品等。

而在1992年邓小平南方谈话之后,国家法律认可了民营企业的存在。温州市政府最早提出"股份合作企业"名称,并颁布了《关于大力发展股份合作企业的规定》,将这种企业组织形式成功推广。从1987年到1994年,温州市政府出台了《关于大力发展股份合作企业的规定》等七大文件,明确了企业性质特征与产权关系,以及股份合作制企业规范运行程序等。随后,从1988年到1997年,温州市政府几乎每年都出台新政策来规范和鼓励民营经济的发展。

(三)第三阶段:20世纪90年代中期至今

1997年,温州市政府颁布了《关于进一步支持引动股份合作制经济发展的若干意见》《关于进一步鼓励引导个体私营经济健康发展的若干意见》等文件；1999 年，颁布了《关于进一步促进非公有制经济发展的若干意见》；2000 年，温州市工商联针对所主管的行业十商会出台了《关于加强和规范行业商会工作的通知》；2001 年，温州市经委出台了《关于组建、规范和完善温州市 30 个行业协会的实施意见》；[①]2002 年，温州市政府提出"信用温州"建设，并召开了"信用温州"的建设动员大会；2003 年，温州市委提出要打造"品牌温州"，并出台了《关于进一步提高产品质量，全力打造产业品牌的实施意见》；2005 年，温州市委、市政府组织实施工业发展"12345"工程，明确今后三年的品牌创建目标，即奋斗三年，创出中国品牌产品，使中国驰名商标大于 40 个；2006 年，温州市政府又颁布了《温州市质量与品牌发展规划（2006—2020）》；2008 年，温州市政府针对严峻的经济趋势，颁发了《关于温州市民营经济创新发展综合配套改革试点第一阶段的实施意见》，提出建立政府技术性、服务性职能向行业协会转移的机制。以上温州市政府出台的系列措施均表明温州市政府一直在根据环境的变化对温州的民营企业及商会做出指导，使其走上健康、规范发展的道路。

温州地方治理的变迁表明，温州商会的发展与政府息息相关。地方政府的支持或制约会直接决定民间商会的发展空间，而政府职能转变的程度也深刻影响着民间商会的发展。当前我国的发展主题正在经历一场深刻转变，虽然政府致力于经济增长，但现在开始强调科学发展观与和谐社会的构建，因此政府随着社会管理和公共服务职能的加强，也将为公民社会服务。

五、现代温州商会与政府的关系

20 世纪 80 年代以来[②]，随着经济全球化、政治民主化和信息技术革命的迅猛发展，在新公共管理和政府再造的全球性改革浪潮中，地方分权和自治、府际合作及多中心合作使得地方治理迅速兴起。联合国全球治理委员会在《我们的全球伙伴关系》的研究报告中指出，治理并不必须由

---

① 陈文文：《温州地方治理研究》，广西师范学院 2011 年硕士学位论文。

② 阳盛益、金蕾：《地方治理视角中的行业协会职能分析——基于温州商会的研究》，《中国城市研究》2011 年第 26 期，第 68—70 页。

代表权威的政府或国际组织排他性地加以实施，私人公司、公司联合体和非政府组织都可参与其中。[①] 因此，一些社会中介组织包括行业协会在内，承担一些社会管理和公共服务职能，主要是为行业、社会及政府提供相关服务，最后成为政府必须依赖的权力主体，帮助政府解决"市场失灵"和"政府失灵"的问题。这些行业协会之类的中介组织已经成为一种重要的治理主体，在治理体系中发挥越来越重要的作用，促使治理主体多元化。

因经济、社会与行业发展及政府转型的需要，我国行业协会组织在改革开放后发展非常迅猛。为推进行业协会健康发展，原国家经贸委于1997 年选择了上海、广州、厦门和温州 4 个城市进行行业协会试点，随后一些地方政府开始制定并出台行业协会管理办法，并明确赋予了行业协会组织具体的基本职能，试图以地方政策法规形式对行业协会发展做出规范，以进一步发挥行业协会在地方治理中的作用。例如，温州市政府先后两次(1998 年和 2005 年)赋予行业协会 18 项职能，深圳市 2005 年以政府令形式明确了行业协会可以行使 10 项职能，杭州市政府 2006 年赋予行业协会包括行业代表、自律、服务和协调等 5 个方面共 20 项职能，上海市 2002 年发布的行业协会暂行办法确定了行业协会的 10 项职能，浙江省政府 2007 年也明确提出了要落实行业协会的 16 项职能。

而原国家经贸委早在 1999 年就出台的《关于加快培育和发展工商领域协会的若干意见》界定了工商领域协会的 17 项职能。而近年中央政府也开始积极推动行业协会立法进程，并在紧锣密鼓地起草、制定行业协会法案。

六、商会治理的优势分析

行业协会的职能主要分为代表、协调和服务功能三大类[②]：①行业代表功能，表现在为了维护会员企业的公共利益，往往会采取统一的行动与政府部门、其他利益集团或社会群体进行沟通、谈判、博弈甚至对抗。②行业协调功能，包括协调行业内会员企业间的利益，统一行业自律行

---

① Commission on Global Governance. *Our Global Neighbourhood*，Oxford：Oxford University Press，1995，p. 23.

② 王名、孙春苗：《行业协会论纲》，《中国非营利评论》2009 年第 4 卷第 1 期，第 1—39 页。

为,制定行业技术标准,制定行业发展规划,规范会员行为,协调会员间冲突等。③行业服务功能,行业协会除了为会员企业提供带准公共性质的服务外,还为政府和社会提供服务。

作为一种介于政府与市场(企业)之间的非政府治理主体,行业协会的优势是通过其业务职能的充分发挥来实现行业组织的自主治理,进而弥补"市场失灵"与"政府失灵"。虽然影响行业协会职能执行绩效的因素是多方面的,包括行业协会拥有的组织资源基础、会员的支持程度、内部治理机构、协会领导能力、外部制度环境、政府支持力度等多种因素,但是从成本效益视角来看,不同职能的实施存在着一定交易成本与执行成本,如信息成本、谈判成本、起草和实施合约的成本、界定和实施合约的成本、可能发生的处理违约行为的成本,以及执行职能所需的人力、物力、财力成本等,但也会给行业协会带来一定的效益,包括直接的经济效益和间接的效益如提高行业协会政治、行政和社会合法性的效益。行业协会组织往往通过比较实施行业职能的相关收益与可能成本,或基于以往执行该项成本所产生的实际成本和实际效益,选择性地来执行部分行业协会职能,而不去执行另一些职能,从而导致行业职能执行性上的差异。由于任何行业协会职能的实施都涉及相应的成本和收益,因此按照成本与收益比的关系,我们可以把行业协会职能实施的成本与效益比简化为3种情况:①执行效益明显大于执行成本的职能。②执行效益相当于执行成本的职能。③执行效益明显小于执行成本的职能。按照"经济人"获取利益最大化的观点,在同等前提条件下,我们可以对行业协会在选择性地执行上述3类职能时的优先性做出如下假设,即最具有可执行性的职能是那些执行效益明显大于执行成本的职能,其次是执行效益相当于执行成本的职能,最不具有可执行性的则是执行效益明显小于执行成本的职能。这种分析框架优势十分明显,不仅可以帮助我们对行业协会职能进行分类,而且有助于我们理解在同等基础条件下行业协会要选择性地执行职能的内在原因。

温州商会同时具有自主性和镶嵌性特征,为其和地方治理的发展提供了新的契机。因此,对于公民社会组织而言,不能坐等制度环境的改善,而要在保持自主性的同时,找到与地方政府目标的切合点。特别要关注政府职能转变的动向,主动弥补政府能力的不足,通过镶嵌的自主性加强与地方政府之间的权力依赖,提高自身在地方治理体系中的地位。而对于政府而言,必须改变对待社会的态度,由防范、控制社会转向推动并激发社会,将公民社会组织视为增强政府自身能力的必要伙伴。鉴于当代中国的地方政府在行为选择上存在一定的自主性,在通过制度创新、服务型政府建设等扩展公民社会组织生存空间、推进地方治理发展方面,地方政府显然可以有所作为。

温州商人与温州市政府的关系非常有特色,改革开放至20世纪90年代初期,中国逐渐实行市场经济体制,这一阶段温州市政府采取"无为而治"态度,为温州的民营经济发展提供了宽松的政治环境,为其赢得发展先机。但是在后期,当民营企业的经营出现问题的时候,温州市政府帮助企业维持市场秩序,赋权多家行业协会,对行业进行监管。这与国外的地方治理思想殊途同归。而温州市政府与温州商人的关系,正是体现了地方政府与民营企业之间存在的这种合作与伙伴关系,商人与政府合作关系的和谐发展。温州商会对企业的经营起了较好的指导作用,也为企业与政府的沟通了搭建桥梁,得到社会的一致好评,如吴敬琏先生曾指出,温州商会是"真正的民间商会"[①]。温州商会的迅猛发展,是中国现代化进程中的一个标志性事件,标志着政府与市场之间的第三方力量开始崭露头角。[②]

温州商会形成和发展的意义,绝不仅仅显现了温州的特殊性,也不仅仅证明了中国公民社会和地方治理的另一种发展方式,更重要的是,它宣示了地方治理在中国的普遍可能性。当然,地方治理在中国也同样存在着限度。由于分类控制等原因,中国的地方治理还难以在较短时期内形成多元的权力均衡。由于体制原因,温州商会作为一种工商领域社团,还难以进行更全面和深入的治理参与。由于政府常常不能保持与市场之间的"一臂之距",温州商会影响公共政策的途径经常是曲折、隐晦、非正式的,这无疑不利于新治理机制的成熟。

---

① 吴敬琏:《建设民间商会》,2008年8月12日,http://wujinglian.net/Articles/artic leeees020529/htm。

② 郁建兴:《行业协会:寻求与企业、政府之间的良性互动》,《经济社会体制比较》2006年第2期,第118—123页。

第五章　实证研究

第一节　样本选择,问卷设计、发放与回收

本书以浙商群体的实证调查资料为基础,在借鉴现有操作化指标的基础上利用问卷进行调查统计。本问卷共包括 3 个部分,第一个部分是关于政治心理的测量,由 49 个项目组成,包括:①政治态度。②政治满意度。③政治信任感。④政治认知。⑤政治情感。其中,关于政治态度的测试主要从"关于个人自由与社会秩序的看法""关于政治发展路径的看法""关于主观政治地位认同与经济地位认同"3 个方面进行测量,共由 13 个项目组成;关于政治满意度的测量主要从"对政府政策的满意度"和"对政府各级机关的满意度"及"政企不分"3 个方面进行测量,共由 8 个项目组成;关于政治信任主要从"对政府机构和各级组织的信任"方面测量,共由 9 个项目组成;关于政治认知主要从"对领导者的知晓程度"进行测量,共由 4 个项目组成;关于政治情感主要从"国家的认同感与自豪感""臣民取向"及"基本臣民取向"3 个方面进行测量,共由 15 个项目组成。

第二个部分是关于政治参与的测量,由 16 个项目组成,包括:①政治行为参与。②政治效能感。其中,关于政治行为参与主要从"对政治话题和国家大事的感兴趣程度"及"具体的政治参与行为"2 个方面进行测量,共由 10 个项目组成;关于政治效能感则从"政治参与能力""政治理解能力""政治使命感"及"政治任职能力"4 个方面进行测量,共由 6 个项目组成。

以上 2 个部分采用 Likert 式 6 点量表进行评价,以 1—6 计分,表示从"完全不符合"到"完全符合"。

第三部分就是背景资料,包括年龄、学历、工作地区、单位性质、行业、

公司的规模(员工人数、年销售额、资产总额)、职位(普通员工/高层管理人员)、性别、年收入9个方面共10个项目组成。

有效数据的收集是进行实证研究的关键步骤,直接关系到本章研究结论的质量。本章正式大规模调研样本选择、问卷发放与回收说明如下:

本书拟调研的地区选为浙江地区。本书将样本企业选择为浙江省的杭州、宁波、温州、绍兴、金华5个地区的企业,共发放问卷400份,回收375份,剔除回答不完整的问卷,共回收有效问卷365份,有效率91.25%。其中,企业高层人员的问卷有180份,普通员工的问卷有185份。问卷回收后采用SPSS 17.0统计软件和神经网络分析进行统计分析,主要采用的分析方法有描述统计、方差分析、回归分析、多元回归分析及神经网络分析方法。本章正式调研的有效问卷的分布情况如表5.1所示。

表5.1 样本个人基本信息统计表($N=365$)

类别	人数	比例(%)	类别	人数	比例(%)	类别	人数	比例(%)
性别			职位			学历		
男	227	62	高层	180	50	高中及以下	93	25
女	138	38	一般员工	185	51	大学	198	54
						硕士及以上	74	20
地区			年龄			行业		
杭州	70	19	20—24岁	33	9	传统	100	27
温州	71	19	25—35岁	145	40	金融	154	42
绍兴	99	27	36—45岁	162	44	外贸	47	13
宁波	74	20	46—55岁	23	6	IT	36	10
金华	51	14	56岁及以上	2	1	其他	28	8
单位性质			员工数			年销售额		
国有企业	85	23	300人以下	186	51	1000万元以下	65	18
民营	181	50	300—3 000人	96	26	1 000万—3 000万元	88	24
股份	57	16	3 000人以上	83	23	3 000万—1亿元	59	16
合资外资	42	12				1亿元以上	153	42
资产总额			年收入					
4 000万元以下	41	11	10万元及以下	85	23			
4 000万—1亿元	133	36	10万—30万元	50	14			
1亿—3亿元	144	39	30万—50万元	119	33			
3亿以上	47	13	50万—100万元	74	20			
			100万元以上	57	16			

注:百分数统计到2位数。

第二节 浙商政治心理概况

一、浙商政治心理描述性统计分析

政治心理包括政治态度、政治满意度、政治信任感、政治认知、政治情感 5 个因子,总体人员在以上 5 个因子上的平均得分见表 5.2 所示。

表 5.2 政治心理 5 个因子平均得分

因 子	平均得分
政治态度	3.24
政治满意度	3.49
政治信任感	3.22
政治认知	3.49
政治情感	3.25

根据表 5.2 可知,浙商的政治满意度和政治认知比较高,表明浙商对浙江总体政治环境比较满意,另外政治态度、政治信任感及政治情感的分值也比较高,达到了基本满意。

具体来说,政治态度、政治满意度、政治信任感、政治认知、政治情感各个子维度的总体平均得分见表 5.3 所示。

表 5.3 政治心理 11 个维度平均得分

因 子	维 度	平均数
政治态度	个人自由与社会秩序的看法	3.16
	政治发展路径的看法	3.30
	主观政治地位与经济地位的认同	3.67
政治满意度	对政府政策满意度	3.43
	对政府各级机关的满意度	3.51
	政企不分	3.48
政治信任感	对政府机构和各级组织的信任度	3.22

续 表

因 子	维 度	平均数
政治认知	对领导者的知晓程度	3.49
政治情感	国家认同感与自豪感	3.39
	基本臣民情感	3.22
	臣民取向	3.13

　　浙商政治心理的情况在各个子维度上也各有差异。在政治态度方面,浙商在主观政治地位与经济地位认同方面得分最高,他们主观认为自己的政治地位和经济地位比较高,而在个人自由与社会秩序的看法方面得分相对比较低,即他们相对比较保守,希望社会能井然有序,有一个稳定的环境。对政治发展路径的看法也比较保守,认同共产党的领导。浙商对政府政策、对政府各级机关的满意度都是比较高的,但对政企不分颇有微词,认为政府与企业关系过于"紧密",对企业行为干预过多。这也和浙江整个社会环境,尤其是经济环境密切相关。对于政治情感而言,浙商有一种比较强烈的国家认同感和自豪感,这也和其他阶层的调查结果类似,整个中华民族有一种很强的民族凝聚力,国家认同感和自豪感都比较高。不过相对而言,浙商的臣民取向不是那么高,这也和浙商敢闯敢拼,喜欢创新有关,虽然浙商喜欢一个稳定的政治环境,但从个人角度而言,相对权力距离却比较远,比较敢挑战权威。浙江经济比较发达,经济氛围浓郁,对浙商来说,成长和发展的环境都比较好,因此,政治态度、政治满意感、政治信任感、政治认知的分值都比较高,同时浙商也有一种比较强烈的政治情感。

二、浙商背景因素对政治心理各维度影响结果分析

　　笔者分别考虑了不同性别、年龄、文化程度、单位性质、工作地区、公司规模等背景因素对浙商政治心理各个维度的影响,并用 SPSS 17.0 做方差分析,结果发现文化程度、单位性质、工作地区及公司规模这 4 方面因素对政治心理有显著的影响,而性别、年龄等因素对政治心理没有显著影响。

(一)不同文化程度政治心理的差异

浙商的不同文化程度对政治心理中的政治认知有着明显的影响,达到了 $p < 0.05$ 的显著程度,具体见表 5.4 所示。

表 5.4 不同文化程度人员政治认知及各个维度的均值

文化程度 ＼ 政治认知	政治认知		对国家级领导的认知	对省级领导的认知	对市级领导的认知	对居委会/村委会领导的认知
	平均数	标准差				
高中(中专)及以下	3.96	0.44	3.53	4.33	4.47	3.49
大学(专)	4.19	0.41	3.72	4.28	4.35	4.40
硕士及以上	4.16	0.37	3.49	4.12	4.33	4.72

单因素方差分析表明,不同文化程度的浙商对政治认知有显著影响,$F = 4.313, p < 0.05$。事后检验表明,文化程度在高中(中专)及以下的浙商的政治认知分数显著低于大学(专)、硕士及以上文化程度的政治认知分数。大学(专)与硕士及以上两者之间基本没有差异,即学历在大学和大学以上的浙商的政治认知程度比较高,这表明对政治的认知和其他知识的认知是一样的,学历与认知程度成正比。

具体来说,对现任国家领导的认知程度得分最高的是大学(专)的人员,硕士及以上人员得分最低,而高中(中专)及以下人员得分居中。对省级领导的认知程度得分最高的是高中(中专)及以下文化程度的人员,硕士及以上人员得分最低,而大学(专)文化程度的人员得分居中。不同文化程度人员对市级领导的认知程度得分由高到低依次是高中(中专)及以下、大学(专)和硕士及以上人员。不同文化程度人员对居委会/村委会领导的认知程度得分由高到低依次是硕士及以上、大学(专)和高中(中专)及以下人员。

(二)不同工作地区政治心理的差异

在不同地区工作的浙商在政治心理的政治态度方面有显著差异($p < 0.05$),而在政治心理的其他方面没有显著差异,具体如表 5.5 所示。

表 5.5 不同工作地区人员政治态度及各个维度的均值

政治态度 地区	政治态度		个人自由与 社会秩序的看法	政治发展 路径的看法	主观政治地位 与经济地位的认同
	平均数	标准差	平均数	平均数	平均数
绍兴	3.31	0.58	3.21	3.42	3.76
金华	3.23	0.57	3.22	3.27	3.88
杭州	3.43	0.49	3.38	3.49	3.67
温州	2.95	0.61	2.86	3.01	3.42
宁波	3.07	0.88	2.87	2.99	3.63

单因素方差分析表明,不同工作地区对政治态度有显著影响,$F=6.012,p<0.05$。事后检验表明,在绍兴、金华和杭州地区工作的浙商的政治态度得分显著高于温州浙商的得分,而且在杭州工作的浙商的政治态度显著高于宁波地区的浙商,其他几者之间基本没有差异。温州经济非常发达,更多的是民营草根经济,相对来说政治态度不甚积极。

从政治态度的各个子维度来看,也体现了各个地区的差异。关于个人自由与社会秩序的看法,杭州得分最高,即最希望有一个稳定的社会环境,这可能与杭州是省会城市有关。杭州是浙江省政治中心,相对来说观念最为保守,而温州和宁波由于离杭州较远,民营经济很发达,政治氛围不那么浓厚,关于个人自由与社会秩序的看法也比较开放,因此得分最低。在关于政治发展路径的看法上也是如此,杭州、绍兴都是坚决拥护党的领导,得分很高,但温州和宁波相对来说得分却没那么高,观念更加西化,而金华是处于两者之间。在关于主观政治地位与经济地位的认同上,温州得分也是最低,相对来说,对现实的环境更为不满,认为商人并没获得相应的政治地位。

(三)不同单位性质政治心理的差异

不同单位性质的浙商的政治心理也有一定的差异,主要表现在政治态度和政治满意度这 2 个方面,达到了显著的区别($p<0.05$),见表 5.6 所示。

表 5.6　不同单位性质人员政治态度和政治满意度均值

单位性质	政治态度		政治满意度	
	平均数	标准差	平均数	标准差
股份	3.13	0.62	3.62	0.69
国有企业	3.19	0.62	3.48	0.67
合资和外资	3.62	0.47	3.54	0.62
民营	3.35	0.54	3.30	0.54

单因素方差分析表明,不同单位性质的政治态度主效应显著,$F=4.251, p<0.05$。事后检验表明,在股份制企业工作的浙商的政治态度低于在国家行政机关、国有事业单位、国家国有企业、合资和外资企业单位的浙商,同时国家行政机关、国有事业单位、国有企业浙商的政治态度低于合资和外资企业单位浙商的,其他几者之间没有显著差异,具体见表 5.7 所示。

表 5.7　不同单位性质人员政治态度及各个维度的均值

单位性质	政治态度		个人自由与社会秩序的看法	政治发展路径的看法	主观政治地位与经济地位的认同
	平均数	标准差			
国有企业	3.13	0.62	3.01	3.21	3.79
股份	3.19	0.62	3.12	3.22	3.65
合资和外资	3.62	0.47	3.56	3.73	3.76
民营	3.35	0.54	3.31	3.40	3.49

由表 5.7 可以看出,合资和外资企业的浙商在关于个人自由与社会秩序的看法方面得分最高,民营企业得分次之,股份制公司再次之,国家行政机关、国有事业单位和国有企业单位人员得分最低。合资和外资企业的浙商关于政治发展路径的看法得分最高,民营企业得分次之,股份制公司再次之,国家行政机关、国有事业单位和国有企业单位人员得分最低。国家行政机关、国有事业单位和国有企业单位人员关于主观政治地位和经济地位的认同方面得分最高,合资和外资企业得分次之,股份制公司再次之,民营企业得分最低。

这个结果也很容易理解,国家行政机关、国有事业单位和国有企业单位人员关于个人自由与社会秩序的看法及关于政治发展路径的看法最为保守,希望能有一个稳定的社会环境及有限的个人自由,而关于主观政治地位与经济地位的认同感很高;民营企业的浙商相对开放很多,而合资和外资企业的高管思想则更为西化。

(四)不同行业政治心理的差异

不同行业浙商的政治心理差异比较显著,主要表现在政治态度和政治满意度这2个方面,如表5.8所示。

表5.8　不同行业浙商的政治态度和政治满意度均值

行业	政治态度		政治满意度	
	平均数	标准差	平均数	标准差
传统	3.31	0.58	3.32	0.58
金融	3.14	0.64	3.58	0.73
外贸	3.37	0.44	3.26	0.33
IT	3.49	0.53	3.47	0.46
其他	3.45	0.52	3.47	0.46

统计分析表明,从事不同行业的浙商的政治态度主效应显著,$F=2.859, p<0.05$。事后检验表明,只有金融行业浙商的政治态度显著低于传统、外贸、IT及其他行业,其他行业之间没有显著差异。

从表5.9可以看出,各行业关于个人自由与社会秩序看法维度上的变化趋势为IT行业的浙商得分最高,除传统、金融和外贸行业外的其他行业次之,外贸行业再次之,传统行业居于第四位,金融行业最低。

表5.9　不同行业浙商政治态度及各个维度的均值

行业	政治态度		个人自由与社会秩序的看法	政治发展路径的看法	主观政治地位与经济地位的认同
	平均数	标准差			
传统	3.31	0.58	3.24	3.39	3.59
金融	3.14	0.64	3.04	3.19	3.75
外贸	3.37	0.44	3.36	3.41	3.37
IT	3.49	0.53	3.52	3.58	3.00
其他	3.45	0.52	3.39	3.49	3.79

各行业关于政治发展路径的看法的变化趋势为IT行业的浙商得分最高,除传统、金融和外贸行业外的其他行业次之,外贸行业再次之,传统行业居于第四位,金融行业最低。

在市场经济社会里,人被称为职业人,人的价值很大程度上是在职业中体现的,每个职业人都被深深地打上了行业的烙印。金融行业的人员比较严谨和保守;传统行业的人员次之;而外贸行业的人员相对比较开放,受西方思潮的影响较深,IT行业人员则偏年轻,因此,外贸和IT行业的从业人员在关于个人自由与社会秩序的看法及关于政治发展路径的看法上得分相对比较高,可以接受比较变动的社会环境,希望有更多的个人自由,而且也愿意接受西方的民主方式。

在关于主观政治地位认同与经济地位的认同维度上,其他行业的浙商得分最高,金融行业次之,传统行业再次之,外贸行业居于第四位,IT行业最低。相对来说,金融行业和传统行业人员主观比较认同自己的政治地位与经济地位一致,这方面的社会满意度相对比较高,不过外贸和IT行业人员的相对主观感觉要低些。

(五)不同企业规模政治心理的差异

本章主要从年销售额、员工数及资产总额这3个方面考察企业的规模,通过统计发现,企业年销售额对政治态度和政治满意度有着显著的影响,具体见表5.10所示。

表5.10 不同年销售额企业浙商政治态度和政治满意度均值

政治心理 年销售额	政治态度		政治满意度	
	平均数	标准差	平均数	标准差
1 000万元以下(含1 000万元)	3.26	0.69	3.25	0.56
1 000万—3 000万元	3.47	0.49	3.35	0.60
3 000万—1亿元(含3 000万元,不含1亿元)	3.29	0.48	3.42	0.47
1亿以上(含1亿元)	3.15	0.64	3.58	0.71

统计分析表明,不同企业规模浙商的政治态度主效应显著,$F = 3.063$,$p < 0.05$。事后检验发现,年销售额在1 000万—3 000万元企业

规模的浙商的政治态度显著高于年销售额在 1 亿元(含 1 亿元)以上企业的浙商,其他群体政治态度没有显著差异。

从表 5.11 可以看出,年销售额在 1 000 万—3 000 万元的企业浙商关于个人自由与社会秩序看法的得分最高,年销售额 1 000 万元以下(含 1 000 万元)的企业浙商关于个人自由与社会秩序看法的得分仅次于 1 000 万—3 000 万元的企业浙商,而 3 000 万—1 亿元(含 3 000 万元,不含 1 亿元)的企业浙商在这方面的得分位居第三,年销售额在 1 亿元以上(含 1 亿元)企业的浙商得分最低。

表 5.11　不同年销量企业浙商政治态度及各个维度的均值

年销售额 \ 政治态度	政治态度		个人自由与社会秩序的看法	政治发展路径的看法	主观政治地位与经济地位的认同
	平均数	标准差			
1 000 万元以下(含 1 000 万元)	3.26	0.69	3.26	3.25	3.28
1 000 万—3 000 万元	3.47	0.49	3.42	3.50	3.72
3 000 万—1 亿元(含 3 000 万元,不含 1 亿元)	3.29	0.48	3.23	3.40	3.47
1 亿元以上(含 1 亿元)	3.15	0.64	3.06	3.21	3.78

年销售额在 1 000 万—3 000 万元的企业浙商关于政治发展路径的看法的得分最高,年销售额 3 000 万—1 亿元(含 3 000 亿元,不含 1 亿元)的企业浙商次之,而年销售额 1 000 万元以下(含 1 000 万元)的企业浙商在这方面的得分位居第三,年销售额在 1 亿元以上(含 1 亿元)企业的浙商得分最低。

年销售额在 1 亿元以上(含 1 亿元)的企业浙商关于主观政治地位与经济地位的认同的得分最高,年销售额 1 000 万—3 000 万元的企业浙商次之,而年销售额 3 000 万—1 亿元(含 3 000 万元,不含 1 亿元)的企业浙商在这方面的得分位居第三,年销售额在 1 000 万元以下(含 1 000 万元)企业浙商的得分最低。

从以上结果可以看出,中型单位的浙商政治态度分数比较高,相对来说观念更加年轻化和自由化,但对自己的政治地位与经济地位的认同感最低,而大型单位的浙商对地位的认同感最高,但在其他方面的政治态度上得分最低,最为保守,小型单位浙商的政治态度居于中间。

而员工数对政治信任感和政治满意度有着显著的影响,具体如表5.12所示。

表 5.12　不同员工数企业浙商政治信任感和政治满意度均值

政治心理　　　　员工数	政治信任感		政治满意度	
	平均数	标准差	平均数	标准差
300 人以下	3.15	0.64	3.41	0.57
300—3 000 人	3.14	0.52	3.37	0.50
3 000 人以上	3.37	0.82	3.67	0.80

从表5.12的统计分析表明,不同员工数企业浙商的政治信任感主效应显著,$F=3.107$,$p<0.05$。事后检验表明,员工数在3 000人以上规模的企业人员的政治信任感显著高于员工数在3 000人以下的,其他两者之间则没有显著差异。同时,从表5.13可以看出,不同员工数企业政治满意度主效应显著,$F=5.534$,$p<0.05$。事后检验表明,员工数在3 000人以上规模的企业人员的政治满意度显著高于员工数在3 000人以下的,其他两者之间则没有显著差异。

表 5.13　不同员工数企业浙商政治满意度及各个维度的均值

政治满意度　　　　员工数	政治满意度		政策行为满意度	对政府各级机关的满意度	政企不分
	平均数	标准差			
300 人以下	3.41	0.57	3.29	3.44	3.48
300—3 000 人	3.37	0.50	3.37	3.38	3.27
3 000 人以上	3.67	0.80	3.64	3.69	3.66

表5.13中员工数在3 000人以上的企业浙商对政策行为满意度的得分最高,员工数在300—3 000人之间的企业得分居中,员工数在300人以下的得分最低。

员工数在3 000人以上的企业浙商对政府各级机关的满意度的得分最高,员工数在300人以下的企业得分居中,员工数在300—3 000人之间的得分最低。

员工数在3 000人以上的企业浙商认为政企不分的程度最强,员工数在 300 人以下的企业浙商得分居中,员工数在 300—3 000 人之间的得分最低。

从以上数据结果可以看出,大型单位的浙商对政策行为及政府各级机关的满意度较高,但更认为政企不分,这和中国目前的国情是相吻合的,员工数在 3 000 人以上的大型企业一般享有一定的社会声誉和地位,对国家政策的制定有一定的影响力,自然对政策行为和政府机关的满意度较高,但由于与政府关系过于密切,也容易引起政企不分。规模小的企业主要求生存,往往钻政策的空子,因此满意度居中。中型企业主要求发展,正是处于夹缝之间,自然对政府政策和各级机关的满意度最低,而政企不分感最轻。

不同员工数的企业浙商的政治信任感也达到了显著的差异,具体每个项目的分值如表 5.14 所示。

表 5.14 不同员工数企业浙商政治信任感及各个维度的均值

政治信任感 员工数	政治信任感		中央政府	中国共产党	人民代表大会	法院	检察院	公安机关	新闻媒体	市/县政府	居/村委会
	平均数	标准差									
300 人以下	3.16	0.64	3.04	3.07	3.11	3.06	3.01	3.22	3.35	3.30	3.26
300—3 000 人	3.14	0.52	3.09	3.00	3.09	3.14	3.14	3.09	3.29	3.20	3.26
3 000 人以上	3.37	0.82	3.24	3.29	3.38	3.40	3.40	3.39	3.36	3.49	3.34

统计分析表明,浙商对各级机关的信任感也有区别。相对来说,对新闻媒体、居/村委会、市/县政府的信任感比较高,这可能是因为日常接触比较多,而且对其处理问题比较满意,但对公安机关、检察院、法院的信任感不高,这可能由于这几年也有许多关于公安机关、检察院、法院的负面新闻。浙商对中央政府、中国共产党及人民代表大会的信任度分值居中,这可能因为对这些机关接触不多,评价也比较模糊。不同员工数的企业浙商的政治信任感主效应显著,$F = 3.107$,$p < 0.05$。事后检验表明,员工数在 3 000 人以上的企业人员政治信任感显著高于员工数在 3 000 人以下的,其他两者之间没有显著差异。相对来说,大型企业的浙商政治信任感比较高,观念更加传统,而中小型企业的浙商政治信任感比较低,有较多的不满。

第三节 比较分析、相关分析、回归分析及神经网络分析

一、浙商与普通员工政治心理的比较分析

笔者把浙商与普通员工政治心理的各个维度进行比较,发现两者的区别如表 5.15 所示。

表 5.15 浙商与普通员工政治心理的各个维度的均值与标准差

政治心理级别	政治态度		政治满意度		政治信任感		政治认知		政治情感	
	平均数	标准差	平均数	标准差	平均数	标准差	平均数	标准差	平均数	标准差
普通员工	3.20	0.60	3.52	0.71	3.23	0.75	1.37	0.40	3.14	0.47
浙商	3.20	0.57	3.28	0.35	3.19	0.68	1.41	0.42	3.08	0.31

从表 5.15 可以看出,浙商在政治认知方面得分要高于普通员工,即总体来说,比普通员工了解的政治知识更多,但是,浙商在政治满意度、政治信任感及政治情感方面的得分都低于普通员工,这可能是因为浙商对这些方面的要求更高。而在政治态度方面,两者得分相同。不过以上这些差异均没达到统计学上的显著水平。

二、浙商的政治参与行为与政治效能感的分析

本章将政治参与行为与政治效能感作为浙商政治参与的行为指标与心理指标。本章主要是从与地方领导的接触频率、与各民间组织和人物的接触频率和参与意识 3 个维度来考察政治参与行为;从政治参与能力、政治使命感、政治任职能力和政治理解能力 4 个维度来考察政治效能感。

表 5.16 浙商的政治各维度内容参与行为与政治效能感

指 标		平均数	
政治参与行为	与地方领导的接触频率	3.69	3.11
	与各民间组织和人物的接触频率	3.65	
	参与意识	2.57	

续　表

指　标		平均数	
	政治参与能力	3.55	
政治效能感	政治使命感	3.89	3.34
	政治任职能力	3.12	
	政治理解能力	3.13	

从表 5.16 可以看出，浙商的政治参与行为中，与地方领导的接触频率及与各民间组织和人物的接触频率都比较高，分别达到了 3.69 和 3.65，属于经常接触的类型，但是相对来说，政治参与意识却很低，只有 2.57，不太具备主动参与意识。这 2 个结果有些矛盾却也可以理解。浙商实际有较多的政治参与行为，但政治参与意识不强，很多时候是无意中参与的，需要政府和社会的引导，使其政治参与行为更加正式化和程序化。同时，浙商的政治效能感比较高，达到了 3.34，有较强的政治效能感，其中政治使命感最高，达到 3.89，这表明浙商对自己的政治使命感有着较高的要求，也自认为具备一定的政治参与能力，达到了 3.55。但在实际调查中，浙商的政治任职能力与政治理解能力相对偏低，只有 3.12 和 3.13，这其实和政治参与行为的结果是一致的。浙商的参与意识并不是很强，因此其政治理解能力与政治任职能力也不是很高，虽然他们有着很强的政治使命感，也有较多的政治参与行为，但一般都是被动和无意识的参与，因此需要相关部门的引导，帮助浙商树立正确的政治参与观，使他们走向更加正规有序的政治参与。

三、浙商背景因素对政治参与行为与政治效能感各维度的影响结果分析

笔者分别考虑了不同性别、年龄、文化程度、单位性质、工作地区、企业规模等背景因素对浙商政治心理各个维度的影响，并用 SPSS 17.0 统计软件做方差分析，结果发现，背景因素对浙商的政治参与行为与政治效能感的影响是很大的，其中性别、年龄、文化程度、工作地区、单位性质及行业都对政治参与行为有显著影响，达到了 $p < 0.05$ 的显著程度；而年

龄、工作地区及企业的大小对政治效能感有着显著的影响,达到了 $p <$ 0.05 的显著程度。

(一)性别对政治参与行为的影响

不同性别浙商的政治参与行为存在很大的差异,女性的政治参与行为要高于男性,具体见表 5.17 所示。

表 5.17 不同性别浙商政治参与行为及各个维度的均值

政治参与行为 性别	政治参与行为		与地方领导 的接触频率	与各民间组织和 人物的接触频率	参与意识
	平均数	标准差			
男	2.91	0.52	3.54	3.46	3.06
女	3.15	0.35	3.83	3.81	3.20

独立样本 t 检验表明,政治参与行为在不同性别上差异显著,$t =$ $-4.516,p < 0.05$,表明女性的政治参与行为显著高于男性。

从表 5.17 可以看出,女性的各种政治参与行为都明显高于男性,在与地方领导的接触频率、与各种民间组织和人物的接触频率及参与意识维度方面的得分都高于男性。与男性相比,女性更具有社会性,对社会事务更感兴趣,也更有参与意识,这一点在政治参与行为方面得到了明显的体现。

(二)年龄对政治参与行为和政治效能感的影响

单因素方差分析表明,政治参与行为在不同年龄上有显著差异,$F =$ $5.858,p < 0.05$。事后检验表明,年龄在 56 岁及以上浙商的政治参与行为显著低于 56 岁以下的,而且年龄在 46—55 岁浙商的政治参与行为显著低于 45 岁以下的人。其他几者之间没有显著差异。整体基本上呈现随着年龄的增长,人们的政治参与行为逐渐降低的特征,具体情况见表 5.18 所示。

表 5.18 不同年龄浙商政治参与行为及各个维度的均值

政治参与行为 年龄	政治参与行为		与地方领导的接触频率	与各民间组织和人物的接触频率	参与意识
	平均数	标准差			
20—24 岁	3.08	0.45	3.75	3.71	3.10
25—35 岁	3.08	0.40	3.76	3.69	3.18
36—45 岁	3.02	0.45	3.65	3.64	3.12
46—55 岁	2.79	0.62	3.33	3.35	2.98
56 岁及以上	1.85	1.20	2.00	2.13	2.66

从表 5.18 可以看出,25—35 岁浙商与地方领导的接触频率得分最高,参与意识也最强,接下来得分由高到低依次是 20—24 岁、36—45 岁、46—55 岁和 56 岁及以上的人。

年轻人更有政治激情,相对空闲时间较多,因此政治参与行为较多。随着年龄的增大,政治热情开始消退,家庭生活可能会占去更多的空余时间,因此政治参与行为更少。现代很多人认为,青年和中年的界限应该从 35 岁延长到 40 岁,但是对于政治参与行为来说,45 岁是个关键点,从以上数据可以发现,45 岁以上浙商的政治参与行为明显低于 45 岁以下的。

单因素方差分析表明,政治效能感在不同年龄上有显著差异,$F = 3.350, p < 0.05$。事后检验表明,年龄在 36—45 岁浙商的政治效能感显著低于 20—35 岁浙商的政治效能感,其他几者之间没有显著差异。

从表 5.19 中可以看出,56 岁及以上浙商的政治任职能力得分最高,接下来各年龄段浙商的政治任职能力得分由高到低依次是 20—24 岁、25—35 岁、46—55 岁和 36—45 岁。56 岁及以上浙商的政治参与能力得分最高,接下来各年龄段浙商的政治参与能力得分由高到低依次是 25—35 岁、20—24 岁、46—55 岁和 36—45 岁。20—24 岁浙商的政治使命感得分最高,接下来各年龄段浙商的政治使命感得分由高到低依次是 56 岁及以上、25—35 岁、46—55 岁和 36—45 岁。20—24 岁浙商的政治理解能力得分最高,接下来各年龄段浙商的政治理解能力得分由高到低依次是 25—35 岁、46—55 岁、36—45 岁和 56 岁及以上。

表 5.19　不同年龄浙商政治效能感及各个维度的均值

政治效能感 年龄	政治效能感		政治参 与能力	政治 使命感	政治任 职能力	政治理 解能力
	平均数	标准差				
20—24 岁	3.45	0.47	3.43	4.03	3.32	3.24
25—35 岁	3.48	0.50	3.69	3.95	3.29	3.15
36—45 岁	3.22	0.58	3.28	3.74	2.95	3.03
46—55 岁	3.30	0.46	3.39	3.83	3.04	3.09
56 岁及以上	3.67	0.24	4.25	4.00	4.00	2.75

政治效能感分为参与政治的能力和参与政治的意愿,从以上数据可以发现,年轻人参与政治的意愿比较强烈,政治理解能力也强,但政治参与能力相对较弱;随着年龄的增长,参与政治的意愿变淡,政治理解能力也相对降低,但政治参与能力却增强,这和前面的政治参与行为的结果也是对应的。

(三)文化程度对政治参与行为的影响

单因素方差分析表明,不同的文化程度对政治参与行为有显著影响,$F = 5.230$,$p < 0.05$。事后比较表明,文化程度在高中(中专)及以下浙商的政治参与行为显著低于大学(专)和硕士及以上浙商的政治参与行为。后两者之间没有显著差异,具体见表 5.20 所示。

表 5.20　不同文化程度浙商政治参与行为及各个维度的均值

政治参与行为 文化程度	政治参与行为		与地方领导 的接触频率	与各民间组织和 人物的接触频率	参与意识
	平均数	标准差			
高中(中专)及以下	2.83	0.59	3.36	3.43	3.02
大学(专)	3.08	0.41	3.75	3.68	3.18
硕士及以上	3.06	0.46	3.78	3.68	3.04

在与地方领导的接触频率上,文化程度在硕士及以上的浙商得分最高,其次是大学(专)的浙商,得分最低的是高中(中专)及以下的浙商。

在与各民间组织和人物的接触频率上,文化程度在大学(专)的浙商与硕士及以上的浙商得分相同,为 3.68,高于文化程度在高中(中专)及以下的浙商在此维度上的得分。

在参与意识上,文化程度在大学(专)的浙商得分最高,其次是硕士及以上的浙商,得分最低的是高中(中专)及以下的浙商。

从以上数据可知,一般来说,文化程度较高浙商的政治参与行为也较多。

(四)工作地区对政治参与行为与政治效能感的影响

因素方差分析表明,不同工作地区的浙商的政治参与行为与政治效能感有显著差异,具体见表5.21所示。

表5.21 不同工作地区浙商政治参与行为与政治效能感均值

政治行为 \ 工作地区	政治参与行为		政治效能感	
	平均数	标准差	平均数	标准差
绍兴	2.92	0.51	3.56	0.44
金华	3.19	0.29	3.52	0.33
杭州	2.98	0.52	3.23	0.52
温州	3.12	0.43	3.59	0.53
宁波	3.09	0.32	3.46	0.78

单因素方差分析表明,不同工作地区对政治参与行为有显著影响,$F = 2.818$,$p < 0.05$。事后比较发现,金华和温州地区浙商的政治参与行为明显高于绍兴和杭州地区,宁波地区居中。

从表5.22可以看出,在与地方领导的接触频率上,金华地区的浙商得分最高,接下来由高到低依次是宁波、温州、杭州和绍兴地区。

表5.22 不同工作地区浙商政治参与行为及各个维度的均值

政治参与行为 \ 工作地区	政治参与行为		与地方领导的接触频率	与各民间组织和人物的接触频率	参与意识
	平均数	标准差			
绍兴	2.92	0.51	3.52	3.56	2.94
金华	3.19	0.29	3.91	3.83	3.28
杭州	2.98	0.52	3.61	3.54	3.18
温州	3.12	0.43	3.76	3.76	3.30
宁波	3.09	0.32	3.82	3.70	3.00

在与各民间组织和人物的接触频率上,金华地区的浙商得分最高,接下来由高到低依次是温州、宁波、绍兴和杭州地区。

在参与意识上,温州地区的浙商得分最高,接下来由高到低依次是金华、杭州、宁波和绍兴地区。

相对而言,温州和金华地区民营经济比较发达,更具备草根经济的特色,而政府部门与各类企业的交往更为亲和,因此这里的浙商的政治参与更多。

单因素方差分析表明,不同工作地区对政治效能感有显著影响,$F=5.293,p<0.05$。事后比较发现,杭州地区浙商的政治效能感显著低于绍兴、金华、温州和嘉兴地区,这4个地区之间则没有显著差异。

从表5.23可以看出,在政治参与能力上,温州地区的浙商得分最高,接下来由高到低依次是金华、宁波、绍兴和杭州地区。

表 5.23　不同工作地区浙商政治效能感及各个维度的均值

工作地区 ＼ 政治效能感	政治效能感		政治参与能力	政治使命感	政治任职能力	政治理解能力
	平均数	标准差				
绍兴	3.56	0.44	3.56	4.29	3.43	3.25
金华	3.52	0.33	3.74	3.76	3.70	3.08
杭州	3.23	0.52	3.28	3.74	2.77	3.12
温州	3.59	0.53	3.86	3.82	3.47	3.27
宁波	3.46	0.78	3.62	4.00	3.28	2.87

在政治使命感上,绍兴地区的浙商得分最高,接下来由高到低依次是宁波、温州、金华和杭州地区。

在政治任职能力上,金华地区的浙商得分最高,接下来由高到低依次是温州、绍兴、宁波和杭州地区。

在政治理解能力上,温州地区的浙商得分最高,接下来由高到低依次是绍兴、杭州、金华和宁波地区。

从政治参与行为与政治效能感中可以发现,基本政治参与行为较多的,政治效能感也较高,因此,提高浙商政治效能感的一个有效措施就是鼓励其多进行政治行为参与。

(五)单位性质对政治参与行为与政治效能感的影响

单位性质对浙商的政治参与行为与政治效能感有着显著的影响,具体见表 5.24 所示。

表 5.24　不同单位性质浙商政治参与行为与政治效能感均值

政治行为 / 单位性质	政治参与行为		政治效能感	
	平均数	标准差	平均数	标准差
股份	3.08	0.45	3.54	0.45
国有企业	3.06	0.38	3.42	0.57
合资和外资	3.21	0.31	3.20	0.38
民营	3.90	0.58	3.24	0.50

单因素方差分析表明,不同性质的工作单位对浙商政治参与行为有显著影响,$F = 3.131$, $p < 0.05$。事后检验表明,民营企业浙商的政治参与行为显著高于其他所有单位浙商,其他单位之间没有显著差异。

从表 5.25 中可以看出,民营企业与地方领导的接触频率得分最高,合资和外资企业浙商,国家行政机关、国有事业单位和国有企业人员得分次之,股份制企业得分最低。

表 5.25　不同单位性质浙商政治参与行为及各个维度的均值

政治参与行为 / 单位	政治参与行为		与地方领导的接触频率	与各民间组织和人物的接触频率	参与意识
	平均数	标准差			
股份	3.08	0.45	3.76	3.65	3.24
国有企业	3.06	0.38	3.79	3.65	3.08
合资和外资	3.21	0.31	3.80	3.88	3.42
民营	3.90	0.58	3.92	3.85	3.92

合资和外资企业与民营企业的浙商与各民间组织和人物的接触频率得分列第一、第二,国家行政机关、国有事业单位和国有企业与股份制企业并列最低。

民营企业与合资和外资企业浙商的参与意识得分列第一、第二,股份制企业列第三,国家行政机关、国有事业单位和国有企业得分最低。

单因素方差分析表明,不同性质工作单位对政治效能感有显著影响,$F=5.356$,$p<0.05$。事后检验表明,股份制企业浙商的政治效能感显著高于合资和外资企业、民营企业浙商的政治效能感,国家行政机关、国有事业单位和国有企业浙商的政治效能感居中。

从表 5.26 中可以看出,股份制企业浙商的政治参与能力得分最高,国家行政机关、国有事业单位和国有企业人员次之,民营企业的浙商再次之,合资和外资企业的浙商最低。

表 5.26 不同单位性质浙商政治效能感及各个维度的均值

单位 ＼ 政治效能感	政治效能感		政治参与能力	政治使命感	政治任职能力	政治理解能力
	平均数	标准差				
股份	3.54	0.45	3.81	3.95	3.41	3.14
国有企业	3.42	0.57	3.55	3.88	3.24	3.16
合资和外资	3.20	0.38	3.15	4.18	2.76	2.97
民营	3.24	0.50	3.26	3.78	2.97	3.09

合资和外资企业浙商的政治使命感得分最高,股份制企业浙商次之,国家行政机关、国有事业单位和国有企业人员再次之,民营企业的浙商最低。

股份制企业浙商的政治任职能力得分最高,国家行政机关、国有事业单位和国有企业人员次之,民营企业的浙商再次之,合资和外资企业浙商最低。

国家行政机关、国有事业单位和国有企业人员的政治理解能力得分最高,股份制企业浙商次之,民营企业浙商再次之,合资和外资企业浙商最低。

这个数据非常有意思,国字头组织的政治效能感要明显高于合资和外资及民营企业,尤其是在政治参与能力、政治理解能力及政治任职能力方面,但在政治使命感这个维度上并没有很大区别,这说明浙商都具备较强的政治使命感。

(六)行业对政治参与行为与政治效能感的影响

统计分析表明,从事不同行业的浙商对政治参与行为主效应显著,$F=3.260$,$p<0.05$。事后检验表明,传统行业浙商的政治参与行为显著低

于金融和其他行业浙商的政治参与行为,其余行业之间没有显著差别,具体见表 5.27 所示。

表 5.27　不同行业浙商政治参与行为与政治效能感均值

行业	政治参与行为		政治效能感	
	平均数	标准差	平均数	标准差
传统	2.84	0.59	3.41	0.51
金融	3.09	0.39	3.51	0.47
外贸	3.05	0.59	3.05	0.51
IT	2.94	0.42	3.02	0.54
其他	3.08	0.31	3.27	0.60

各个维度的差异具体见表 5.28 所示。

表 5.28　不同行业浙商政治参与行为及各个维度的均值

行业	政治参与行为		与地方领导的接触频率	与各民间组织和人物的接触频率	参与意识
	平均数	标准差			
传统	2.84	0.59	3.41	3.40	3.04
金融	3.09	0.39	3.81	3.70	3.14
外贸	3.05	0.59	3.60	3.69	3.28
IT	2.94	0.42	3.58	3.53	3.00
其他	3.08	0.31	3.67	3.77	3.16

各行业在与地方领导的接触频率上的变化趋势为金融行业得分最高,其他行业次之,接下来得分由高到低依次是外贸、IT 和传统行业。

各行业在与各民间组织和人物的接触频率上的变化趋势为其他行业得分最高,金融行业次之,接下来得分由高到低依次是外贸、IT 和传统行业。

各行业在参与意识上的变化趋势为外贸行业得分最高,其他行业次之,接下来得分由高到低依次是金融、传统和 IT 行业。

统计分析表明,从事不同行业的浙商对政治效能感主效应显著,$F = 6.849, p < 0.05$。事后检验表明,金融和传统行业浙商的政治效能感显著高于外贸和 IT 行业,具体见表 5.27 所示。

从表5.29可以看出,各行业在政治参与能力上的变化趋势为金融行业得分最高,传统行业次之,接下来得分由高到低依次是其他、IT和外贸行业。

表5.29　不同行业浙商政治效能感及各个维度的均值

行业 \ 政治效能感	政治效能感		政治参与能力	政治使命感	政治任职能力	政治理解能力
	平均数	标准差				
传统	3.41	0.51	3.49	3.96	3.29	3.11
金融	3.51	0.47	3.70	3.99	3.34	3.16
外贸	3.05	0.51	2.87	3.85	2.59	3.06
IT	3.02	0.54	3.38	2.88	2.63	2.94
其他	3.27	0.60	3.41	3.64	2.96	3.09

各行业在政治使命感上的变化趋势为金融行业得分最高,传统行业次之,接下来得分由高到低依次是外贸、其他和IT行业。

各行业在政治任职能力上的变化趋势为金融行业得分最高,传统行业次之,接下来得分由高到低依次是其他、IT和外贸行业。

各行业在政治理解能力上的变化趋势为金融行业得分最高,传统行业次之,接下来得分由高到低依次是其他、外贸和IT行业。

这也是一个很有意思的现象,金融和传统行业浙商的政治参与行为更多,政治效能感也更强,但外贸和IT行业的浙商在这两方面的得分就相对较低。

(七)员工数对政治效能感的影响

统计分析表明,不同员工数企业浙商的政治效能感主效应显著,$F = 4.615$, $p < 0.05$。事后比较表明,员工数在3 000人以上企业的浙商政治效能感显著高于员工数在3 000人以下的。其他两者之间的政治效能感没有显著差异。

从表5.30可以看出,员工数在3 000人以上企业的浙商的政治参与能力得分最高,员工数在300人以下企业得分居中,员工数在300—3 000人之间的得分最低。

表 5.30 不同员工数企业浙商政治效能感及各个维度的均值

员工数＼政治效能感	政治效能感		政治参与能力	政治使命感	政治任职能力	政治理解能力
	平均数	标准差				
300 人以下	3.37	0.55	3.53	3.84	3.10	3.10
300—3 000 人	3.30	0.53	3.30	3.87	3.13	3.10
3 000 人以上	3.54	0.44	3.75	4.01	3.38	3.18

员工数在 3 000 人以上企业的浙商的政治使命感得分最高,员工数在 300—3 000 人之间的企业得分居中,员工数在 300 人以下的得分最低。

员工数在 3 000 人以上企业的浙商的政治任职能力得分最高,员工数在 300—3 000 人之间的企业得分居中,员工数在 300 人以下的得分最低。

员工数在 3 000 人以上企业的浙商的政治理解能力上得分高于企业规模在 3 000 人以下的。

从以上结果可知,员工规模大的企业的浙商的政治效能感较强,明显高于员工规模小的(300 人以下)企业的浙商,小企业的浙商的政治行为心理感受比较弱。

(八)资产总值对政治效能感的影响

统计分析表明,不同资产总值企业的浙商对政治效能感有显著影响,$F = 3.635, p < 0.05$。事后检验发现,资产总值在 3 亿元以上企业的浙商的政治效能感显著高于资产总值在 4 000 万—3 亿元的企业,其他几者之间没有显著差异。

从表 5.31 中可以看出,在政治参与能力维度上,不同资产总值企业的浙商得分由高到低依次是 3 亿元以上、4 000 万元以下、1 亿—3 亿元和 4 000万—1 亿元。

表 5.31 不同资产总值企业浙商政治效能感及各个维度的均值

资产总值＼政治效能感	政治效能感		政治参与能力	政治使命感	政治任职能力	政治理解能力
	平均数	标准差				
4 000 万元以下	3.33	0.49	3.52	3.57	3.10	3.14
4 000 万—1 亿元	3.22	0.63	3.08	4.00	2.76	3.20

政治效能感 资产总值	政治效能感		政治参与能力	政治使命感	政治任职能力	政治理解能力
	平均数	标准差				
1亿—3亿元	3.32	0.47	3.29	3.90	3.23	3.11
3亿元以上	3.49	0.50	3.73	3.97	3.32	3.11

在政治使命感维度上,不同资产总值企业的浙商得分由高到低依次是4 000万—1亿元、3亿元以上、1亿—3亿元和4 000万元以下。

在政治任职能力维度上,不同资产总值企业的浙商得分由高到低依次是3亿元以上、1亿—3亿元、4 000万元以下和4 000万—1亿元。

在政治理解能力维度上,不同资产总值企业的浙商得分由高到低依次是4 000万—1亿元、4 000万元以下和1亿—3亿元与3亿元以上。

四、浙商与普通员工政治参与行为与政治效能感的比较分析

笔者把浙商与普通员工的政治参与行为与政治效能感进行比较,发现两者的区别如表5.32、5.33、5.34所示。

表5.32　不同职位人员的政治参与行为与政治效能感的均值比较

政治行为 职位	政治参与行为		政治效能感	
	平均数	标准差	平均数	标准差
普通员工	3.11	0.38	3.48	0.47
浙商	2.51	0.68	2.98	0.60

单因素方差分析表明,不同职位人员对政治参与行为主效应显著,$F = 9.631, p < 0.05$。事后比较发现,浙商的政治参与行为显著低于普通员工的政治参与行为,而且在政治参与行为的3个维度方面的得分都是普遍低于普通员工。

表5.33　普通员工与浙商政治参与行为及各个维度的均值

政治参与行为 职位	政治参与行为		与地方领导的接触频率	与各民间组织和人物的接触频率	参与意识
	平均数	标准差			
普通员工	3.11	0.38	3.77	3.74	3.20
浙商	2.51	0.68	3.03	3.04	2.56

单因素方差分析表明,不同职位人员对政治效能感主效应显著,$F = 5.420, p < 0.05$。事后比较发现,浙商的政治效能感显著低于普通员工,而且在政治效能感的 4 个维度方面的得分都是普遍低于普通员工。

表 5.34 普通员工与浙商政治效能感及各个维度的均值

职位 \ 政治效能感	政治效能感		政治参与能力	政治使命感	政治任职能力	政治理解能力
	平均数	标准差				
普通员工	3.48	0.47	3.68	3.94	3.30	3.16
浙商	2.98	0.60	2.95	3.50	2.80	2.83

这个结果非常有意思,在前面文献综述里谈到徽商和晋商及浙商都与政治紧密联系,有较多的政治参与行为与心理行为,但在这次调查中却发现,相对普通员工而言,浙商的政治效能感更低,政治参与行为更少。这可能有两方面的原因:一方面浙商对政治存有戒心,有意疏远;另一方面可能和个人主观感受有关,浙商可能自认为和自己预期的政治接触有差距,因此评价较低。

五、各变量相关分析

根据本书的写作目的和假设,笔者对本章所关注的政治态度、政治满意度、政治信任感、政治认知、政治情感、政治参与行为、政治效能感变量进行相关分析,各研究变量的相关矩阵如表 5.35 所示。

表 5.35 全部人员各维度之间相关分析结果

	政治态度	政治满意度	政治信任感	政治认知	政治情感	政治参与行为	政治效能感
政治态度	—						
政治满意度	0.461**	—					
政治信任感	0.533**	0.752**	—				
政治认知	0.024	0.155*	0.101	—			
政治情感	0.556**	0.657**	0.634**	0.151*	—		
政治参与行为	0.065	0.185*	0.025	0.128*	0.170*	—	
政治效能感	0.173**	0.314**	0.190**	0.067	0.296**	0.130*	—

注:* 表示 $p < 0.05$,** $p < 0.01$(下同)。

从表 5.35 中可以看到,在自变量与因变量的相关分析中,除了政治态度与政治参与行为之间,以及政治信任感与政治参与行为之间,没有显著相关之外,其余都存在显著相关,即政治满意度、政治情感都与政治参与行为存在非常显著相关($p<0.01$),政治认知与政治参与行为存在显著相关($p<0.05$),政治态度、政治满意感、政治信任感、政治情感都与政治效能感存在非常显著相关($p<0.01$),而政治认知与政治效能感的相关并不显著。本章的各个自变量之间大部分都存在相关关系,除了政治态度与政治认知、政治信任感与政治认知之间没有显著相关外,其他各维度之间皆存在显著正相关:政治态度与政治满意度、政治态度与政治信任感、政治态度与政治情感、政治满意度与政治信任感、政治满意度与政治情感、政治信任感与政治情感这 6 对之间存在非常显著相关($p<0.01$);政治满意度与政治认知、政治认知与政治情感这 2 对之间存在显著相关($p<0.05$)。

由于相关关系只能说明变量之间是否存在关系,而无法说明变量之间的因果关系和影响作用的大小,因此,本章将对进一步采用多元线性回归分析的方法,进一步验证各个变量之间影响的关系及其大小。

六、多元线性回归分析

前面的相关分析表明,本章所关注的浙商政治心理的 5 个维度(政治态度、政治满意度、政治信任感、政治认知、政治情感)与政治行为的 2 个维度(政治参与行为、政治效能感)大多呈显著相关。为了进一步检验这些变量之间的因果关系和影响作用的大小,笔者进一步采用了多元线性回归方法来检验各控制变量。

(一)政治态度、政治满意度、政治信任感、政治认知和政治情感对政治参与行为的回归分析

回归分析结果如表 5.36 所示。

表 5.36　回归方程显著性检验

模型	R^2	F	df
1	0.086	4.937**	5

回归方程显著性检验发现,政治态度、政治满意度、政治信任感、政治认知和政治情感对政治参与行为的回归显著有效。回归方程中自变量对方程的解释力为8.6%。

政治满意度和政治信任感进入回归方程中,即政治满意度和政治信任感对政治参与行为回归系数显著,见表5.37所示。

表5.37 回归系数显著性检验

模型	B	标准误差	t
1(常数)	2.332	0.208	11.205**
政治态度	0.003	0.056	0.054
政治满意度	0.215	0.068	3.172**
政治信任感	0.209	0.065	3.234**
政治认知	0.099	0.067	1.482
政治情感	0.152	0.087	1.742

政治心理对政治参与行为的回归方程为:$Y = 2.332 + 0.215X_1 - 0.562X_2$。$X_1$为政治满意度,$X_2$为政治信任感,即政治参与行为 = 2.332 + 0.215 × 政治满意度 - 0.562 × 政治信任感。

(二)政治态度、政治满意度、政治信任感、政治认知和政治情感对政治效能感的回归分析

具体的回归方程显著性检测见表5.38所示。

表5.38 回归方程显著性检验

模型	R^2	F	df
1	0.125	7.504**	5

回归方程显著性检验发现,政治态度、政治满意度、政治信任感、政治认知和政治情感对政治效能感的回归显著有效。回归方程中自变量对方程的解释力为12.5%。

政治满意度和政治情感进入回归方程中,即政治满意度和政治情感对政治效能感回归系数显著,见表5.39所示。

表 5.39　回归系数显著性检验

模型	B	标准误差	t
1(常数)	2.214	0.231	9.594**
政治态度	0.014	0.062	0.219
政治满意度	0.248	0.075	3.302**
政治信任感	−0.135	0.072	−1.877
政治认知	0.010	0.074	0.129
政治情感	0.223	0.097	2.298*

政治心理对政治效能感的回归方程为：$Y=2.214+0.248X_1-0.135X_2$。$X_1$ 为政治满意度，X_2 为政治情感，即政治效能感＝2.214＋0.248×政治满意度－0.135×政治情感。

七、基于 BP 神经网络拟合度结果

神经网络通过参与比较样本的学习来确定神经网络结构，按照最优训练准则反复迭代，不断对神经网络结构进行调整，直到达到一个相对稳定的状态。[1] 神经网络模型敏感性分析是一种描述神经网络模型输入变量对输出变量的重要性程度的定量方法。[2] 它的原理就是分析模型各属性敏感性系数的大小，根据经验重点考虑敏感性系数较大的属性，排除敏感性系数很小的属性，并根据属性敏感性系数的排序来分析问题，使模型的复杂度及相应数据分析处理的工作量都大大减少，模型的精度相应很大程度上提高。与传统的回归分析建模方法相比，它的误差更小，准确率更高。因此，它不是采用传统的线性分析工具，而是使用复杂的非线性动态系统进行分析，可以减少许多人为因素，结果更为客观和准确，具有更好的适用性。

把测试的样本数据输入经训练后的 BP 神经网络进行仿真，并分别根据政治参与行为和政治效能感 2 个指标对 BP 神经网络输出和相应实

---

[1]　周丽晖：《一种新的综合评价方法——人工神经网络方法》，《北京统计》2004 年第 11 期，第 51—52 页。

[2]　赵婷婷：《关于热电联产适用范围问题的研究》，哈尔滨工业大学 2010 年硕士学位论文。

际值（实验数据）进行线性回归并绘制线性回归结果曲线，如图 5.1、5.2
所示。

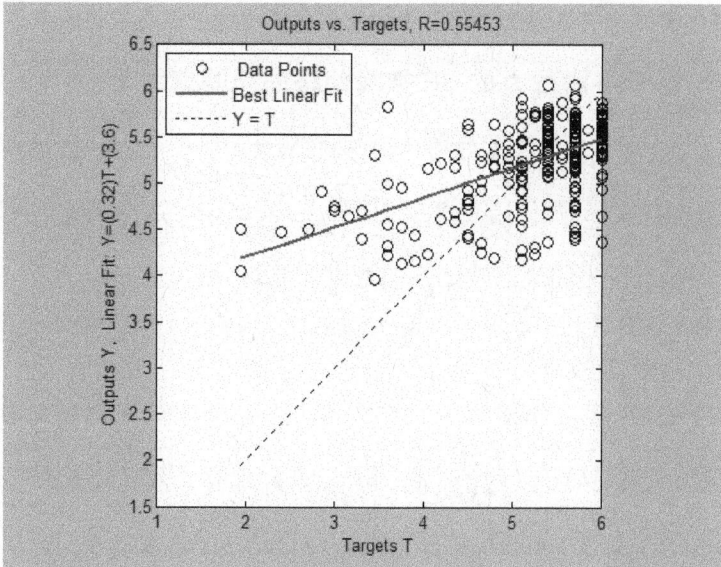

图 5.1 训练后 BP 神经网络预测政治参与行为的线性回归结果

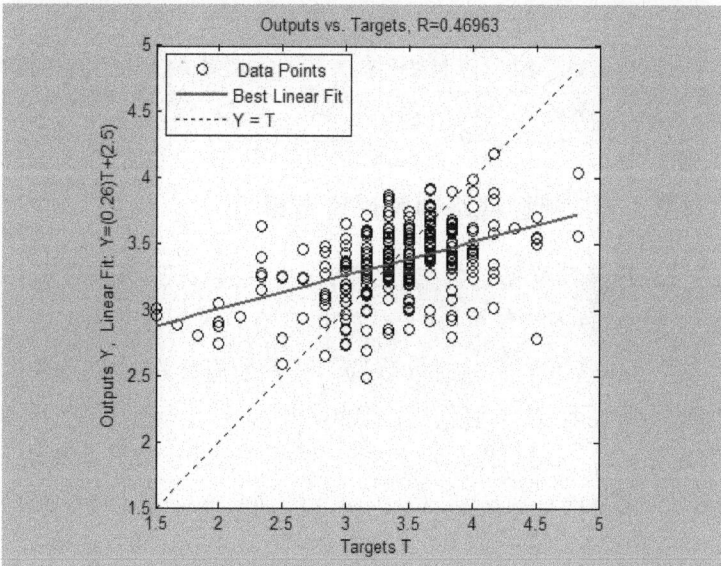

图 5.2 训练后 BP 神经网络预测政治效能感的线性回归结果

从图可知，基于政治参与行为的训练后 BP 神经网络理论模型值和
实验数据的实际值之间的拟合度系数为 0.55；基于政治效能感的训练后

BP 神经网络理论模型值和实验数据的实际值之间的拟合度系数为0.47。因此,无论是从政治参与行为还是政治效能感角度来看,通过基于BP 神经网络模型得出的理论值和实际值的拟合度都处于中等水平。

(一)基于寻路行为的 BP 神经网络的误差值结果

基于 BP 神经网络模型的绩效指标(政治参与行为和政治效能感)数值与实验数据的实际值,使用公式 $MAE = \frac{1}{n}\sum_{i=1}^{n} E_i = \frac{1}{n}\sum_{i=1}^{n} |Y_{i预测} - Y_{i真实}|$ 计算政治参与行为和政治效能感的绝对误差。

同理,根据公式 $RE = (Y_{i预测} - Y_{i真实})/Y_{i真实} \times 100\%$ 计算政治参与行为和政治效能感的相对误差。由于相对值可能有正有负,为了避免正负相互抵消,故取相对误差的绝对值,然后再计算平均相对误差均值,即根据公式 $MAPE = \frac{1}{n}\sum_{i=1}^{n} |RE|$ 进行计算。计算结果如表 5.40所示。

表 5.40　基于 BP 神经网络分析的误差值

	政治参与行为		政治效能感	
	绝对误差	相对误差(%)	绝对误差	相对误差(%)
BP	0.48	10.69	0.34	10.98

(二)基于 BP 神经网络的敏感度结果

基于 BP 神经网络模型敏感度计算方法,分别计算背景资料、政治态度、政治满意度、政治信任感、政治认知和政治情感这些关键因素条件下,政治参与行为和政治效能感的敏感度。笔者采用分别去除背景资料、政治态度、政治满意度、政治信任感、政治认知和政治情感这些关键因素条件,重新构建相应的 BP 神经网络模型,改变后的 BP 神经网络模型经过学习与仿真后,分别根据政治参与行为和政治效能感 2 个绩效指标对 BP 神经网络输出和相应实际值(实验数据)进行线性回归并绘制线性回归结果曲线,如图 5.3a—5.3l 所示。敏感度采用理论模型值和实验数据的实际值之间的拟合度系数来表达,当去除某影响因素时,敏感度越大说明此因素的影响程度较低。

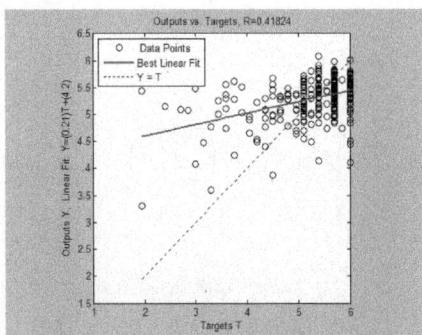

图 5.3a　去除背景资料—政治参与行为

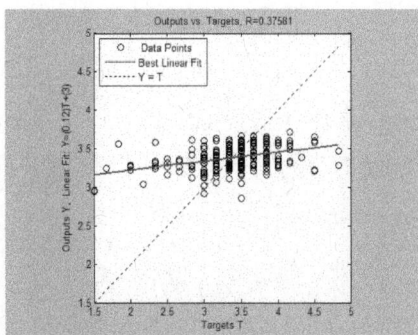

图 5.3b　去除背景资料—政治效能感

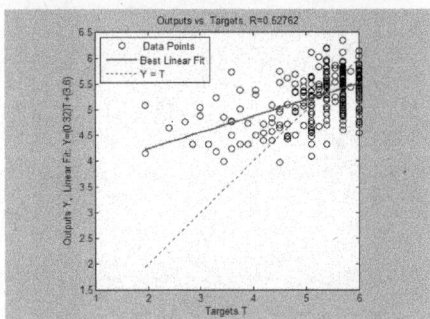

图 5.3c　去除政治态度—政治参与行为

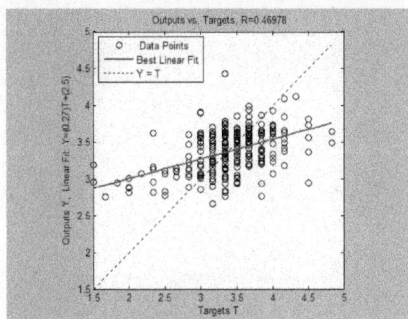

图 5.3d　去除政治态度—政治效能感

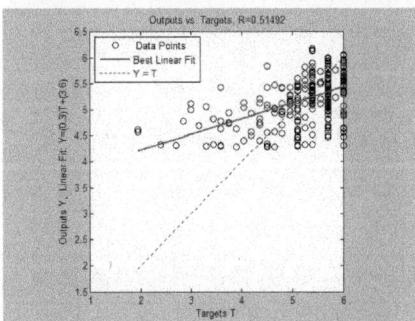

图 5.3e　去除政治满意度—政治参与行为

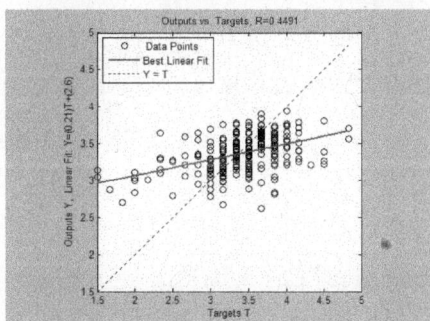

图 5.3f　去除政治满意度—政治效能感

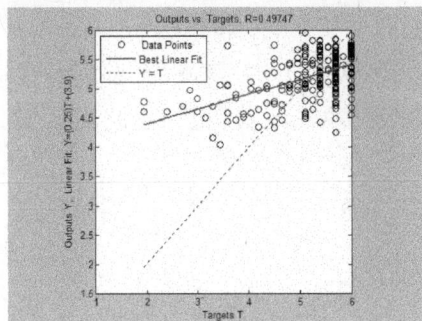

图 5.3g　去除政治信任感—政治参与行为

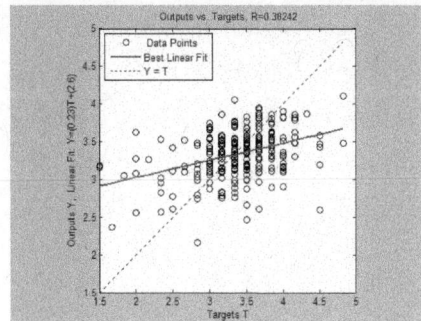

图 5.3h　去除政治信任感—政治效能感

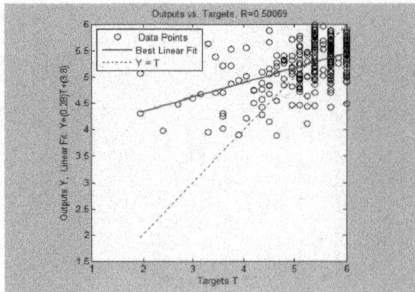

图 5.3i　去除政治认知—政治参与行为

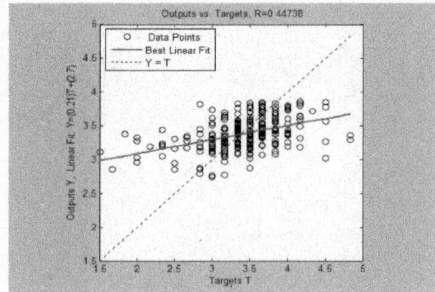

图 5.3j　去除政治认知—政治效能感

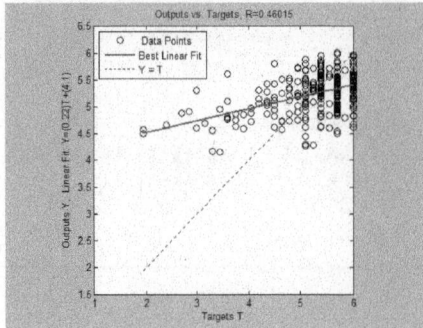

图 5.3k　去除政治情感—政治参与行为

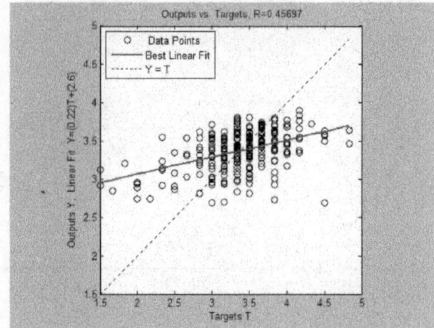

图 5.3l　去除政治情感—政治效能感

　　根据以上仿真结果，将基于各关键因素缺省条件政治参与行为和政治效能感的敏感度汇总，如表 5.41 所示。

表 5.41　基于各关键因素缺省条件政治参与行为和政治效能感的敏感度

	背景资料	政治态度	政治满意度	政治信任感	政治认知	政治情感
政治参与行为	0.42	0.53	0.52	0.50	0.50	0.46
政治效能感	0.38	0.47	0.45	0.38	0.45	0.46

　　从表 5.41 中的敏感度数据可知，对政治参与行为的影响由高到低依次是背景资料、政治情感、政治信任感、政治认知、政治满意度、政治态度；对政治效能感的影响由高到低依次是背景资料、政治信任感、政治认知、政治满意度、政治情感、政治态度。

(三)基于 GRNN 神经网络的关键影响因素的模型构建

1. GRNN 神经网络的创建与训练

在本章中 GRNN 神经网络的输入层和输出层的神经元个数与 BP 相同。使用 GRNN 神经网络建模时,参数光滑因子(SPREAD)取值大小会影响到模型的精度。本书采用试探法,使用不同的光滑因子(SPREAD)参数进行 GRNN 建模,并计算理论模型值与实际值的绝对误差,如表 5.42 所示。

表 5.42　不同光滑因子(SPREAD)取值相应 GRNN 模型的绝对误差值

光滑因子	政治参与行为	政治效能感
0.01	0.342 2	0.223 9
0.03	0.328 9	0.203 1
0.05	0.304 6	0.200 1
0.07	0.298 7	0.199 9
0.09	0.293 2	0.190 1
0.10	0.285 1	0.191 0

从表 5.42 可以看出,光滑因子(SPREAD)值越大,结果越准确。但考虑到光滑因子(SPREAD)值越大时,GRNN 学习与训练时间会更长,故选取 0.10 作为光滑因子(SPREAD)参数的值。利用函数 newgrnn 创建一个 GRNN 神经网络,该函数在创建 GRNN 神经网络时,自动选择隐含层的数目。

2. 基于 GRNN 神经网络的拟合度结果

把测试样本数据输入经训练后的 GRNN 神经网络进行仿真,并分别根据政治参与行为和政治效能感 2 个指标对 GRNN 神经网络输出和相应实际值(实验数据)进行线性回归并绘制线性回归结果曲线,如图 5.4、5.5 所示。

从图 5.4 可知,基于政治参与行为的 GRNN 神经网络理论模型值和实验数据的实际值之间的拟合度系数为 0.68。从图 5.5 可知,基于政治效能感训练后的 GRNN 神经网络理论模型值和实验数据的实际值之间的拟合度系数为 0.71。因此,无论是从政治参与行为还是政治

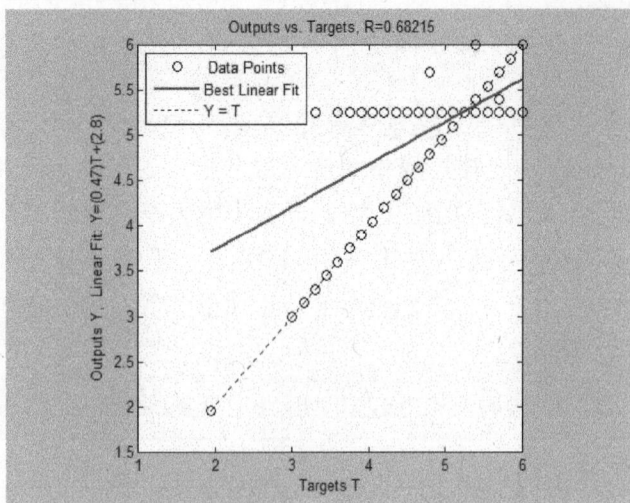

图 5.4　训练后 GRNN 神经网络仿真的政治参与行为线性回归结果

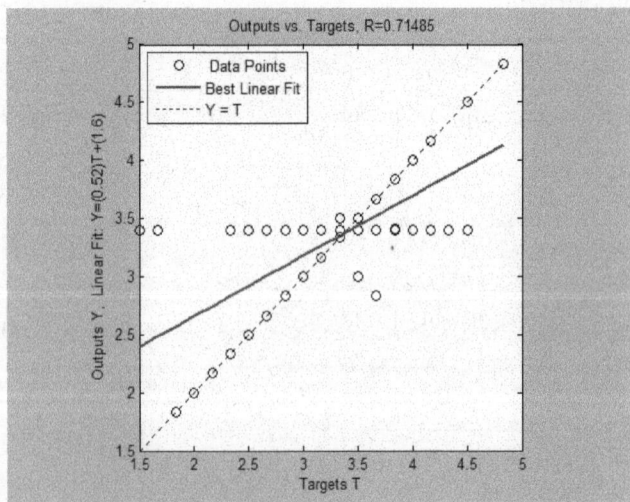

图 5.5　训练后 GRNN 神经网络仿真的政治效能感线性回归结果

效能感上来看,基于 GRNN 神经网络得出的理论值和实际值的拟合度较好。

3.基于 GRNN 神经网络的误差值结果

基于 GRNN 神经网络模型的绩效指标(政治参与行为和政治效能感)数值与实验数据的实际值,分别计算寻路行为中的政治参与行为和政治效能感的绝对误差和相对误差。计算结果如表 5.43 所示。

表 5.43 基于 GRNN 神经网络预测的误差值

	政治参与行为		政治效能感	
	绝对误差	相对误差(%)	绝对误差	相对误差(%)
GRNN	0.29	6.80	0.19	6.34

4.基于寻路行为的 GRNN 神经网络敏感度结果

基于 GRNN 神经网络模型敏感度计算方法,计算在背景资料、政治态度、政治满意度、政治信任感、政治认知和政治情感这些关键因素条件下政治参与行为和政治效能感的敏感度。

与前面 BP 神经网络类似,本书采用分别去除背景资料、政治态度、政治满意度、政治信任感、政治认知和政治情感这些关键因素条件,重新构建相应的 GRNN 神经网络模型,改变后的 GRNN 神经网络模型经过学习与仿真后,分别根据政治参与行为和政治效能感 2 个指标对 GRNN 神经网络输出的模型值和相应实际值(实验数据)进行线性回归并绘制线性回归结果曲线,如图 5.6a—5.6l 所示。

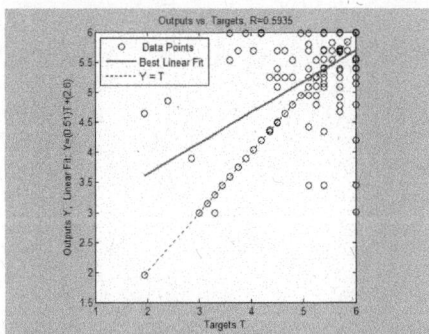

图 5.6a 去除背景资料—政治参与行为

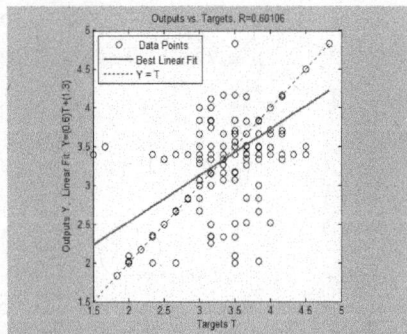

图 5.6b 去除背景资料—政治效能感

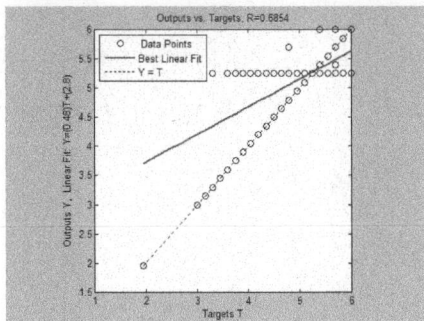

图 5.6c 去除政治态度—政治参与行为

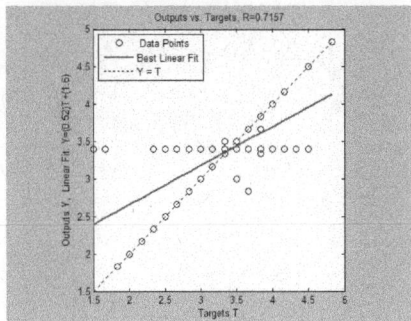

图 5.6d 去除政治态度—政治效能感

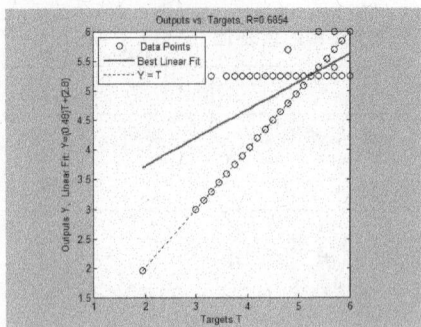

图 5.6e　去除政治满意度—政治参与行为

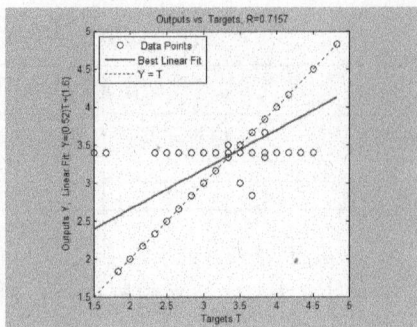

图 5.6f　去除政治满意度—政治效能感

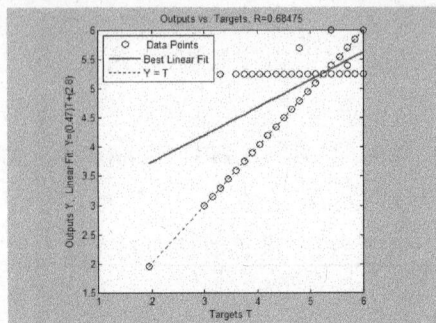

图 5.6g　去除政治信任感—政治参与行为

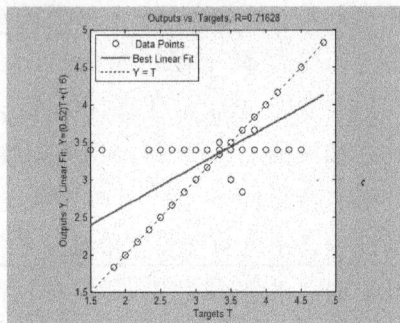

图 5.6h　去除政治信任感—政治效能感

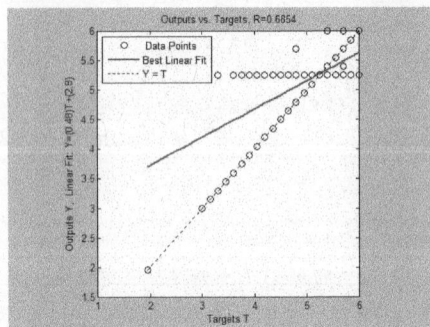

图 5.6i　去除政治认知—政治参与行为

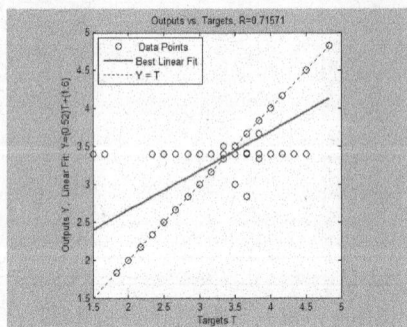

图 5.6j　去除政治认知—政治效能感

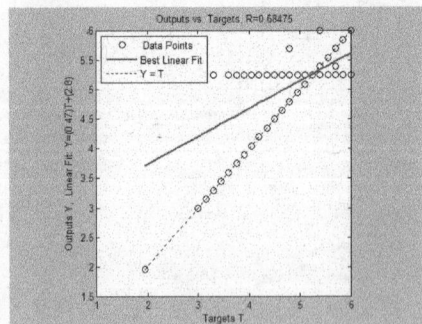

图 5.6k　去除政治情感—政治参与行为

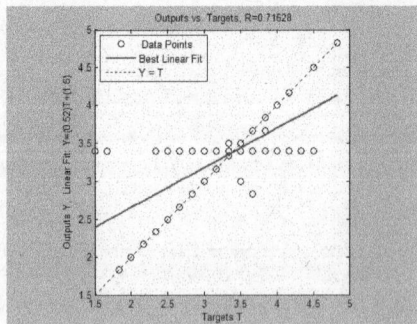

图 5.6l　去除政治情感—政治效能感

根据以上仿真结果,将基于各关键因素缺省条件政治参与行为和政治效能感的敏感度汇总成一个表格,如表 5.44 所示。

表 5.44　基于各关键因素缺省条件政治参与行为和政治效能感的敏感度

	背景资料	政治态度	政治满意度	政治信任感	政治认知	政治情感
政治参与行为	0.59	0.69	0.69	0.69	0.69	0.69
政治效能感	0.60	0.72	0.72	0.72	0.72	0.72

同理,从表 5.44 中可以看出,背景资料依然是影响程度最大的,但是其他 5 项却无法分辨。这说明 GRNN 预测模型的敏感度不高,不能有效地区分各项的影响程度。

(四)基于关键影响因素模型构建的比较

1. 总体性能比较

对前面所述的基于关键影响因素的 2 种不同模型构建方法(BP 神经网络和 GRNN 神经网络)的总体性能指标拟合度进行汇总,结果如表 5.45 所示。

表 5.45　基于关键影响因素的 2 种模型总体性能比较

	政治参与行为拟合度	政治效能感拟合度
基于 BP 神经网络模型	0.55	0.47
基于 GRNN 神经网络模型	0.68	0.71

从表 5.45 可看出,基于 GRNN 神经网络关键影响因素模型的总体性能比基于 BP 神经网络模型的要好些。

2. 敏感度比较

为检验模型的稳定性和影响因素的敏感度,笔者分别去除背景资料、政治态度、政治满意度、政治信任感、政治认知和政治情感因素,改变前面的 BP 和 GRNN 神经网络的结构后经训练、仿真,根据前面所述的拟合度、绝对误差和相对误差计算方法进行计算和汇总,结果如表 5.46 所示。

表 5.46　基于 BP 和 GRNN 的关键影响因素模型的敏感度比较

		背景资料		政治态度		政治满意度		政治信任感		政治认知		政治情感	
		政治参与行为	政治效能感	政治参与行为	政治效能感	政治参与行为	政治效能感	政治参与行为	政治效能感	政治参与行为	政治效能感	政治参与行为	政治效能感
BP	拟合度	0.42	0.38	0.53	0.47	0.52	0.45	0.50	0.38	0.50	0.45	0.46	0.46
	绝对误差	0.51	0.35	0.48	0.35	0.49	0.34	0.50	0.37	0.49	0.34	0.52	0.35
	相对误差	11.50	11.59	10.88	11.22	11.02	10.98	11.27	11.79	11.03	11.11	11.70	11.16
GRNN	拟合度	0.59	0.60	0.69	0.72	0.69	0.72	0.69	0.72	0.69	0.72	0.69	0.72
	绝对误差	0.31	0.24	0.28	0.19	0.28	0.19	0.28	0.19	0.28	0.19	0.28	0.19
	相对误差	7.21	7.88	6.75	6.32	6.75	6.32	6.76	6.31	6.75	6.32	6.76	6.31

2 个模型相比较而言,各有优势:①从拟合度中的绝对误差和相对误差可以看出,基于 BP 神经网络的关键影响因素模型所得的理论值与实际值较接近,误差较小,模型具有中等水平的解释力。而基于 GRNN 神经网络的关键影响因素模型所得的拟合程度比 BP 神经网络模型的拟合程度高,模型具有较强的解释力。②从神经网络模型构建的敏感度进行比较,基于 GRNN 神经网络的关键影响因素模型的总体性能比基于 BP 神经网络的关键影响因素模型的总体性能要优,而且基于 GRNN 神经网络构建模型时只需设置一个光滑因子(SPREAD)参数,比基于 BP 神经网络更方便、高效,但是基于 GRNN 神经网络的敏感度较低并且输出具有一定的周期性。

为对政治参与行为和政治效能感指标进行敏感度分析,笔者分别构建去除背景资料、政治态度、政治满意度、政治信任感、政治认知和政治情感因素时的基于 BP 神经网络和 GRNN 神经网络的关键影响因素模型,分析了这些影响因素对政治参与行为和政治效能感评估指标的影响。结果显示:相比于缺少政治态度、政治满意度、政治认知、政治信任感,在缺少政治情感和背景资料指标时,理论模型值与实际值之间的偏差更大,说明政治态度、政治满意度、政治认知、政治信任感、政治情感和背景资料的影响程度依次变高。

第六章 讨 论

第一节 浙商与政治之间的关系

中国传统文化从人文地理学角度划分,有 2 种类型,分别是"中原传统农业文化区"和"东南功利文化区"。[①] 中原传统农业文化是中国传统文化的代表,在中西部广大地区及北方区域均盛行。由于该地区属于内陆,主要是农耕经济,小农思想根深蒂固,人们的观念保守,害怕创新。这种传统文化造成人们思想僵化,行为定式。在这种文化熏陶下,各种与传统习惯和行为不同的思想和实践都会受到严厉的抵制。

"东南功利文化区"并不属于我国传统文化的主流,主要盛行在江浙及其附近地区,吴越文化构成其主体。吴越地区处于沿海地区,受到西方现代文明文化与我国传统大陆文明文化的共同影响,现实功利主义与传统的伦理本位主义 2 种思想在这里交融。自近代以来,由于受到西方工业文明的熏陶,东部沿海地区的商业文化色彩越来越浓郁。

浙江地处我国东南沿海,浙江文化作为吴越文化的一分子,除了拥有"东南功利文化区"的特点外,还具有以下 4 个方面的独特性:①"富于冒险、开拓进取"。浙江人民因为长期在大海中求生存,因此生命力顽强,充满冒险精神,属于典型的"海派文化"。②工商文化传统。"工商皆本"的思想在浙江一直占着主导地位,如春秋战国时期的范蠡大夫弃政从商。③"善进取,急图利"。④"崇尚柔慧,厚于滋味"。与传统儒家文化所倡导

---

① 张佑林:《浙江传统文化与"浙江模式"的形成》,《浙江经济》2004 年第 20 期,第 38—40 页。

的"存天理,灭人欲"不同,浙江文化尊重人欲,重视血缘亲情关系。浙江文化中的"工商皆本"和"义利兼顾"影响着一代又一代浙江人,涌现出一批著名的浙商群体。由于浙江文化与目前我国的商品经济和市场经济相适应,因此,浙江经济,尤其是草根经济非常活跃。

浙商在经营的过程中,深刻体会到了经济与政治的密切关系:

(1)政治根源于经济,由经济决定。必须在经济基础上认识政治,政治不是离开经济而孤立存在的,一定的政治总是在一定的经济基础上产生的,并为一定的经济基础所制约。从早期的宁波商帮开始,浙商就意识到经济与政治有着密切的联系,商人可以通过政治渠道获利。马克思、恩格斯、列宁认为,"一切阶级斗争都是政治斗争"[1],"政治是经济的最集中的表现","政治就是各阶级之间的斗争"[2],"政治就是参与国家事务,给国家定方向,确定国家活动的形式、任务和内容"[3],"政治是一种科学,是一种艺术"[4]。这些论述概括反映了政治的本质、属性、基本内容和特征。因此,从晋商和徽商开始,各大财团通过经济资助获得政治上的报酬。例如,晋商赞助清政府的大量军事活动,清政府则用"赐产""入籍""赐职"及特许经营和贷给资本等方法给予晋商种种经济和政治特权,如特许晋商经营盐业及日本的铜贸易等。而徽商在致富后,或弃贾业儒,或弃贾就仕,跻身官员或准官员阶层,获取商人得不到的利益,诸如可以免除徭役、躲避赋税等等。而近代宁波商帮也是通过赞助国民党的活动获得金融特权。这些过去的商人通过赞助政治活动及挤进仕途的方式,用金钱购买权力,为自己今后的经营铺路。

(2)政治反作用于经济,给经济的发展以巨大的影响。例如,中国近代著名红顶商人胡雪岩,既是徽商的代表,也因为是在浙江起家,所以算是浙商的一分子。胡雪岩从钱庄一个小伙计开始,通过结交权贵显要,纳粟助赈,为朝廷效犬马之劳。例如,在洋务运动中,他聘洋匠,引设备,颇有劳绩;左宗棠出关西征,他筹粮械,借洋款,立下汗马功劳。虽身为商人,但其发迹及鼎盛与政界要人的庇护有着密不可分的关系。胡雪岩紧

---

① 马克思、恩格斯:《共产党宣言》,人民出版社 1971 年版,第 23 页。
② 列宁:《列宁选集》(第 4 卷),人民出版社 1995 年版,第 281 页。
③ 列宁:《列宁文稿》第 2 卷,人民出版社 1980 年版,第 407 页。
④ 列宁:《列宁选集》,人民出版社 1960 年版,第 734 页。

紧把握住了"大树底下好乘凉"的精髓,先借助王有龄,后又以左宗棠为靠山,经营银号、中药店、丝茶业务,操纵江浙商业,并多次为清政府筹供军饷和订购军火,从而一步步走向事业的巅峰,拥有的资金最高达白银2 000万两以上,成为当时中国首富。而且他作为一名商人,被御赐二品顶戴及被赏黄马褂,成为轰动一时的红顶商人。虽然他与官场人物交往甚密,但最终却因为被绑到政治的战车上进退维谷,而成为左宗棠与李鸿章政治斗争的"牺牲品",成为李鸿章"排左先排胡,倒左先倒胡"策略的牺牲者,令人为之扼腕叹息。商人与政治的关系非常微妙,所谓"成也萧何,败也萧何",商人的经营受政治环境极大的制约。

(3)政治体现了经济发展的客观要求,反映了经济活动中各个阶级、阶层和社会集团的经济利益。经济利益的得失是最根本的利害关系,任何阶级和社会集团的政治活动,归根到底是为了实现和维护本阶级、本集团的根本经济利益。商业的发达有赖于政治的稳定与私有财产制度的规定,[①]需要稳定的秩序及私有财产权的保护制度来保障商业的发展。诺斯认为,财产权是个人支配其自身的劳力与拥有物品的劳务之权利。支配是许多条件的产物:法律、组织形式、执行和行为规范,亦即制度架构。[②]

在一个社会中,私有产权越得不到保障,社会稳定性越差。因此,商人会感受到私有财产受到威胁。为应付变局,他们会设法挽救,而这种挽救往往会通过"政治参与"的方式。"自生自发秩序(Spontaneous Order)"在社会系统的维持和市场经济的运作方面起着非常重要的作用。[③] 例如,前面章节提到的宁波商帮。在民国初年,由于清政府的倒台和外国的侵略,社会政治秩序崩塌,而大量西方观念与现代技术的涌入更加造就了社会的不稳定。一方面是长期的政治混乱和社会动荡,受到"泛政治化"或者"政治道德化"的影响,商人往往会掩饰"赚钱牟利"的目的,而常常利用民族主义或是革命的口号来经营商业;另一方面是不断出现商人的财

---

① T. G. 威廉斯:《世界商业史》,中国商业出版社 1989 年版。

② 道格拉斯・C. 诺斯:《制度、制度变迁与经济成就》,台湾时报文化出版企业有限公司 1994 年版,第 43 页。

③ 弗里德利希・冯・哈耶克:《自由秩序原理》,生活・读书・新知三联书店 1997 年版,第 68—74 页。

产权利受到侵害的事件,因此商人通过积极的政治参与保住自己的财产。例如,在当时积极参与政治的宁波商帮和湖州商帮,他们的参与分为 2 个阶段:第一个阶段是在辛亥革命前后支持、资助、参与孙中山领导的民主革命;第二个阶段是在南京国民政府时期,与蒋介石关系密切,一批商界代表人物转入政界,演变成"党国权贵"。他们希望通过这种方式一方面继续维持他们的正常商业经营,另一方面则通过参政来维护他们的经济利益。

第二节　现代浙商的政治心理概况及对策分析

政治心理,是社会成员在政治社会化过程中对社会政治关系及由此而形成的政治行为、政治体系和政治现象等政治生活的各个方面的一种自发的心理反应,表现为人们对政治生活某一特定方面的认知、情感、态度、情绪、兴趣、愿望和信念等等,构成人们政治性格的基本特征。[①] 它极大地影响着人们政治参与的形态、政治参与的方式及政治参与的广度和深度。

政治心理主要是由政治认知、政治情感、政治信任感、政治满意度和政治态度所构成,通过对上述 5 个心理要素的具体分析,我们可以把浙商的政治心理特征概括为:较高的政治认知度;复杂的政治信任感;较高的政治满意度;强烈的政治情感;积极主动的政治态度。

在社会主义和谐社会构建中,浙商的政治心理主流是积极健康向上的,不过受行业、性别、学历、年龄等背景因素的影响较大。

一、提高浙商的政治认知度,减少认知偏差

调查结果表明,现代浙商有着较高的政治认知度。例如,在问卷调查中发现,对各级领导者的认知度高达 3.49,其中对省级和市级领导者的认知比较高,对国家领导者的认知稍低,表明浙商更加关注的是身边的政治人物和政治政策。大多数浙商比较重视政治学习,重视政治思考,对我

[①]　王浦劬:《政治学基础》,北京大学出版社 1995 年版,第 308—309 页。

国政治发展有比较多的了解和认识,对党的基本路线、方针和政策的认识比较深。浙商能较好地把国家政治与个人发展结合起来,具有较为强烈的社会责任感和忧患意识。在调查中也发现,不同学历的浙商对政治的认知有显著差异($p<0.05$),学历越高,政治认知越好。因此,随着今后年轻一代浙商拥有更高的学历,也就会有更高的政治认知。政治认知与政治参与行为和政治效能感都有着显著的回归效应($p<0.05$),提高浙商的政治认知有助于他们形成有利于其有序政治参与的氛围和机制,帮助他们更好地参与政治。

想要提高浙商的政治认知水平,在相关的政策制定与制度改进中必须充分照顾到浙商政治认知的方式和特点。比如,可考虑在企业家培训中加入有关国情及对策、各种法律法规和国家政策等的培训内容,切实影响浙商的政治认知。在政府政权中加强人民代表大会制度建设,提高各级人大代表同浙商的直接联系,建立与企业相关的重大决策同企业家协商恳谈制度等,加强具体政策执行与企业家参与之间的双向反馈,使上访制度更加人性化,改善浙商的利益表达渠道。另外,要建立基于浙商感受和政治认知的冲突干预政策的评价体系,跳出仅仅以物质利益为中心、经济发展为标准的设计理念,构建以浙商的综合福利感受和公正感受为标准的评价体系,将塑造具有新型政治文化的浙商也纳入政策目标,以最终形成政策与浙商评价的良性互动。

避免或减少认知偏差是提高浙商政治认知的重要手段。认知偏差主要存在于认知主体对客体的认知过程和认知主体的判断与决策过程中,偏离事实或者偏离价值的政治信息都会导致政治认知偏差。影响认知偏差的因素主要有:认知因素、归因因素、个性特征及有限理性4个方面。针对这4个方面,可以采取以下纠偏策略纠正认知偏差。一是在认知主体对政治信息的认知过程中,要充分考虑到可能出现的首因效应、近因效应、光环效应、定势效应及社会刻板印象等认知偏差,在具体的认知实践中要尽可能避免它们;二是在认知主体的判断与决策过程中容易出现对政治信息的归因偏差,可以采取关注共同反映的信息、寻找隐藏因素等方法来避免;三是针对政治信息的直觉偏差,可以采取积累经验、记录事件的发生频率、重视反馈等方法来避免;四是针对政治信息的锚定效应,可以采取多锚法、反锚法等方法来避免。因为政治信息的认知偏差源于主观性(在假定政治信息为真的属实条件下讨论政治信息的认知偏差问题),个体可以通过主体间性认知方法修正和扬弃主体性的不足,寻求事实认知与价值认知的辩证统一。

较高的政治认知可以使浙商具有一定的政治判断能力,在大是大非面前保持头脑清醒、立场坚定。

二、提高浙商的政治信任

政治信任通常被定义为公民对政府或政治系统运作产生出与他们的期待相一致的结果的信念或信心。政治信任具有不同层次的内容,在最高层次上,它指公民对待整个政治共同体,即公民所属国家的态度。在第二个层次上,它指公民对待诸如民主等政治制度的态度。它还可以指公民对待诸如议会和政府机构等国家机构的态度。最后是指公民对政治行动者,即作为个体的政治家的判断和态度。[①] 政治信任不仅有助于政治稳定和发展,也可以降低公共管理的成本。自改革开放以来,社会处于不断变革的过程中,由于社会、制度的变迁,意识形态与现实张力的作用,政治信任开始流失。政治信任的流失,在不同的历史条件、社会政治环境下,有不同的表现形式。

根据对现代浙商的政治心理调查发现,浙商对政府各级机关和组织的信任度中等偏高,有 3.22,但相对其他政治心理维度偏低。仔细分析发现,虽然现阶段浙商的政治不信任维度偏低,但并不包含很多的敌意,带有明显的社会转型色彩。这种不信任仅仅是利益之争,属于人民内部矛盾,而不是颠覆政治制度和政治价值的权力之争,更多的是规则意识,而不是权利意识。通过问卷调查发现,这种不信任主要是怀疑或是否定基层政府及其公职人员的执政能力,更多是表达对政府和相关部门的期待。大企业的浙商政治信任度显著高于小企业($p<0.05$),在提高浙商的政治信任的时候要尤其关注小企业。政治信任与政治参与行为及政治效能感有显著的因果关系($p<0.05$),提高浙商的政治信任有助于其政治参与。

---

① 胡荣:《农民上访与政治信任的流失》,《社会学研究》2007 年第 3 期,第 39—55 页。

提高浙商的政治信任可主要从以下 3 个方面着手：

(1)提高政府透明度，使政府的行动尽可能开放和透明。凡是有关公共事务的政策和措施，都尽量予以公开，如对城市发展的战略定位，城市的总体规划，地铁项目，以及城中村、棚户区改造等重大事项都广泛征求意见，使这些决策更加科学。2008 年《中华人民共和国政府信息公开条例》的实施，大大促进这方面的进步，但从目前的执行情况来看，还有颇多可以改进的地方。例如，政府新闻发布会，内容不能过于概括，否则更让人产生怀疑，也不能变成政绩推介会，报喜不报忧。另外还需要实施一种更加开放的新闻管理制度，从而加强对政府的监督，推动政务公开。例如，在中国社会科学院对 43 个较大的市及 59 个国务院部门的政府网站实施政府信息公开情况进行测评后发布的《中国政府透明度年度报告》中，宁波连续 2 年居地方政府排名第一。宁波政府的特点是把信息公开作为源头反腐的重要途径，全力打造法治型政府、服务型政府，加强对行政权力的监督，保障公众对政府工作的知情权、参与权和监督权。具体在政府信息公开工作方面，宁波市探索了多渠道的公开形式，公开了一大批事关人民群众切身利益的政府信息，形成了一套行之有效的制度。当地市民不仅可以通过"中国宁波"政府门户网站政府信息公开专栏，或者在图书馆、机场、宾馆等公共场所查阅免费赠送的政府公报，还可以通过政府组织的新闻发布会来了解政府政策、法规公文、工作信息、财政信息、人事信息、公共服务、办事指南等等。这样一种模式可以极大地提高公众，尤其是浙商的政治信任度。另外，可以利用新的渠道来增强与浙商的沟通。例如，继 2010 年公安微博大发展之后，2011 年各级政府机关纷纷开通微博，及时与公众进行沟通和互动。2011 年 11 月，"北京微博发布厅"上线运行，首批有 20 个北京市政府部门的政务微博加入，这是全国各省区开通的首个省级政务微博发布群。资料显示，截至 2012 年，通过新浪微博认证的各领域政府机构及官员微博已近 2 万个，其中政府机构微博超过 1 万个，官员个人微博近 9 000 个，包含省部级以上政府机构微博 35 个，省部级以上政府官员微博 14 个。

(2)构建制度化不信任体系。构建现代政治信任主要是通过制度化不信任来实现，如定期选举、任期制度、司法审查、竞争型政党政治、权力制衡、问责制度等。现代政治信任与传统政治信任不同，前者主要依靠制度的规范和约束,后者主要指对公权力者的政治人格的信任。民主国家通过建立健全民众表达政治不信任的制度化通道,构建制度化不信任制度体系。制度化不信任体系的实际运行与国家或社会政治环境、历史传统、民族性格有关,所以必须适合于历史国情,契合于社情民智。如体现西方政治特色的制度化不信任制度如三权分立、竞争型政党制等就不适合中国国情。不过保证根本政治制度不变,可以吸收一些先进的程序和机制,并与中国政治发展实践相结合而建造适合我国国情的制度化不信任体系构建。

在我国,网络群体性事件频发,各大网站论坛凭借其开放性、互动性和匿名性等特征,为民众表达意见、参与政治生活提供了重要平台。例如,陕西的"华南虎事件"和贵州"瓮安事件",都是民众通过网络平台等现代传媒对政府部门表达了不信任,而后者更是导致暴力性的行为表达。网络平台等新媒体虽然可能在传播中使信息扭曲,但也在相当程度上增强了民众政治效能,"如果高效能与高信任交织一起时,就会带来政治遵从和认同;如果高效能与低信任耦合时,政治暴力就成为必然"[1]。总而言之,如果对这些新媒体加以引导,可以较好地帮助我们社会构建不信任体系,从而增大政治信任度。

(3)强化责任性。信任关系是一种风险关系,没有保证的信任会更加脆弱。一方面要强化对腐败官员的制裁,另一方面在官员的选任和提拔上,要不断加强民意的权重,逐步提高和加大官员民选的层次与比例,从而保证其政策的公平性。政府公信力的标准主要看政府是否严格执法,依法办事,因此要健全行政责任体系,强化政府法律责任机制。对于浙商,尤其是小型企业的浙商而言,需要一个相对公平竞争的环境。因此,政府一方面要按照《行政许可法》的规定,进一步清理、取消妨碍市场开放和公平竞争及实际上难以发挥有效作用的审批事项,继续推进审批方式改革,减少审批环节,提高审批效率。另一方面要强化行政监察,及时处理和纠正行政不作为、滥用职权、执法不公、以权谋私等行为,为企业创造一个公平高效的经营环境。要坚持依法治国与以德治国的统一,加强信用法规建设,加大失信惩罚力度,帮助企业形成诚信为本、操守为重的良好风尚。

---

① 马克・E. 沃伦:《民主与信任》,华夏出版社 2004 年版,第 303—304 页。

三、转变政府职能,建立服务型政府

对国家的认同感是政治学中的重大问题,它关系到一个政权的合法性基础是否牢固。[①] 通过问卷调查,发现浙商有着强烈的政治情感:一方面对国家有着强烈的认同感和自豪感,高达 3.39,这也和其他阶层的调查结果类似,表明整个中华民族有一种很强的民族凝聚力,国家认同感和自豪感都比较高;另一方面相对而言,浙商的臣民取向不是那么高,这也和浙商敢闯敢拼,喜欢创新有关,虽然浙商喜欢一个稳定的政治环境,但从个人角度而言,却相对权力距离比较远,比较敢挑战权威。这就需要相关政府部门转变其工作职能,为浙商提供全方位的服务。马克思提出"公仆论",社会主义的核心价值是"一切权利属于人民",因此政府为社会和人民群众服务是马克思主义的基本观点。我国目前政府改革的方向就是建立服务型政府,这也是实践"三个代表"重要思想的重要体现。

(一)为浙商创造稳定的社会环境、政策环境,给他们自我成长的空间

我国的经济发展模式正由政府主导型转变为政府协助型,管理目的不是指挥经济,而是纠正"市场失灵",弥补"市场缺陷",如在温州,政府与企业有着一种良性的互动关系。正如前面章节的分析,改革初期,温州市政府就坚持多种所有制经济并存,大力发展经济的方针。改革中期,温州市政府创造性地提出股份合作制,为民营企业"戴红帽子"。这种地方政府对本地经济发展的政治上的支持,也是温州发展领先的重要因素之一。

(二)政府勇于担当企业信息员和仆人

在政企关系上,政府的定位不是企业管理者,而应牢牢树立为企业服务的概念,做"精明的导航员"和"忠实的服务员"。例如,在温州,政府领导可以穿当地工厂出产的唐装接待外宾,免费为企业做广告,而纪检部门会每年到工厂里去询问政府人员的工作和服务态度。虽然政策优惠是有

---

① 沈明明等:《中国公民意识调查数据报告 2008》,社会科学文献出版社 2009 年版,第 103 页。

限的,但服务是无限的。温州企业在原始积累期初期,很少与政府沟通,认为企业经营好坏的关键是自身的问题,没有寻求政府的帮助。但当企业数量变多,规模变大时,政府就需要对他们做正确引导,如维护市场秩序,提供市场信息等。而在金融危机的打击中,温州大量中小企业破产,企业家跑路。这时温州市政府又陆续出台一系列措施,包括组织开展"百日企业服务"活动,把帮扶企业作为加强政府自身建设的重要内容。公安部门也发布通告,严厉打击影响企业生产经营的违法犯罪行为。另外,出台了设立5亿元"温州市区企业应急转贷专项资金"等一系列帮扶企业的措施。同时,银行方面也给了有力的支持,温州银监分局要求温州各个银行分支机构进一步加大对中小企业的信贷资金倾斜力度,确保小企业贷款增速高于贷款平均增速,不抽资、不压贷。一系列强有力措施的出台,使大量跑路的企业家又返回温州,如信泰集团董事长胡福林和温州奥米流体设备科技有限公司董事长孙福财等。温州市政府这些帮扶企业的行为对于温州中小企业而言,是一种雪中送炭般的支持,也促进了企业的良性发展。

四、为企业发展创造公平竞争的市场环境

随着我国社会主义市场经济体制的不断完善,政府应通过发挥经济调节、市场监管的职能加强社会管理,不断优化社会环境。建设服务型政府,主要体现在以下2个方面:①营造鼓励人们创业的社会氛围,让一切创造社会财富的源泉充分涌现。②完善公共服务体系,提供优质低价的公共产品,提高民众的健康水平和生活水平。例如,2012年5月,浙江省财政厅、省中小企业局联合转发了财政部、工信部印发的《政府采购促进中小企业发展暂行办法》,提出对预算金额在50万元以下的省级政府采购项目,省政府采购中心和省级采购单位可通过浙江政府采购网上的"在线询价"模块实施询价采购,但原则上仅限于中小企业参与报价,各地也应当结合实际设定"定向"向中小企业采购的金额标准,适当简化采购程序,方便中小企业参与政府采购活动。① 通过这种方式,打破地区分割和

---

① 赵军、谢佳沥:《解读政府采购发展趋势》,http://new.163.com/12/0802/05/875NFVABG00014AED.html。

行业垄断,防范和制止阻碍中小企业、民营企业参与政府采购市场竞争的行为。总之,建设服务型政府需要政府以服务理念作为工作的宗旨,寓管理于服务中,为企业发展创造良好的、公平的竞争环境,提供完善的公共服务。

五、浙商的政治态度与满意度剖析

通过对当代浙商的问卷调查发现,浙商对政治体系有较强的政治认同感,对我国现行社会制度和政治格局持肯定态度,拥护中国共产党的领导,尤其是对党派信仰强度较高,特别是对执政党充满信心,并积极靠近党组织。

本章的测量结果显示出浙商与普通员工之间的政治态度总体并无差异,但政治满意度浙商比普通员工低,这可能是因为浙商对政府政策及各级机关的要求更高。笔者认为,最重要的或者最有意义的差异不是存在于浙商与普通员工之间,而是存在于浙商内部的不同群体之间。浙商群体拥有较多社会物质资本和广泛社会影响力,政治态度是政治保守主义和自由主义的结合体。因为浙商群体是改革开放和经济增长的最大受益群体之一,所以他们有较高的生活和社会满意度,并不希望发生剧烈的社会政治变动。但是他们又有很强的民主意识,期望更多的民主参与机会,因此倾向于选择渐进式的、不影响社会稳定的民主发展道路。从调查研究结果发现,年长的浙商,以及在国有、事业单位的浙商所持有的社会政治态度显示了更明显的政治保守主义倾向,他们的民主意识较弱而权威意识较强,更可能支持权威型政体,并且社会公平理念较为淡薄。而年纪比较轻的浙商相对具有自由主义取向,社会公正理念比较强,民主意识也较强。在教育水平与政治自由主义之间存在着正相关关系,年龄则与之存在负相关关系,年纪轻和文化水平较高的人的社会政治态度具有较强的自由主义倾向。因此,随着越来越多拥有较高文化水平的年轻人加入浙商队伍,今后浙商的保守主义倾向有可能会弱化,而自由主义倾向将会增强。

总之,浙商作为一个整体,对现状满意度较高,但内部存在一定的差异,其中一部分成员期望更多的社会公正和政治民主。因此,浙商在当前肯定是一股有利于社会稳定的力量。

从政治态度的各个子维度来看,也体现了各个地区的差异。关于个人自由与社会秩序的看法,杭州得分最高,是最希望有一个稳定的社会环境的地区,这可能与杭州是省会城市有关。杭州是浙江省政治中心,相对来说观念最为保守,而温州和宁波由于离杭州较远,民营经济很发达,政治氛围不那么浓厚,关于个人自由与社会秩序的看法也比较开放,因此得分最低。关于政治发展路径的看法也是如此,杭州、绍兴都是坚决拥护党的领导,得分很高,但温州和宁波却相对来说得分没那么高,观念更加西化,而金华是处于两者之间。关于主观政治地位与经济地位的认同,温州得分也是最低,相对来说,对现实的环境更为不满,认为商人并没获得相应的政治地位。

第三节　现代浙商的政治参与概况分析

浙商们的政治立场稳健可靠,态度谨慎。浙商在领会贯彻政府政策时重实效而不赶时尚,与地方政府保持有距离的融洽关系。同时,浙江地方政府也比较开明和务实。因此,浙商因政治上、政策上出问题的相当少见。

从前面的调查结果可以看出,浙商的政治参与有以下特点:

(1)浙商的政治参与行为较多,但政治参与意识却不强。调查中发现,浙商与地方领导的接触频率及与各民间组织和人物的接触频率都还比较高,分别达到了 3.69 和 3.65,属于经常接触的类型,但是相对来说,政治参与意识却很低,只有 1.57,不太具备主动参与意识,这 2 个结果有些矛盾却也可以理解。浙商实际有较多的政治参与行为,但政治参与意识不强,很多时候是无意中参与的,所以需要政府和社会的引导,使其政治参与行为更加正式化和程序化。

(2)浙商的政治效能感较高,但政治理解能力与政治任职能力不强。调查中发现,浙商的政治效能感达到了 3.41,其中政治使命感最高,达到 3.89,这表明浙商对自己的政治使命感有着较高的要求,也自认为具备一定的政治参与能力,达到了 3.55。但在实际测试中,浙商的政治任职能力与政治理解能力相对偏低,只有 3.22 和 3.13,这其实和政治参与行为的结果是一致的。浙商的参与意识并不是很强,因此其政治理解能力与政治任职能力也不是很强,虽然他们有着很强的政治使命感,也有较多的政治参与行为,但一般都是被动和无意识的参与,因此需要相关部门的引导,帮助浙商树立正确的政治参与观,走向更加正规有序的政治参与之中。

(3)政治满意度、政治信任感及政治情感对浙商的政治行为有显著影响。其中,政治满意度与浙商的政治参与行为有显著的回归关系,政治参与行为 = 2.332 + 0.215 × 政治满意度 − 0.562 × 政治信任感;政治满意度和政治情感对政治效能感有显著回归关系,政治心理对政治效能感的回归方程为:政治效能感 = 2.214 + 0.248 × 政治满意度 − 0.135 × 政治情感。

从前文分析可知,获得更多的资源是民营企业家政治参与的主要目的。从政府角度出发,要考虑社会公共利益、资源公平分配及社会福利等多方面因素,而从私营企业主角度出发则需要考虑企业的利益。私营企业主的政治参与是我国民主政治建设的重要组成部分,其可以平衡政府与企业之间的关系,使私营企业主的政治参与有序、合法和规范,可以从以下 3 个方面着手理解。

一、培养浙商的参与型政治文化

从问卷调查结果来看,浙商的参与意识淡薄,培养良好的参与型政治文化可以提高他们的政治认识,使政治参与主体——浙商充分认识政治参与的目的和作用。政治文化大体可以分为 3 类:地域型、顺从型和参与型。[①] 培养浙商参与型政治文化可以通过以下 3 个方面:一是政治参与必须在我国现行政治制度的基础上进行,遵循国家的法律法规及政策,使浙商做到有序政治参与;二是提高对现行政治制度的科学认识,形成科学的世界观、人生观和价值观,做到理性政治参与;三是提高浙商的政治参与意识,明确政治参与目的与意义,做到理性政治参与。政府部门可以通过开展政治学习班、党校学习等方式,促进浙商政治文化素质提高,让他们了解自身所具有的权利和义务,培养积极的参政心态。

----

① 加布里埃尔 · A. 阿尔蒙德、西德尼 · 维巴:《公民文化——五个国家的政治态度和民主制》,东方出版社 2008 年版。

目前,浙商的政治心理已经日趋理性,有越来越多的民主性政治参与,而功利性政治参与日益减少。很多浙商不再满足从本企业的立场出发,而是致力于提高大家对本阶层共同处境与共同利益的认识,政治需求具有公益性和社会责任感。例如,全国政协委员、吉利汽车董事长李书福表示他是从全中国的角度做提案,而不是吉利碰到什么问题就写什么,他的提案包括"出租车市场标准""空气质量",以及"个税改革"。娃哈哈的老总宗庆后继连续 2 年呼吁提高个税起征点后,又提出了更为"激进"的建议:免征工薪阶层个人所得税,培养中产阶级。目前,大多数私营企业主正在跳出本企业与本阶层的思维局限,他们在各种政治场合自觉地为民主政治发展、社会公共利益献计献策,已由"功利型、经济性的政治参与"向"民主型、公益性的政治参与"发展,这也正是社会所需要的浙商政治心理的发展趋势。①

二、拓宽政治参与渠道,加强政治参与制度建设

提高浙商的政治信任感和满意度及政治情感是提高浙商政治参与行为和政治效能感的关键,而在调查中发现,浙商在这些方面不满意的原因主要是政治参与不够透明化,参与渠道有限,因此对政治产生不信任,满意度和情感也相对降低。拓宽政治参与渠道、加强政治参与制度的建设,是使浙商的政治参与更加制度化与透明化的关键。浙商的政治参与渠道大致可以分为宏观、中观和微观 3 个层面:宏观层面主要是涉及党和政府的有关政策、决策及法律法规的讨论论证;中观层面是涉及一般性制度建设、具体阶层利益诉求等;微观层面是涉及具体利益的反映途径等。② 浙商目前政治参与制度空间不足,渠道也非常有限,这些可以通过制度建设来解决:①健全法规制度,配套相应法律措施。虽然国家层面的制度化框架已经初步形成,但在具体实施方面流于形式。因此对私营企业主的政治参与在制定制度框架的同时,需要配套相应法律政策措施来保证落实。例如,可以加强政治参与的法制化建设和

---

① 肖旻、周述杰:《私营企业主政治心理变化与和谐社会构建》,《山东社会科学》2007 年第 9 期,第 59—62 页。

② 胡绍元、钟纯真:《我国私营企业主政治参与模式下有序政治参与探究》,《前沿》2011 年第 19 期,第 41 页。

完善人大代表、政协委员的推选、推荐制度。②拓宽私营企业主政治参与渠道。首先,人大、政协、各民主党派等要发挥切实的作用,让浙商的利益得到及时的表达。其次,开拓适应新社会阶层特点的新的参与途径,如可以通过"座谈会"形式加强政府部门尤其是相关单位与浙商之间的联系,倾听他们的意见和呼声;充分发挥工商联、"个体劳协"、"私营企业协会"等组织在聚集浙商利益方面的作用,实施一定程度的组织参政;支持他们自己建立一些有利于浙商自我保护和相互协调的中介组织,如各种行业协会和联谊会等,满足他们不同的需要和愿望;鼓励浙商参与和他们利益相关的立法听证会;鼓励他们通过信访的形式表达利益诉求;等等。③针对不同类型的浙商,政治参与的层次可不同。针对浙商自身政治素质和利益诉求的不同,可将他们分成 3 种类型:浙商阶层中的积极分子往往是宏观层面的参与者,其政治参与途径是担任人大代表、政协委员及该阶层社团组织的负责人;浙商阶层中利益的代表者往往是中观层面的参与者,他们表达其阶层的利益诉求的政治参与途径是通过协会组织并以组织的形式进行;而浙商阶层中的绝大多数人是属于微观层面的,一般通过网络、媒体及社会各种听证会等途径表达自己的利益诉求。

三、帮助浙商民营企业开展党建工作

民营企业的党建工作有 2 种方式:一种是推动民营企业家走向政坛参与国家大事,如万向集团鲁冠球、正泰集团南存辉等民营企业老总,都担任过全国人大代表。浙江省最大的私营化工企业——传化集团,它的当家人徐冠巨身兼数职,除了企业董事长外,还曾是浙江省政协副主席、全国政协委员、浙江省工商联主席,现任全国工商联副主席。鼓励民营企业家直接走向政治舞台,可以密切党和浙商的关系,但一般适用于行业领军人物。另一种方式就是民营企业内部组织工会和党组织,帮助民营企业浙商和企业主构建和谐劳资关系,这种方式普遍适用于所有的浙商企业。例如,传化集团是全国第一家建立职工代表大会制度的民营企业,也是浙江省率先进行党建工作的民营企业。传化集团的工会组织协调资方与员工的关系,它从薪酬分配、控制加班到员工生活的各个方面都有所介入。传化集团因此获得了"全国模范劳动关系和谐企业"称号。各地工商

部门还在民营企业党建工作中不断创新思路,如提出企业党组织与董事会理论学习联合制度、企业党员绩效考核激励机制等,密切结合工商职能,围绕企业生产经营来扎实推进非公企业的党建工作。例如,嘉兴市工商局将全市民营企业党建工作纳入社会化系统,由单个部门的设想化为政府牵头、工商主动、部门联动、企业积极响应的共同行为。浙江个私、民营等非公企业的党建工作受到中央和地方党委政府的高度赞扬。到笔者调研为止,全省民营企业中已有中共党员近万人,人大代表2 320人,政协委员1 845人。民营企业大力开展党建工作效果显著,就如徐冠巨认为,"党群工作做好了,也能转化为生产力"。

四、促进浙商政治参与的组织化建设,完善社团发展的管理体制

目前,浙商政治参与基本上是单打独斗,缺乏组织性。因此,需要加强自身组织化建设,组织参与将是今后浙商政治参与的主要形式。浙商可以利用的组织化形态主要有工商联、私营企业主协会、行业协会、商会等社会团体。主要可以通过以下3个方面促进浙商政治参与的组织化:①继续发挥工商联等官方组织和团体的参政议政功能。②鼓励浙商自行建立或加入商会和行业协会等民间性社团。采用民间商会等民间性组织进行政治参与可以降低浙商政治参与投入的成本,效率更高,效果更显著。这些商会在浙商参政过程中起到很大的作用,是他们参与国家政治生活、影响政府决策的重要渠道和载体。目前,这些浙商社团的发展面临的最主要困境就是缺乏有利于社团发展的制度框架。现有的浙商社团是双重管理体制,即受到业务主管部门和民政部门的双重管理。但是业务部门对社团的管理有可能影响社团的独立利益诉求,应该取消。例如,1999年4月,温州市政府率先在全国制定和颁布《温州市行业协会管理办法》,其中对私营企业主社团做出了规定:"确立了民间商会的社会团体法人地位,并对民间商会的办会宗旨、原则和方针,设立条件和程序、组织机构和职能,会员权利和义务,行业组织的监管体制等,都做出了具体而明确的规定。"①③政府也需要规范这些民间组织,对他们

---

① 陈剩勇、马斌:《温州民间商会:自主治理的制度分析——温州服装商会的典型研究》,《管理世界》2004年第12期,第131—155页。

进行法制化建设,使其真正成为自我教育、自我管理、自我约束和自我服务的中介组织。

　　总之,随着我国民主政治的推进和发展及浙商自身政治素质的不断提高,浙商的政治参与渠道越来越多,他们将在我国现行的政治体系内,充分行使自己的民主权利,积极参与政府政策的制定及执行,实现有序的政治参与。

后　记

当本书的所有工作接近尾声,抬起头长长地舒一口气,7年的博士研究生学习生涯即将结束了,此时此刻,过去的点点滴滴,一幅幅难忘的学习生活片段,如此清晰地在我眼前闪现,心中无限感慨:人生步履匆匆,为何总是慢半拍?

衷心地感谢我的恩师万斌教授多年来对我的谆谆教诲和悉心栽培。7年时间,一路走来,导师不仅给了我做学问方面的细心指导和帮助,更重要的是指引了我的人生道路,在我身处迷惘、困惑和无助的时候,导师给了我最重要的精神支持和鼓励,并且让我有勇气走到了现在。在学业上,我的任何微不足道的进步和成绩都凝聚了导师无数的心血,尤其是本书,从选题、开题、写作、修改到最后的定稿,导师都给予了我悉心的指导,字里行间无不凝聚着他的汗水和辛劳。导师精深前沿的学术造诣和勤奋严谨的治学风格令我由衷地敬佩和景仰,导师给予我的栽培和关爱我将永远铭记在心,永志不忘。

在浙江大学就读的几年时间里,由衷地感谢各位老师精湛的授课和精心的讲座及精彩的学术报告,感谢张应杭、马建青、陈湘舸等老师给我的帮助! 感谢洪光、喻嘉乐、宇正香老师对我的悉心关照! 感谢浙江理工大学的李宏汀教授、胡凤培教授及马晓波同学对我在论文统计方面的指导! 感谢浙江工商大学的徐炎章教授对我的关心和指导! 感谢师姐段成利对我的鼓励和支持!

感谢父母的养育之恩,感谢我的姐姐们对我生活和工作上的悉心照顾,感谢我的儿子李兆谦带给我的勇气和信心,正因为有了你们,我才有走下去的决心。

感谢浙江工商大学工商管理学院所有领导、同事对我的关心和支持！

姚丽霞

浙江大学西溪校区

2014.10

参考文献

[1] 王浦劬.政治学基础[M].北京：北京大学出版社，1995.

[2] 马克斯·韦伯.经济与社会[M].林荣远，译.北京：商务印书馆，1997.

[3] 冯盈盈.我当人大代表做什么？——访十一届全国人大代表中的浙商代表[J].浙商，2008(5)：41—43.

[4] 吴友发.论社会转型时期我国公民的政治心理特征及其调适[J].孝感学院学报，2002(1)：73—77.

[5] 亨廷顿，乔明格斯.政治发展[M]//格林斯坦.政治学手册：下.储复耘，译.北京：商务印书馆，1998.

[6] LUCIAN W，SIDNEY V. Political Cultureand Political Development[M]. Princeton：Princeton University Press，1989.

[7] 周述杰，肖旻.和谐社会构建中的私营企业主政治参与分析[J].江苏省社会主义学院学报，2007(6)：59—62.

[8] 邢乐勤，杨逢银.浙江省私营企业主政治参与的现状分析——以温州永嘉私营企业主的政治参与状况为个案[J].中国行政管理，2004(11).

[9] BINGHAM G J，POWELL J R，RUSSELL J，et al. Comparative Politics：A Theoretical Framework[M]. New York：Harper Collins College Publishers，1996.

[10] ALLPORT，GORDON. W. "Attitedes". In Carl Marchison（ed）. A Handbook of Social Psychology[M]. Worcester. Mass：Clark University Press，1953.

[11] 中国人民银行上海分析金融研究所.上海商业储蓄银行史料[M].上海：上海人民出版社，1990.

[12] 威廉·F.斯迪.政治心理学[M].哈尔滨：黑龙江人民出版社，1997.

[13] RENOLDS H T. Politics：the Common Man [M]. Homewood llinois：The Dorsey Press,1974.

[14] 王敏.政治态度：涵义、成因与研究走向[J]. 云南行政学院学报，2001(1)：10—14.

[15] 王丽萍.政治心理学中的态度研究[J]. 北京大学学报：哲学社会科学版,2006(1)：132—141.

[16] ZIMBARDO P,EBBESEN E B. Influencing Attitude and Changing Behavior[M]. Mass：Addison-Wesley,1969.

[17] 刘荣,马宝龙.回汉农民的政治认知与政治参与研究——以宁夏华一村为例[J]. 西北第二民族学院学报：哲学社会科学版,2007(6)：41—45.

[18] 李继利.政治心理学的认知观[J]. 四川教育学院学报,2004(1)：51—55.

[19] JUDDCM, KROSNICKJ A. The Structural Bases of Consistency Among Political Attitudes：the Effects of Political Espertise and Attitude Importance[J]. In A. R. Pratkanis, S. J. Breckler, & A. G. Greenwald (Eds.), Attitude Structure and Function. Hillsdale, NJ：Erlbaum, 1989.

[20] ANDERSONJR. The Architecture of Cognition[M]. Cambridge：Harvard University press, 1983.

[21] 陈相光,李辉.政治信息认知偏差分析[J].河南师范大学学报：哲学社会科学版,2011(1)：37—40.

[22] 王沛,林崇德.社会认知的理论模型综述[J].心理科学,2002(1)：73—75.

[23] 杨曾宪.论与"科学事实"对举的"价值事实"及其认识路径[J].社会科学辑刊,2004(3).

[24] 马克思恩格斯全集：第19卷[M].北京：人民出版社,1965.

[25] 孙伟平.事实与价值：休谟问题及其解决尝试[M].北京：中国社会科学出版社,2000.

[26] 马克思恩格斯选集：第1卷[M].北京：人民出版社,1995.

[27] 陈勤舫.论事实认识与价值认识的辩证关系[J].高等函授学报：哲

学社会科学版,2000(1):21—25.

[28] 马克思恩格斯选集:第 2 卷[M].北京:人民出版社,1995.

[29] 孙龙.当前城市中产阶层的政治态度——基于北京业主群体的调查与分析[J].江苏行政学院学报,2010(6):94—100.

[30] PAUL R A. Political Attitudes in America:Formation and Change[M]. W. H. Freeman and Company,1983.

[31] ANGUS C,GERALD G,WARREN E M. The Voter Decides[M]. Row & Peterson and Company,1954.

[32] 加布里埃尔·A. 阿尔蒙德,西德尼·维巴.公民文化——五个国家的政治态度和民主制[M].北京:东方出版社,2008.

[33] DAVID E,JACK D. The Child's Acquisition of Regine Norm's Political Efficacy[J]. The American Political Science Review,1967,61(1):25—38.

[34] 郭秋永.抽象概念的分析与测量:"政治效能感"的解释[M]//方万全,李有成.第二届美国文学与思想研讨会论文集[M].台北:中央研究院美国文化研究所,1991.

[35] DAVID E,JACK D. The Child's Acquisition of Regine Norm's Political Efficacy[J]. The American Political Science Review,1967,61(1):25—38.

[36] PAULR A. Political Attitudes in America:Formation and Change[M]. W. H. Freeman and Company,1983.

[37] 吴重礼,汤京平,黄纪."政治功效意识"测量之初探[J].选举研究,1987(2):23—44.

[38] 李蓉蓉.海外政治效能感研究述评[J].国外理论动态,2010(9):46—52.

[39] 黄慕也,张世贤.政治媒介藉由政治效能、政治信任对投票行为影响分析——以 2005 年选举为例[J].台湾民主季刊,2008,5(1):45—85.

[40] MCLEOD J M,et al. The Expanding Boundaries of Political Communication Effects[M]. Hong Kong:forthcoming.

[41] CHAN J, ZHOU B H. Expressive Behaviors Across Discursive Spaces

and Issue Types in Shanghai[J]. Asian Journal of Communication, 2011,21(2):150—166.

[42] PAULR A. Political Attitudes in America:Formation and Change [M]. San Francisco. CA:Freeman, 1983.

[43] BANDURA A. Self-efficacy:Toward A Unifying Theory of Behavioral Change[J]. Psychological Review,1977,84(2):191—215.

[44] ABRAMSON P R. Political Attitudes in America:Formation and Change [J]. S. E. Finkel:Reciprocal Effects of Participation on Political Efficacy: A Panel Analysis[J]. American Journal of Political Science, 1985, 29(4):891—913. S. E. Finkel:The effects of participation on political efficacy and political support:Evidence from a West German panel[J]. Journal of Politics, 1987,49(2): 441—464. M. Mendelsohn & F. Cutler:The effect of referendums on democratic citizens:Information, politicization,efficacy and tolerance[J]. British Journal of Political Science, 2000(30),685—698.

[45] SEMETKO H A, VALKENBURG P M. The Impact of Attentive-nesson Political Efficacy:Evidence from A Three-year German Panel Study[J]. International Journal of Public Opinion Research, 1998, 10(3):195—210.

[46] LI L J. The Empowering Effect of Village Elections in China[J]. Asian Survey, 2003,43(3): 648—662.

[47] 吴增强. 自我效能:一种积极的自我信念[J]. 心理科学,2001(4).

[48] RODGERS H R J. Toward Explanation of the Political Efficacy and Political Cynicism of Black Adolescents:An Exploratory Study[J]. American Journal of Political Science,1974,18(2):257—282.

[49] 高申春. 自我效能理论评述[J]. 心理发展与教育, 2000(1):60—64.

[50] 黄兴豪. 台湾民众政治功效意识的持续与变迁[J]. 台湾民主季刊, 2006(2):120.

[51] 卡罗尔·佩特曼. 参与和民主理论[M]. 陈尧,译. 上海:上海人民出版社,2006.

[52] 亚里士多德. 政治学[M]. 北京:商务印书馆,1965.

[53] 密尔.代议制政府[M].北京:商务印书馆,1982.

[54] 科恩.论民主[M].北京:商务印书馆,1988.

[55] 樊秋莹.论我国私营企业主的政治参与[J].福建论坛:人文社会科学版,2011(3):139—143.

[56] 吕倩.当前我国私营企业主政治参与分析[J].重庆社会主义学院学报,2008(2):55—57.

[57] 温淑春.刍议和谐社会视野下私营企业主的政治参与[J].理论界,2008(6):29—30.

[58] 俞礼祥.从一座城市看中国社会阶层结构的变迁[M].武汉:湖北人民出版社,2004.

[59] 陆学艺.当代中国社会阶层研究报告[M].北京:社会科学文献出版社,2002.

[60] 郑杭生,李路路.当代中国城市社会结构现状与趋势[M].北京:中国人民大学出版社,2004.

[61] 朱光磊.当代中国社会阶层分析[M].天津:天津人民出版社,1998.

[62] 王开玉.中国中部省会城市社会结构变迁——合肥市社会阶层分析[M].北京:社会科学文献出版社,2004.

[63] 陈志尚.对私营企业主阶层的几点认识[J].北京大学学报:哲学社会科学版,2002(1):39—46.

[64] 托马斯·海贝勒.作为战略群体的企业家——中国私营企业家阶层的社会功能研究[M].吴志成,等,译.北京:中央编译出版社,2003.

[65] 杨建平,黄勇.私营企业主阶层政治参与研究综述[J].贵州社会主义学院学报,2006(3):18—22.

[66] 马春波."符合党员条件的私营企业主也可以入党"辨析[J].探索,2002(2):29—30.

[67] 林炎志.共产党领导新生资产阶级和资本主义成分[J].党政干部文摘,2001(6):23—24.

[68] 陆学艺.当代中国社会流动[M].北京:社会科学文献出版社,2004.

[69] 张厚义,明立志.中国私营企业发展报告(1978—1998)[M].北京:社会科学文献出版社,1999.

[70] 杜奋根.如何看待中国的私营企业主[J].湖北经济学院学报,2006

(2):31—33.

[71] 刘自成.科学认识私营企业主的社会属性[EB/OL]. http：//www. xm93.xm.f.jcn/wyjc/kxrssyq.htm.

[72] 成伟.关于私营企业主政治参与的理性思考[J].探索,2002(6)：60—62.

[73] 周师.论我国私营企业主政治参与的理论根据、意义与限度[J].沙洋师范高等专科学校学报,2005(5):64—66.

[74] 华正学.需要层次理论视域下的私营企业主政治参与[J].河北省社会主义学院学报,2004(4):35—39.

[75] 董明.政治格局中的私营企业主阶层[M].北京:中国经济出版社,2002.

[76] 管煜武,孙发锋.今日中国私营企业主政治参与的特征及其作用[J].兰州学刊,2004(1):33—34.

[77] 释清仁.私营企业主政治参与的扩大及意义[J].理论导刊,2002(5)：47—49.

[78] 董明.私营企业主阶层政治参与状况评析[J].中共天津市委党校学报,2003(1):49—51.

[79] 姜南扬.私营企业主政治参与的过程、特点与效应[J].中国党政干部论坛,2005(4):31—33.

[80] 朱光磊,杨立武.中国私营企业主政治参与的形式、意义和限度[J].南开学报:哲学社会科学版,2004(5):91—97.

[81] 中华全国工商业联合会.中国私营企业大型调查:1993—2006 [M].北京:中华工商联合出版社,2007.

[82] 康燕雪.私营企业主政治参与有效性的制约因素分析[J].中共山西省委党校学报,2010(5):97—98.

[83] 华正学.当前我国私营企业主政治参与的模式、特点及其绩效分析[J].广州社会主义学院学报,2005(2):47—50.

[84] 杨建平.关于私营企业主阶层非制度性政治参与的分析与思考[J].贵州社会主义学院学报,2008(3):34—37.

[85] 董明.论当前我国私营企业主阶层政治参与[J].中共宁波市委党校学报,2005(1):16—22.

[86] 毛明斌.略论私营企业主阶层的政治参与方式及其特点[J].兰州学

刊,2004(5):33—34.

[87] 魏银霞,杜小峥.论现阶段我国私营企业主的政治参与[J].理论界,2006(4):47—48.

[88] 王永香,李景平.国家与社会关系视角下的私营企业主政治参与研究[J].理论观察,2011(4):32—34.

[89] 亨廷顿.变化社会中的政治秩序[M].王冠华,等,译.北京:生活·读书·新知三联书店,1989.

[90] 李广福.私营企业主政治参与的研究综述[J].中外企业家,2011(11):178—179.

[91] 陈光金.中国私营企业主的形成机制、地位认同和政治参与[J].黑龙江社会科学,2011(1):63—74.

[92] 刘春萍.私营企业主政治参与的现状、问题与对策——以浙江省台州市 L 区为例[J].南京林业大学学报:人文社会科学版,2007(6):44—48.

[93] 黄洋.私营企业主阶层内部政治参与差异研究——基于南京市的实证分析[J].经济与社会发展,2011(10):69—72.

[94] 胡绍元,钟纯真:我国私营企业主政治参与模式下有序政治参与探究[J].前沿,2011(19):38.

[95] 沈明明,等.中国公民意识调查数据报告 2008[M].北京:社会科学文献出版社,2009.

[96] 王尚义.晋商商贸活动的历史地理研究[M].北京:科学出版社,2004.

[97] 刘建生,等.晋商研究[M].太原:山西人民出版社,2002.

[98] 赵尔巽,等.清史稿:卷 317[M].上海:中华书局,1977.

[99] 孔祥毅.金融票号史论[M].北京:中国金融出版社,2003.

[100] 张琳.晋商的经营思想对其兴衰的影响[D].太原:山西财经大学,2006.

[101] 中国人民银行山西省分行,山西财经学院《山西票号史料》编写组,黄鉴晖.山西票号史料[M].太原:山西经济出版社,2002.

[102] 孔祥毅.金融票号史论[M].北京:中国金融出版社,2003.

[103] 董继斌,景占魁.晋商与中国近代金融[M].太原:山西经济出版社,2002.

[104] 张泽一.略论晋商的兴起与衰败[J].广东行政学院学报,2008(3).

[105] 陈旭麓.近代中国社会的新陈代谢[M].上海:上海人民出版社,1992.

[106] 许承尧.歙事闲谭[M].合肥:黄山书社,2001.

[107] 李鸿雯.论徽商的商业道德[D].武汉:湖北大学,2000.

[108] 张居正传:第三册卷三七文集九[M].武汉:湖北武汉出版社,1994.

[109] 刘汝骥.陶甓公牍:卷十[M]//官箴书集成:第十册.合肥:黄山书
社,1997.

[110] 刘汝骥.陶甓公牍:卷三[M]//官箴书集成:第十册.合肥:黄山书
社,1997.

[111] 李建萍,樊嘉禄.从清代扬州务本堂看徽州盐商商儒价值观的内涵
[J].安徽史学,2010(6):105—108.

[112] 清史稿:卷四三五[M].北京:中华书局,1997.

[113] 冯剑辉.近代徽商研究[M].合肥:合肥工业大学出版社,2009.

[114] 张海鹏,王廷元.徽商研究[M].合肥:安徽人民出版社,1995.

[115] 王恩奉.从徽商的兴衰看现代企业经营[J].铜陵学院学报,2005
(1):13—15.

[116] 孟黎.徽商衰败的启示[N].金融时报,2009-12-11(2).

[117] 沈松平,张颖.宁波商人与宁波近代市政[J].中共宁波市委党校学
报,2004(3):88—92.

[118] 小科布尔.上海资本家与国民政府:1927—1937[M].北京:中国社
会科学出版社,1988.

[119] 沈周颐.眉庐丛话[M].北京:中华书局,2006.

[120] 郝延平.十九世纪的中国买办:东西间桥梁[M].上海:上海社会科
学院出版社,1988.

[121] 鄂尔泰.雍正朱批谕旨:第四十七册[M].北京:北京图书出版
社,2008.

[122] 纪士新.吴锦萱的近代农业教育实践[J].经济与社会发展,2007
(6):184—188.

[123] 陈训正,赵君述[M].

[124] 汪北平,郑大慈.虞洽卿先生[M].上海宁波文物社,1946.

[125] 民立报,1913-01-19.

[126] 中国人民银行上海市分行.上海钱庄史料[M].上海:上海人民出版社,1978.

[127] 丁日初,杜恂诚.虞洽卿简论[J].历史研究,1981(3):145—166.

[128] 虞洽卿发表对陕变意见[N].申报,1936-12-19.

[129] 全国政协文史资料委员会.文史资料选辑:第49辑[M].北京:中国文史出版社,2002.

[130] 工商经济史料丛刊:第3辑[M].北京:文史资料出版社,1983.

[131] 杜恂诚.民族资本主义与旧中国政府:1840—1937[M].上海:上海社会科学院出版社,1991.

[132] 中华民国金融法规选编:上册[M].北京:档案出版社,1989.

[133] 陈礼茂.论国民政府对中国通商、四明和中国实业三银行的改组[J].中国社会经济史研究,2005(3):94—101.

[134] 陈真,姚洛.民族资本创办和经营的工业[M].北京:生活·读书·新知三联书店,1957.

[135] 鲍静静.清末民初上海对外贸易兴盛的历史动因[J].科教文汇,2008(3):146—147.

[136] 丁日初.上海近代经济史第一卷(1843—1894年)[M].上海:上海人民出版社,1994.

[137] 姚贤镐.中国近代对外贸易史资料(1840—1895):第1册[M].北京:中华书局,1962.

[138] 李明珠.中国近代蚕丝业及外销[M].徐秀丽,译.上海:上海社会科学院出版社,1996.

[139] 徐新吾,上海市丝绸进出口公司,上海社会科学院经济研究所.中国近代缫丝工业史[M].上海:上海人民出版社,1990.

[140] 朱新予.浙江丝绸史[M]//中国经济统计研究:吴兴农村经济.上海:文瑞印书局,1939.

[141] 上海市通志馆年鉴委员会.上海市年鉴:1937[M].北京:中华书局,1937.

[142] 闵杰.浙路公司的集资与经营[J].近代史研究,1987(3):271—290.

[143] 中国地方志集成编辑工作委员会.中国地方志集成乡镇志专辑[M].南京:江苏古籍出版社,1992.

［144］朱剑城.旧上海的华籍房地产大业主［M］//旧上海的房地产经营.
上海:上海人民出版社,1990.

［145］政协浙江省湖州委员会文史资料委员会.湖州文史［M］. 杭州:浙
江人民出版社,1986.

［146］姚印佛.湖社社基全案［M］.上海:上海湖社,1932.

［147］葛元熙.沪游杂记［M］. 上海:上海古籍出版社,1989.

［148］彭泽益.中国工商行会史料集:下册［M］. 北京:中华书局,1995.

［159］周谷城.中国通史:下册［M］.上海:上海人民出版社,1957.

［150］邱寿铭.沪军都督府筹饷一二事［M］.辛亥革命回忆录:七.北京:
文史资料出版社,1981.

［151］龙浩池等致陈其美书［G］// 上海社会科学院历史研究所.辛亥革
命在上海史料专辑. 上海:上海人民出版社,1981.

［152］周树华.敬告湖州同乡父老的一席话［G］// 湖社十周年纪念特刊.
上海:上海湖州事务所,1934.

［153］王俯民.蒋介石详传:上册［M］.北京:中国广播电视出版社,1993.

［154］上海商务总会.上海商务总会第六届入会同人录(辛亥年)［G］.1927.

［155］陶水木.浙江商帮与上海经济近代化研究(1840—1936)［M］. 上
海:上海三联书店,2000.

［156］潘润生.湖绸之衰落与救济［G］// 湖社十周年纪念刊.上海:上海
湖社事务所,1934.

［157］莫觞清.振兴蚕丝的治标办法［G］//湖社十周年纪念刊. 上海:上
海湖州事务所,1934.

［158］王学祥.实施统制政策与今后蚕丝业之开展［G］//浙江省蚕业指导
讲演会讲演录.1933.

［159］陈果夫. 序三［G］//湖社十周年纪念刊.上海:上海湖社事务
所,1934.

［160］陶林.近代湖州商帮兴衰探析［J］.浙江学刊,2000(3):128—133.

［161］邱培豪.发刊词［G］//湖社十周年纪念刊.上海:上海湖社事务
所,1934.

［162］上海市博物馆.上海碑刻资料选辑［G］.上海:上海人民出版社,1980.

［163］JON P. Introduction:Understanding Governance. J. Pierre, ed. ,

Debating Governance, New York：Ox-ford，2000.

[164] BOVAIRD T，LOEFFLER E. Assessing the Quality of Local Governance：A Case Study of Public Services [J]. Public Money and Management. 2007，27(4)：293—300.

[165] 全球治理委员会.我们的全球伙伴关系[M].牛津：牛津大学出版社，1995.

[166] 俞可平.治理与善治[M].北京：社会科学文献出版社，2000.

[167] 陈明明.比较现代化、市民社会、新制度主义：关于 20 世纪 80、90 年代中国政治研究的三个理论视角[J]. 战略与管理，2001(4)：109—120.

[168] 邓正来.国家与社会：中国市民社会研究[M].成都：四川人民出版社，1997.

[169] PILIPPE C，SCHMITTER. Still the Centry of Corporatism?. P. C. Schmitter and G. Lehmbruch eds. , Trends Toward Corporatist Intermediation，Beverly Hills：Sage，1979，7—52.

[170] 迈克尔·武考克.社会资本与经济发展：一种理论综合与政策构架[M]//李惠斌，杨雪冬.社会资本与社会发展. 北京：社会科学文献出版社，2000.

[171] 余晖，等.行业协会及其在中国的发展：理论与案例[M]. 北京：经济管理出版社，2002.

[172] 叶适.水心先生别集：卷三[M].北京：中华书局，1960.

[173] 陈又新.温州年鉴 2002[M]. 北京：中华书局，2002.

[174] 虞和平.商会与中国早期现代化[M].上海：上海人民出版社，1993.

[175] 朱英.转型时期的社会与国家[M]. 武汉：华中师范大学出版社，1997.

[176] 中国人民政治协商会议浙江省温州市鹿城区委员会文史资料工作委员会文史组. 温州城区近百年记事[J]. 鹿城文史资料，1988(5).

[177] 徐光蘧.我所知道的建国商校[J]. 温州文史资料，1989(4).

[178] 县府再催商会征集工商出品[N]. 温州日报，1942-04-28.

[179] 禁止商人出口部饬妥拟办法[N]. 浙瓯日报，1938-09-16.

[180] 温航政处主任派陈继严接允[N]. 温州日报，1941-02-01.

[181] 曹一宁.民用时期温州商会与政府的合作与抗争[J].湖北广播电视大学学报,2010(2):56—57.

[182] 陈文文.温州地方治理研究[D].南宁:广西师范学院,2011.

[183] 阳盛益,金蕾.地方治理视角中的行业协会职能分析——基于温州商会的研究[J].中国城市研究,2011(26):68—70.

[184] Commission on Global Governance. Our Global Neighbourhood [M]. Oxford：Oxford University Press,1995.

[185] 王名,孙春苗.行业协会论纲[J].中国非营利评论,2009,4(1):1—39.

[186] 吴敬琏.建设民间商会[EB/OL].(2008-08-12).http://wujinglian. net/Articles/artic leeees020529/htm.

[187] 郁建兴.行业协会:寻求与企业、政府之间的良性互动[J].经济社会体制比较,2006(2):118—123.

[188] 周丽晖.一种新的综合评价方法——人工神经网络方法[J].北京统计,2004(11):51—52.

[189] 赵婷婷.关于热电联产适用范围问题的研究[D].哈尔滨:哈尔滨工业大学,2010.

[190] 张佑林.浙江传统文化与"浙江模式"的形成[J].浙江经济,2004(20):38—40.

[191] 马克思,恩格斯.共产党宣言[M].北京:人民出版社,1971.

[192] 列宁.列宁选集:第4卷[M].北京:人民出版社,1995.

[193] 列宁.列宁选集.第2卷[M].北京:人民出版社,1980.

[194] 列宁.列宁选集[M].北京:人民出版社,1960.

[195] T.G.威廉斯.世界商业史[M].陈耀昆,译.北京:中国商业出版社,1989.

[196] 道格拉斯·C.诺斯.制度、制度变迁与经济成就[M].刘瑞华,译.台北:台湾时报文化出版企业有限公司,1994.

[197] 弗里德利希·冯·哈耶克.自由秩序原理[M].邓正来,译.北京:生活·读书·新知三联书店,1997.

[198] 胡荣.农民上访与政治信任的流失[J].社会学研究,2007(3):39—55.

[199] 马克·E.沃伦.民主与信任[M].吴辉,译.北京:华夏出版社,2004.

[200] 赵军,谢佳沥. 解读政府采购发展趋势[EB/OL]. (2012-08-02)ht-tp://new. 163. com/12/0802/05/875NFOAB00014AED. html.

[201] 肖旻,周述杰. 私营企业主政治心理变化与和谐社会构建[J]. 山东社会科学,2007(9):59—62.

[202] 陈利勇,马斌. 温州民间商会:自主治理的制度分析——温州服装商会的典型研究[J]. 管理世界,2004(12):131—155.

附录 调查问卷(部分)

亲爱的先生/女士:

您好!

感谢您参与社会调查,您所提供的资料将被使用于科学研究,这是一份保密的问卷,一共有 5 页,感谢您花费宝贵的时间来完成这份问卷。

请在符合的选项下打钩或画圈。

1.集会游行容易造成社会混乱,影响社会稳定。

(1)完全同意　　(2)非常同意　　(3)同意　　　(4)不同意

(5)非常不同意　(6)完全不同意

2.成立各种非政府组织会破坏社会和谐。

(1)完全同意　　(2)非常同意　　(3)同意　　　(4)不同意

(5)非常不同意　(6)完全不同意

3.政府领导人就像一家之长。

(1)完全同意　　(2)非常同意　　(3)同意　　　(4)不同意

(5)非常不同意　(6)完全不同意

4.我觉得自己很有能力参与政治。

(1)完全同意　　(2)非常同意　　(3)同意　　　(4)不同意

(5)非常不同意　(6)完全不同意

5.现在像我这样的人也可以影响到政府的决策。

(1)完全同意　　(2)非常同意　　(3)同意　　　(4)不同意

(5)非常不同意　(6)完全不同意

6.进一步推动政治体制改革,主要是党和政府的责任,而不是老百姓的责任。

(1)完全同意　　(2)非常同意　　(3)同意　　　(4)不同意
(5)非常不同意　(6)完全不同意

7.如果可以自荐竞选,我觉得自己有能力当选人大代表。
(1)完全同意　　(2)非常同意　　(3)同意　　　(4)不同意
(5)非常不同意　(6)完全不同意

8.我对国家大事的了解,并不比一般人差。
(1)完全同意　　(2)非常同意　　(3)同意　　　(4)不同意
(5)非常不同意　(6)完全不同意

9.政治太复杂了,我们老百姓实在搞不懂。
(1)完全同意　　(2)非常同意　　(3)同意　　　(4)不同意
(5)非常不同意　(6)完全不同意

10.我对政府解决社会问题的信心。
(1)完全有信心　(2)非常有信心　(3)有信心　　(4)没有信心
(5)非常没有信心(6)完全没有信心

11.我对执法状况的满意评价。
(1)完全满意　　(2)非常满意　　(3)满意　　　(4)不满意
(5)非常不满意　(6)完全不满意

12.我对政企不分的评价。
(1)完全同意　　(2)非常同意　　(3)同意　　　(4)不同意
(5)非常不同意　(6)完全不同意

13.即使可以选择世界上任何国家,我也更愿意做中国公民。
(1)完全同意　　(2)非常同意　　(3)同意　　　(4)不同意
(5)非常不同意　(6)完全不同意

14.总体说来,中国比其他大多数国家都好。
(1)完全同意　　(2)非常同意　　(3)同意　　　(4)不同意
(5)非常不同意　(6)完全不同意

15.任何人都应该支持自己的政府,即使它做得不对。
(1)完全同意　　(2)非常同意　　(3)同意　　　(4)不同意
(5)非常不同意　(6)完全不同意

16.政府官员大多是一心一意为人民服务的。
(1)完全同意　　(2)非常同意　　(3)同意　　　(4)不同意

(5)非常不同意　　(6)完全不同意

17.大多数政府官员都有足够的才干去处理政务。

(1)完全同意　　(2)非常同意　　(3)同意　　(4)不同意

(5)非常不同意　　(6)完全不同意

18.对中央和基层政府(或干部)的满意度。

(1)完全满意　　(2)非常满意　　(3)满意　　(4)不满意

(5)非常不满意　　(6)完全不满意

19.对中央政府制定的相关经济政策满意度。

(1)完全满意　　(2)非常满意　　(3)满意　　(4)不满意

(5)非常不满意　　(6)完全不满意

20.对政府干部的管理活动或政策实施满意度。

(1)完全满意　　(2)非常满意　　(3)满意　　(4)不满意

(5)非常不满意　　(6)完全不满意

21.对县/市政府的信任度。

(1)完全信任　　(2)非常信任　　(3)信任　　(4)不信任

(5)非常不信任　　(6)完全不信任

22.对村委会/居委会的信任度。

(1)完全信任　　(2)非常信任　　(3)信任　　(4)不信任

(5)非常不信任　　(6)完全不信任

23.如果您对村里/市里的干部的行为不满意,向他们提出你自己的看法,您觉得会怎样?

(1)他们应该会听取我的意见　　(2)他们会部分参考我的意见

(3)可能听,也可能不听　　(4)他们可能不会听我的意见

(5)他们完全不会听我的意见　　(6)我不敢向他们提意见

24.如果您到乡镇/市里反映情况或者办事情,您觉得乡镇/市里干部会听取您的意见吗?

(1)他们应该会听取我的意见　　(2)他们会部分参考我的意见

(3)可能听,也可能不听　　(4)他们可能不会听我的意见

(5)他们完全不会听我的意见　　(6)我不敢向他们提意见

25.如果你们镇/县/市政府或村委会通过了一项损害包括您在内村民的利益的规定,您会怎么办?

(1)没有办法,受他们管,只好听他们的

(2)私下里通过熟人找领导疏通

(3)找上级领导反映

(4)他们通过他们的,反正我就是不服从规定

26.您在最近的乡/镇/区级人大代表选举中投票了吗?

(1)是　　　　　(2)否

您是否知道现任国务院总理的姓名? 如果知道,请写上:＿＿＿＿＿。

您是否知道现任浙江省省长的姓名? 如果知道,请写上:＿＿＿＿＿。

您是否知道市委书记和市长的姓名? 如果知道,请写上:＿＿＿＿＿。

您是否熟悉村/居委会成员?

□非常熟悉□比较熟悉□不熟悉□非常不熟悉□完全不熟悉

背景资料:

1.您的性别:□男　□女

2.您的年龄:□20—24 岁　□25—35 岁　□36—45 岁　□46—55 岁　□56 岁及以上

3.您的文化程度:□高中(中专)及以下　□大学(专)　□硕士及以上

4.您工作的地区:＿＿＿＿＿＿市(地区)＿＿＿＿＿＿县

5.请您从下列单位中挑选您的单位:□国家行政机关　□国有事业单位　□国有企业　□股份制企业　□合资企业　□外资企业　□民营企业

6.您所在公司主要服务面对的行业有(可多选):

□家电行业　□IT、电子行业　□食品行业　□化工行业　□基础物资行业　□烟草行业　□医药行业　□军事领域　□图书出版业　□农产品行业　□快速消费品业　□汽车业　□机械制造业　□装饰建材行业　□金融行业　□外贸　□其他

7.您所在公司的职位:□技术人员　□普通浙商　□基层管理人员

□中层管理人员　□高层管理人员

8.您所在公司的规模?

员工数:□300以下　□300—3 000人　□3 000人以上

年销售额:□1 000万元以下　□1 000万—3 000万元　□3 000万—1亿元　□1亿元以上

资产总额:□4 000万元以下　□4 000万—1亿元　□1亿—3亿元　□3亿元以上

9.您的年收入(税前):□10万元及以下　□10万—30万元　□30万—50万元　□50万—100万元　□100万元以上

感谢您的支持,祝您一切顺利!